新时代大学生劳动教育实践指导

（第二版）

主审　施盛威

主编　钱　磊　孔　荣　张毅驰

编者　王晓莉　顾荣庆　祁素萍　沈　瑛
　　　杨　宁　帅　凯　毋张明　孙　伟

苏州大学出版社
Soochow University Press

图书在版编目(CIP)数据

新时代大学生劳动教育实践指导 / 钱磊，孔荣，张毅驰主编. -- 2 版. -- 苏州 ：苏州大学出版社，2024. 8. -- ISBN 978-7-5672-4935-6

Ⅰ. G40-015

中国国家版本馆 CIP 数据核字第 2024ML5831 号

新时代大学生劳动教育实践指导(第二版)

钱　磊　孔　荣　张毅驰　主编

责任编辑　马德芳

助理编辑　罗路昭

苏州大学出版社出版发行

(地址：苏州市十梓街 1 号　邮编：215006)

苏州市越洋印刷有限公司印装

(地址：苏州市南官渡路 20 号　邮编：215000)

开本 787 mm×1 092 mm　1/16　印张 16.5　字数 362 千

2024 年 8 月第 2 版　2024 年 8 月第 1 次印刷

ISBN 978-7-5672-4935-6　　定价：49.80 元

苏州大学出版社营销部　电话:0512-67481020

苏州大学出版社网址　http://www.sudapress.com

苏州大学出版社邮箱　sdcbs@suda.edu.cn

前言（第二版）

时光荏苒，转眼间第一版《新时代大学生劳动教育实践指导》（以下简称《指导》）出版已近三年。在梳理、总结过去三年劳动教育取得的成绩和经验的基础上，我们惊喜地发现，《指导》不仅得到本校师生的好评，而且得到上级主管部门、江苏省高等教育学会和《江苏高教》等核心期刊的关注，一些兄弟院校也对《指导》颇感兴趣，希望引进《指导》作为学校劳动教育的参考教材。依托《指导》申报的“懂技术、乐服务、会创造——新时代大学生生产劳动实践指导”和“服务性劳动之大学生校内勤工助学模式研究”分别获江苏省高等学校劳动教育优秀实践项目评选一等奖和二等奖。

党的二十大报告指出：“全面贯彻党的教育方针，落实立德树人根本任务，培养德智体美劳全面发展的社会主义建设者和接班人。”作为“五育并举”重要组成部分的劳动教育已成为教育工作者乃至全社会的普遍共识，劳动教育的作用及价值越来越得到重视和彰显。新形势下，《指导》编写团队积极主动应变与求变，根据第一版《指导》的使用反馈，以及学校劳动教育的开展实际，在第一版《指导》的基础上，重点针对实践指导篇进行较大调整和更新；坚持扎根地方应用型本科高校文化场域，结合地方优秀传统文化积极开展劳动实践指导；根据大学生的兴趣和培养计划，丰富劳动教育实践形式，拓展劳动教育的空间；增加学校最新的实践案例和具体做法，把拓展阅读素材和榜样人物尽可能更新为学校真实案例；有计划地组织大学生参与日常生活劳动、生产劳动和服务性劳动，使其收获一定的劳动体验和劳动经验，端正劳动态度，培养劳动行为习惯，形成艰苦奋斗的良好品质，逐步提升自身的劳动实践能力。

本版《指导》仍然保持绪论、基础学习篇、实践指导篇、自我提升篇四个部分内容。绪论主要坚持以习近平新时代中国特色社会主义思想为指导，贯彻落实中共中央、国务院颁布的劳动教育政策文件精神，宏观概述大学生劳动教育的目的和意义、政策依据、教育目标及要求。基础学习篇主要讲述劳动教育的价值、意蕴，劳动教育的内涵，大学生劳动教育的内容、特点和途径。实践指导篇重点围绕学校学科、专业特点，开展大学生生活劳动、生产劳动、服务性劳动的实践指导，以及劳动实践的安全防范与应急处置。自我提升篇主要讲述大学生劳动素养的提升、劳动实践的自我感受。

本版《指导》由钱磊、孔荣、张毅驰主编，王晓莉、顾荣庆、祁素萍、沈瑛、杨宁、帅凯、毋张明、孙伟等参与编写。编写过程中，苏州城市学院教务处原处长施盛威老师担任主审，全程给予指导和帮助，在此表示衷心的感谢。本版《指导》引用了苏州城市学院的许多教学实践案例，在此亦深表感谢。由于修订时间仓促以及编写团队水平有限，本版《指导》中难免存在不足，恳请广大读者批评指正。

编　者

2024 年 5 月 1 日

CONTENTS 目录

绪 论

教育是民族振兴和社会进步的基石，建设教育强国更是中华民族伟大复兴的基础工程。劳动教育作为构建德智体美劳全面培养的教育体系“最后一公里”的重要方面，既承担着培养社会主义事业的建设者和接班人的时代使命，也是推动科技创新和社会进步的重要力量。大学劳动教育将在人才培养的过程中实现课堂和社会的有效联通、认识和实践的佳妙结合、脑力劳动和体力劳动的互相支撑，也将成为技能提升和价值观培育并举的重要教育类型。

党的二十大报告指出，“在全社会弘扬劳动精神、奋斗精神、奉献精神、创造精神、勤俭节约精神，培养时代新风新貌”。加强大学生劳动教育，树立“劳动最光荣、劳动最崇高、劳动最伟大、劳动最美丽”的劳动价值观，培养勤于劳动、乐于投身劳动的实践能力和觉悟，直接关乎广大学生的全面发展、建功立业，更是为了让中华民族勤俭、奋斗、创造、奉献的劳动精神在青年大学生身上发扬光大。

一、大学生劳动教育的目的和意义

大学是青年学生踏入社会的人生重要阶段，大学生能否实现与社会生活和社会工作的无缝对接，能否成为德才兼备的国家有用之才，取决于是否通过大学教育树立起正确的劳动价值观，掌握基本劳动技能，具备一定的劳动权益意识。由此可见，开展大学生劳动教育，有目的、有计划地向大学生传授劳动知识和劳动技能，教会大学生关注劳动、崇尚劳动、尊重劳动、勤于劳动，同时创造价值，肩负起社会主义事业的建设者和接班人的时代使命和责任担当至关重要。

（一）大学生劳动教育是建设社会主义现代化强国、实现中华民族伟大复兴的迫切需要

党的十九大报告清晰擘画全面建成社会主义现代化强国的时间表和路线图，实现“两个一百年”奋斗目标，实现中华民族伟大复兴，离不开全国各族人民的辛勤劳动、诚实劳动与创造性劳动。大学生作为推动社会发展的主力军，承担着建设社会主义现代化强国、实现中华民族伟大复兴中国梦的重要使命和责任。因此，要加强大学生劳动教育，引导大学生努力学习科学文化知识，练就过硬本领，树立坚定的理想信念，培育劳动情怀，自觉把人生理想和家庭幸福融入国家富强、民族复兴的伟业，构建个人与集体、个人梦想与中国梦想融合统一发展的命运共同体，最终推动广大青年

学生接力奋斗，实现中华民族伟大复兴中国梦。

（二）大学生劳动教育是高校实现立德树人根本任务的客观需要

高校肩负着为党育人、为国育才的神圣使命，培养的人才必须具备正确的世界观、价值观、事业观、审美观和劳动观。德、智、体、美、劳既是密切联系的五个方面，又有各自不同的功能，劳动教育是构建全面教育体系不可或缺的一环。高校开设的劳动教育课程，应该加强大学生劳动教育的体验性和实践性，结合高校发展定位和人才培养目标，注重对大学生劳动意识的培养，倡导“劳动最光荣、劳动最崇高、劳动最伟大、劳动最美丽”的价值观念，使大学生崇尚劳动、追求劳动创造、尊重劳动主体，成长为德智体美劳全面发展的综合性人才。

（三）大学生劳动教育是促进大学生全面发展的必要途径

一个时期以来，由于受到传统文化中“万般皆下品，唯有读书高”观念的影响，相当一部分青年只会“读书”，劳动能力欠缺，动手能力不足，成了“颈部以上的人”；由于受到计划生育政策的影响，很多当代大学生是独生子女，处于家庭核心，处于“饭来张口、衣来伸手”的成长环境，习惯以自我为中心，崇尚享乐安逸、吃不了苦、受不了累的现象普遍存在。为了解决上述问题，须加强高校劳动教育，通过课堂教学、自身学习、实验实践等教育环节，大学生在挥洒汗水的过程中锻炼身体，增强心理素质，感受劳动创造的价值和财富，领悟劳动带来的尊严感、崇高感和幸福感，逐渐成长为身心健康、情绪稳定、敢于担当的新时代有为青年。

二、大学生劳动教育的政策依据

以习近平新时代中国特色社会主义思想为指导，我国高等教育坚持“立德树人”的根本任务，不断深化对人才培养规律的认识，特别是在探索促进人的全面发展和推进“五育”并举方面提出了新理念和新要求。

2018 年 9 月 10 日，习近平总书记在全国教育大会上指出：“要努力构建德智体美劳全面培养的教育体系，形成更高水平的人才培养体系。”“要在学生中弘扬劳动精神，教育引导学生崇尚劳动、尊重劳动，懂得劳动最光荣、劳动最崇高、劳动最伟大、劳动最美丽的道理，长大后能够辛勤劳动、诚实劳动、创造性劳动。”

2020 年 3 月 20 日，中共中央、国务院发布了《关于全面加强新时代大中小学劳动教育的意见》（简称“《意见》”），明确要求把劳动教育纳入人才培养全过程，提出要坚持“五育”并举，即“突出德育实效、提升智育水平、强化体育锻炼、增强美育熏陶、加强劳动教育”，在认识上将劳动教育提升到了与德、智、体、美四育一致的高度，在行动上对劳动教育的展开作出了系统且具体的部署，贯通大中小各学段，全面构建了体现新时代特征的劳动教育体系。

2020 年 7 月 7 日，为深入贯彻习近平总书记关于教育的重要论述，落实《意见》精神，加快构建德智体美劳全面培养的教育体系，教育部印发《大中小学劳动教育指导纲要（试行）》，对“劳动教育性质和基本理念”“劳动教育目标和内容”“劳动教育途径、关键环节和评价”“学校劳动教育的规划与实施”“劳动教育条件保障与专业支持”等进行了全面解读。

三、大学生劳动教育目标

大学生劳动教育要达到三个基本目标：

（一）认知目标

认知目标要求大学生对劳动有一定的思考，了解和掌握劳动知识，知道劳动的基本内涵，理解劳动的意义，从而更好地创造生命的价值。这包括三个方面的内容：第一，了解和认识劳动的本质，理解劳动的意义；第二，了解劳动分类和相应的劳动实践活动；第三，掌握与劳动相关的科学文化知识，从而为自己的就业和创业奠定基础。

（二）情感态度目标

情感态度目标要求大学生在接受、认知劳动的基础上，树立正确的劳动价值观，理解并形成积极的劳动态度，养成吃苦耐劳、乐于奉献的劳动精神，并将劳动精神逐步内化为自身的价值追求和行为准则。

（三）动作技能目标

动作技能目标要求大学生具备日常生活所需要的基本劳动能力，具备适应社会生存和发展需要的基本劳动能力，主要包括：一般性劳动技能，即日常生活所需要的基本技能，如洗衣、做饭、打扫等家务劳动；职业性劳动技能，即经过专业训练，具备专门知识的能力；专门劳动技能，即专业性很强的职业能力等。

四、大学生劳动教育的要求

高校开展大学生劳动教育，必须结合新时代特征和大学生身心发展特点，着重处理好理论学习与实践锻炼、劳动教育与专业教育、传统形态与新形态等方面的关系。

理论学习和实践锻炼都是大学生劳动教育的必要内容。理论学习重在让大学生理解和掌握“劳动创造了人本身”“劳动创造世界”等历史唯物主义的基本理论，以及与劳动相关的法律、法规、政策。实践锻炼重在将大学生所学知识转化为真正有用的实际本领，使大学生形成良好的劳动习惯，并弘扬劳动精神。规划劳动教育时，要两者兼顾，坚持以实践锻炼为主，切实保证每一位学生都有必要的劳动实践经历，而不只是口头上喊劳动、课堂上讲劳动。要通过实践锻炼前的计划构想、实践锻炼中的观察思考和实践锻炼后的反思交流，让学生加深对有关思想理论、法规、政策的理解，实现理论学习和实践锻炼的统一。

要处理好劳动教育与专业教育的关系，就必须把劳动教育与专业课程学习相结合，与实习实训相结合，与社会实践和志愿服务相结合，与职业生涯教育及就业指导相结合。劳动教育与专业教育的内在是一致的、统一的。高校要开设专业课程，传授劳动知识，培育劳动技能，培养具有创新精神和实践能力的高级专门人才，并将他们输送到对口的劳动岗位，发展科学技术文化，促进社会主义现代化建设。

要处理好传统形态与新形态的关系。高等教育阶段是学生受教育的高级阶段，在开展劳动教育时，更要注重结合产业新业态、劳动新形态，选择现代农业、工业、服务业项目，提升创造性劳动能力。高校可以将劳动教育与产教融合相结合，与创新、创业教育相结合，打造“双创”教育的劳育大平台，让学生在创新、创业实践中发扬创新精神，获得实践能力，创造劳动价值，激发出创新性和创造性，真正提升创造性劳动水平和创造性劳动能力。

基础学习篇

第一章 劳动创造历史与未来

劳动造就了中华民族的辉煌历史，也必将创造出中华民族的光明未来。正如习近平总书记所指出的："劳动是财富的源泉，也是幸福的源泉。人世间的美好梦想，只有通过诚实劳动才能实现；发展中的各种难题，只有通过诚实劳动才能破解；生命里的一切辉煌，只有通过诚实劳动才能铸就。"新时代中国特色社会主义现代化建设和中华民族伟大复兴，需要靠全体劳动者弘扬勤劳美德，为创造幸福生活而不懈奋斗。

第一节　劳动创造历史

翻开中华人民共和国的历史，多少辉煌的成就在埋头苦干中铸就，多少豪迈的跨越在挥汗如雨中实现，多少伟大的梦想在胼手胝足中成真。中国的历史就是靠劳动创造和延续的，"改革开放"的奇迹、"中国地位"的崛起、"中国震撼"的创造，无不凝聚着广大劳动者的智慧和汗水。进入新时代，中国正以"大众创业、万众创新"的精神攻坚克难，继续弘扬劳动精神，树立劳动光荣的理念，为践行"四个全面"战略布局、为实现中华民族伟大复兴注入强大的正能量。

一、社会历史从劳动中产生

远古传说中，有盘古开天辟地，撑开天地，化身为万物；女娲创造生命，炼石补天，化解灾难；燧人氏钻木取火，结束茹毛饮血，开创社会文明；神农遍尝百草，为人类去除病魔；伏羲氏结绳为网，捕鸟打猎，并教会了人类渔猎的方法……这些是古人对世界、对宇宙起源与人类起源的一些解释。在古代，技术条件有限，人们只能将问题的解释寄托在神话故事中，但从中我们仍可以了解到人类起源与劳动的关联，感受到古人认识和改造世界的愿望，认识到人自身的生命价值和奋斗不息的劳动创造。

封建时代，中国作为以农业种植为主的国家，春耕、夏耘、秋收、冬藏，四者不失时，故五谷不绝，而百姓有余食也。古人很早就已懂得用四季的勤劳换取丰硕的果实。无论是历代君主以"亲耕"的形式，鼓励耕织，劝课农桑，还是普通百姓"春种一粒粟，秋收万颗子""日出而作，日入而息""夙兴夜寐，洒扫庭内"……这些劳动场景都被记录在文学作品中，记录在耳口相传的故事里，成了历史文化的重要组成部分。中华民族是勤于劳动、善于创造的民族。正是因为劳动创造，我们拥有了上下五千年的辉煌历史。

中华人民共和国成立后，人民当家作主，普通劳动者成了国家的主人，各条战线上涌现出了一批又一批劳动模范，鼓舞了全体人民建设社会主义的干劲。改革开放之后，深化经济体制改革，实行按劳分配为主体、多种分配方式并存的分配制度，进一步释放了广大人民的劳动激情，保障了劳动者的合法权益，劳动所带来的创造力焕发出了绚丽夺目的光芒。

进入新时代，实现全面建设小康社会、实现中国梦和中华民族伟大复兴，更需要发挥全体劳动者的积极性、主动性和创造性。无论时代条件如何变化，无论技术进步和知识更新达到什么样的程度，无论经济社会发展达到什么样的水平，劳动始终是文明进步的重要源泉，劳动者的创造始终是历史前进的根本动力。

拓展阅读

自己动手，丰衣足食

1939 年开始，由于日军“扫荡”、国民党的军事包围和经济封锁，以及严重的自然灾害，整个陕甘宁边区和敌后抗日根据地在财政经济上碰到了极大的困难，解放区的生活几乎到了“没有衣穿，没有油吃，没有纸、没有菜、战士没有鞋袜、工作人员在冬天没有被盖”的地步。面对这种情况，同年 2 月，中共中央在延安召开生产动员大会，毛泽东在会上发出号召：“饿死是没有一个人赞成的，解散也是没有一个人赞成的。还是自己动手吧！”

党中央和陕甘宁边区政府主要领导干部以身作则，与战士一起参加生产劳动。毛泽东于百忙中抽出时间在杨家岭自己住的窑洞下面的山坡边开了一块地，经常利用休息时间锄草、施肥、浇水，精心进行田间管理。中央直属机关和中央警卫团举行纺线比赛，周恩来、任弼时等积极参加。比赛结束时，任弼时获纺线比赛第一名，周恩来被评为纺线能手。王震带领三五九旅开展南泥湾垦荒，用自己的汗水和双手，把一片片荒山野岭变成了“平川稻谷香，肥鸭遍池塘。到处是庄稼，遍地是牛羊”的陕北好江南。

1942 年开始，陕甘宁边区的情况有了根本性的好转。边区生产自给率达到 61.55%，1943 年更是达到了 100%。截至 1944 年，三五九旅共垦荒种地 26.1 万亩，收获粮食 3.7 万石，养猪 5 624 头，上缴公粮 1 万石，达到了“耕一余一”。广大官兵用自己的双手和汗水，实现了在不受灾的条件下无须外援，真正达成了“自己动手，丰衣足食”的目标，为赢得抗日战争的胜利打下了坚实的经济基础。

我们必须牢记“自己动手，丰衣足食”的信念，传承“自力更生，艰苦奋斗”的大生产精神，做新时代的“垦荒人”。2020 年 4 月，习近平总书记在陕西考察时指出：“延安精神培育了一代代中国共产党人，是我们党的宝贵精神财富。”陕甘宁边区拓荒精神永远不会过时，将永远激励着中华民族的优秀儿女为国家统一、民族复兴、社会和谐、人民幸福而不懈努力。

二、劳动促进社会历史发展

劳动创造了人类社会，而劳动是从制造和使用工具开始的。劳动促进社会历史发展的根本表现在于劳动工具。劳动工具的每一次重大进步，都会带来生产方式的划时代变革，都会推动社会生产力向前发展，进而推动社会历史形态不断进步。（图 1-1）

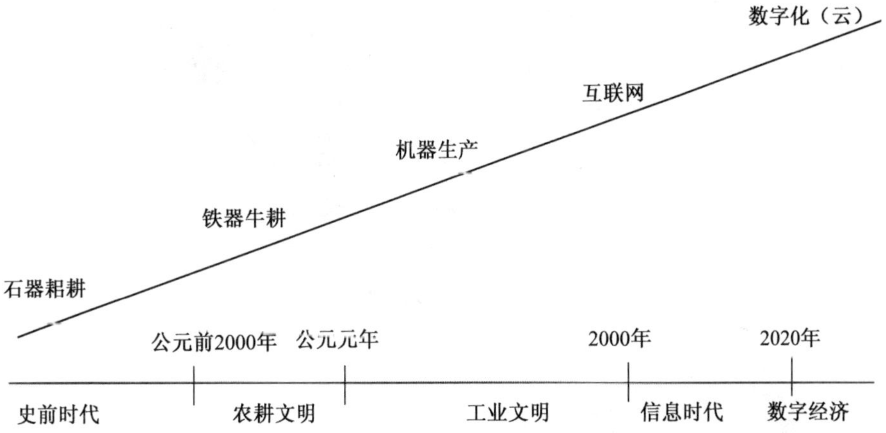

图 1-1　劳动工具的演进过程

在生产力中，劳动工具是重要的因素，马克思把它看作人类劳动力发展的测量器，也是劳动得以进行的社会关系的指示器。劳动工具的发展既是人体劳动器官的功能由低级向高级逐步转移给劳动工具的历史，也是劳动工具逐步替代人体劳动器官功能的历史。从劳动工具的发展历程来看，劳动工具从原始手工劳动工具逐步向机械化劳动工具发展，经不断提升自动化水平，最终才形成了智能化的劳动工具。

自古以来，中国就是农业大国，农耕文化是世界上最早的文化之一。在原始农业社会，人们的劳动工具有限，仅从自然界直接获得木头、石头等资源进行简单的制作。到了夏、商、周时期，农耕作业逐步摆脱了原始时期的刀耕火种，进入粗放劳作阶段。春秋后期，冶铁技术出现，铁开始被用来制作各种生活用具，也包括劳动工具。相比于之前的木制和石制工具，铁制工具更加坚硬，也更加精致，促进了农业的精细耕作。在农业发展的同时，冶铁业、青铜业、纺织业等手工业也得到了发展。传统精耕细作农业时期的精细农具让人类的生产力发生了质的飞跃。（图 1-2）

18 世纪 60 年代后，两次工业革命成为技术发展史上的巨大革命，以“珍妮机”（手摇纺纱机）和“蒸汽机”为重要标志，开创了以机器代替手工劳动的时代。这不仅是一次技术改革，更是一场深刻的社会变革。自此，以蒸汽机和电动机为代表的劳动工具得到了广泛使用。接着，第三次工业（科技）革命、第四次工业革命（工业 4. 0）相继发生，计算机、互联网、数字云的出现，让劳动工具发生了质的飞跃。（图 1-3、图 1-4）

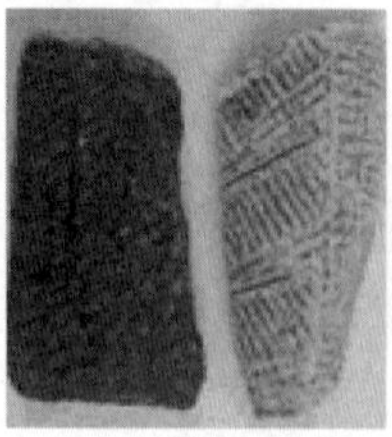

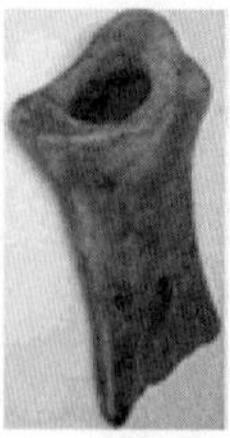

石器　　耜

铁农具　　曲辕犁

图 1-2　农耕工具

图 1-3　机械化工具

图 1-4　智能化工具

在社会历史发展进程中，劳动者对劳动工具的一次次改造与创新，不仅提高了生产效率，丰富了物质财富，而且推动了社会的进一步发展。

拓展阅读

鲁班造锯，推动劳动工具进步

公元前 507 年，鲁班出身于世代工匠的家庭，自幼对很多土木建筑活动耳濡目染，掌握了极其丰富的劳动实践经验，并且能够将生活中的种种见闻融入自己的生产活动，发明了许多极具实用属性的工具，比如锯子。

相传有一天他进入深山砍伐树木，忽然不小心摔倒在地，慌乱之下信手一抓，抓住了旁边的一大把野草，才让自己没有从山道上跌落下去。只是等他起身的时候，却发现自己的手掌非常疼痛，仔细一看还出血了。鲁班又仔细观察抓住的那把野草，发现野草的边缘生有密密麻麻的、细细的、锋利的齿，手掌上的伤就是这些齿导致的。他尝试着用这些齿在自己手上轻轻划了一下，结果划出了一道口子，验证了这些齿的作用。在被这些长有齿的野草划伤以后，鲁班就效仿这些野草的齿，在长条工具上装了锋利而密密麻麻的齿，从而形成了一种全新的工具——锯子，而那种长条工具就叫作锯条，那些齿就叫作锯齿。

锯子最初是用燧石，也就是坚硬、致密的硅质岩石打造而成的。在燧石的边缘敲出一些尖锐的棱角，那就是最为原始的锯子。此后随着人们对于材料运用的进步，锯子开始由石锯转为青铜锯。到春秋时期，人们已经能够熟练使用铁材料，那么战国时期的鲁班制作锯子，很可能用的是铁材料。锯子的应用领域非常广泛，不仅局限于木工艺，还广泛应用于金属切割、石材加工等各个行业。随着科技的发展，锯子也不断地改进和演变，出现了电动锯、气动锯等类型，直接推动了社会生产力的进步。

第二节　劳动创造幸福

幸福是人们在一定的物质生活和精神生活中感受或意识到预定目标和理想的实现而引起的一种内心满足。幸福不仅在于个人享受，还在于从劳动、奋斗和创造中实现价值感。

一、奋斗幸福观

劳动是一切幸福的源泉，奋斗是实现幸福的必要途径。“奋斗幸福观”思想是新时代的需要，其内涵包括以下四个方面：

（一）奋斗是为了人民幸福

人民立场是中国共产党的根本政治立场。习近平新时代中国特色社会主义思想以人民为中心，强调中国共产党人的使命是为人民谋幸福。从抗日战争到解放战争，从改革开放到追寻中国梦，中国共产党人始终关注每一位普通老百姓、每一个个体的幸福生活。

（二）幸福都是奋斗出来的

习近平总书记多次论述“幸福不会从天而降”“新时代是奋斗者的时代”“奋斗本身就是一种幸福”等重要观点，强调“幸福都是奋斗出来的”，深刻指出了幸福的来源和真谛。中国人民从古至今就懂得“天上不会掉馅饼”，一粥一饭都是辛苦劳动所得，要幸福就要努力奋斗。

（三）奋斗本身就是一种幸福

奋斗的过程是艰辛的，但这个过程会丰富人的精神世界。只有经历奋斗的人，才能在精神上收获人生的意义与价值，才更懂得幸福来之不易，并品尝到幸福的滋味。历史证明，那些为共同目标而劳动的人是伟大人物，那些为大多数人带来幸福的人是幸福的人。

（四）新时代是奋斗者的时代

2018 年是改革开放 40 周年，中国人民勇于探索、真抓实干，凭着一股开拓创新的拼劲、一股自力更生的韧劲，把中国建设成了世界第二大经济体，中国的面貌、中国人民的面貌发生了翻天覆地的变化。改革开放不仅改变了中国，也深刻影响了世界。

“奋斗幸福观”告诉我们：每一个人，当他参与创造伟大时代的时候，其实也正书写着自己的美丽人生。从古代灿烂的四大发明，到现代中国的“新四大发明”，中国速度、中国制造、中国力量让中国在众多领域实现了突破，使中国的世界地位不断提高，话语权不断加重。伟大成就的背后是国家主导的社会力量、各个社会机构与组织以及每一个公民的共同努力，是个人价值与集体、国家价值的统一。个人的幸福与国家的幸福是统一的，没有安定和谐的社会环境，连生存的基本需要都难以满足，更不用说个人的理想与追求了。幸福国家是整体的幸福，只有国家整体和谐，才能为个人幸福创造可能的环境，其中，每个人的劳动又是国家幸福的基础。

二、劳动创造美好生活

2020 年，我国国内生产总值约 101.6 万亿元，比上年增长 2.3%，我国是全球主要经济体中唯一实现经济正增长的国家，为 14 多亿中国人传递了信心。一分耕耘，一分收获。伟大的成绩和辛勤的劳动是联系在一起的，正是亿万人民的苦干实干，才向世界呈现了精彩纷呈的“中国故事”。

从中华人民共和国成立到改革开放，再到社会主义现代化建设，中国始终探索和践行着自身的发展道路，开创了中国特色社会主义，使人民的生活发生了翻天覆地的变化。从计划经济到社会主义市场经济，我国经济总量从中华人民共和国成立之初的 600 多亿元，到 2023 年突破 126 万亿元大关，稳居世界第二大经济体，成为世界第一大工业国、第一大货物贸易国、第一大外汇储备国，在推动世界经济增长中占据了举足轻重的地位。我国的人均国内生产总值从中华人民共和国成立之初的 119 元，增加到了 2023 年的约 8.94 万元。从贫困到温饱，再向全面小康迈进。2020 年，中国 832 个贫困县全部摘帽；移动支付方式和网络购物模式引领世界潮流；发达的交通网不但方便了出行，更使“一小时经济圈”成为可能；教育改革顺应时代发展；城乡医疗保障体系逐步完善，使得看病不再难；从筒子楼到商品房再到现代化小区，人们的居住环境从单一到多样；公共文化服务体系和文化产业体系更加健全，人民精神文化生活日益丰富。中华文化的影响力进一步提升，中华民族的凝聚力进一步增强。

这一切美好生活的实现都离不开人民群众的劳动创造和辛勤付出，是 14 多亿劳动人民用勤劳智慧的双手，坚持苦干实干创造出来的。正是劳动者不辞涓流、不拒细土，胼手胝足，日耕夜作，才有了中国今天的繁荣富强。一条条高速公路的通车、一列列高速列车的运行、一次次科技攻关的突破，实现了中国的快速发展，人民过上了前所未有的好日子。

拓展阅读

逐梦苍穹，把幸福洒满太空

美好的愿景需要通过实际劳动才能实现。自 1956 年开始，中国航天技术取得了巨大成就，2018 年中国航天火箭发射数量首次跃居世界第一，在轨卫星数量居世界第二。中国航天事业从无到有，从弱到强，承载了一个民族的梦想与荣光。中国长征系列运载火箭运载能力的大幅提高，科学卫星的实践应用，北斗卫星导航系统的建成与普及，“神舟”飞天、“天宫”对接、“嫦娥”落月、中国空间站“天和”核心舱发射升空（图 1-5）等航天事业取得的瞩目成就与国家、航天人及万千劳动者密不可分。

图 1-5　中国空间站“天和”核心舱发射升空

高凤林是无数航天工作者中的一员，他是焊接火箭“心脏”的中国第一人，曾参与40%的长征系列运载火箭的“心脏”焊接工作。他的工作内容之一就是在0.08毫米的火箭燃料输送管道壁上，在不超过0.01秒的焊枪停留时间内精准完成焊接任务。经过20年的技术攻关，他将火箭“心脏”的最核心部件——泵前组件的合格率从29%提高到了92%。火箭生产的提速让中国迎来了航天高密度发射的新时代。航天事业的成果对国家有着重大意义，航天技术提供的服务覆盖了人们生活的方方面面。如今人们只要打开导航就可以选择最佳路径，不需要开窗就能知道风雨变换，无论相隔千里还是万里，看与听早已不成问题。航天事业的发展实实在在地构筑了我们的美好生活。

第三节　劳动创造财富

劳动是一切财富的源泉。劳动创造了人本身，创造了人所需要的物质财富与精神财富。

一、劳动创造物质财富

物质财富对人类的意义不言而喻，劳动创造财富更是亘古不变的真理。人们要维持生命，离不开水、空气还有食物，那么，日常最平凡却又不可或缺的米饭要经过多少种劳动才能到达餐桌呢？首先需要种植水稻，虽然现代化农业的发展在一定程度上解放了人的双手，但整地、育苗、插秧、除虫除草、施肥、灌排水等一系列过程必不可少；然后等到水稻成熟，干燥、筛选、脱壳等环节也要耗费相当的人力和物力；最终大米变成米饭，还要经过一系列运输、销售环节，才能进入千家万户。在这一系列过程中，只要某一环节出现问题，都有可能导致我们吃不上米饭，因此，正是多个环节的劳动，才创造了我们基本的物质生活。

现代社会给人的发展提供了多种可能，但是，每一位财富创造者的背后都是数不尽的奋斗的日日夜夜，是脚踏实地的埋头苦干。“玻璃大王”曹德旺早年立志为中国人做出属于自己的玻璃，从此开始在高山试水生产。万事开头难，由于资源和技术有限，当时国内几乎没有人做汽车玻璃，曹德旺面临产品、技术、人才“三无”的困境，但他铁了心，“别人不做，我一定要做”。经过无数次的尝试与努力，他终于制造出了一块成本不到200元的汽车玻璃。他的产品不仅价格较低，而且品质过硬，在维修市场销量火爆。1987年，曹德旺用赚到的500万元成立了福耀玻璃集团，目前该集团已成为中国第一、世界第二大汽车玻璃制造商。

二、创新劳动创造更丰富的物质财富

21世纪是科技创新的时代，科学技术不仅能够强力地推动经济社会的发展，而且支撑着综合国力。早在20世纪70年代，“科学技术是第一生产力”就已被提出，之后，科技创新的内涵在中国实践的道路上不断地丰富与深化。如今，科技创新已经居于国家发展全局的核心位置。

创新劳动是一个相对较新的概念，可以理解为创造性的劳动。创新劳动区别于一般的体力劳动，是人的脑力劳动的一种形式，是通过人的脑力劳动萌发出技术、知识、思维的革新，从而高效提升劳动效率、生产出超值社会财富或成果的劳动。在倡导社会创新的时代背景下，我国涌现了一批创新型企业，它们不仅创造了极大的物质财富，还提升了中国制造的世界影响力。深圳市大疆创新科技有限公司（以下简称“大疆”）就是其中之一。大疆成立于2006年，经过十几年的发展已经成为无人机行业的巨头，连续多年占据全球消费级无人机领域70%以上的市场份额，在无人机市场上掌握了绝对的话语权。大疆能够迅速崛起的原因之一就是坚持了独立研发和不断创新。大疆开辟了消费级无人机市场，将应用于专业领域的无人机推广到普通人的生活中，将多重产品应用到更为宽广的领域，如影视传媒、应急救援、遥感测绘等。他们以超前的创新理念、严格的产品开发赢得了美好生活，也重新界定了中国制造的内涵。

中国制造向中国创造转变，中国速度向中国质量转变，中国产品向中国品牌转变。在技术发达的社会，非生产性劳动、非物质生产劳动、非重复性劳动的比例会逐步增加，人类劳动在智能化时代更具有创造性、复合性和交叉性。总之，无论是何种类型的劳动，无论是“劳心”还是“劳力”，都是创造物质财富的途径和方法。

三、劳动创造精神财富

大发明家爱迪生说：“世界上没有一种具有真正价值的东西，可以不经过艰苦辛勤的劳动而得到。”劳动使人聪颖，劳动使人进步，劳动使人们的精神生活变得丰富多彩。人们不仅可以从劳动中创造赖以生存的物质财富，而且可以得到很多情感上的满足。从劳动环境中，人们得到了不可缺少的人际交流；从劳动成果中，人们得到了收获的喜悦。霍金不断求索的科学精神和勇敢顽强的人格力量深深地打动了每一个知道他的人；曹雪芹用十年时间孜孜以求、精益求精，创作出了不朽的经典；钱学森一生求索、从不满足，不甘于人后、不迷信权威、不落窠臼，追求科学真理的精神品质堪称楷模。钟南山、李兰娟勇于担当，敢为人先，不计个人得失，在大灾大难面前冲锋陷阵，为国为民贡献自己的力量，其奉献精神是新时代不朽的精神财富。

四、劳动实现物质财富与精神财富的统一

对于一个人的发展来说，物质与精神不可分割，物质匮乏与精神萎靡都是人类痛苦的发端。没有物质作为基础，精神追求就难以实现；没有精神世界的探索，就无法实现个人更高层次的发展。根据马斯洛需求层次理论（图 1-6），构筑人发展最底层的是生理的需求，即呼吸、水、食物等生理的需求，接着是安全的需求，包括人身和财产的安全等。而越高层次的需求越脱离物质本身，只有从爱、尊重到创造力等的需求的满足才能达到人的自我实现。人的需求金字塔的每一层是无法相互剥离的，满足了下一层，上一层需求才有可能实现。古往今来，无数人在劳动中给人类创造了宝贵的物质财富与精神财富，实现了自己的人生价值。

1944 年出生在战争与贫苦环境中的任正非真正懂得了“活下去”的意义。他认为华为最基本的使命就是活下去。在高科技领域活下去更需要超凡的毅力。华为于 1987 年以 2. 1 万元的启动资金诞生在一间破旧厂房里，靠打价格差赚到第一桶金并再投入研制自有技术。截至 2019 年 12 月 31 日，华为在全球持有的有效授权专利达 85 000 多件，其中中国有效授权专利 30 000 多件，中国以外国家有效授权专利 50 000 多件，其中 90%以上是自主发明专利。华为不仅在发明专利数量上领先，更是参与到

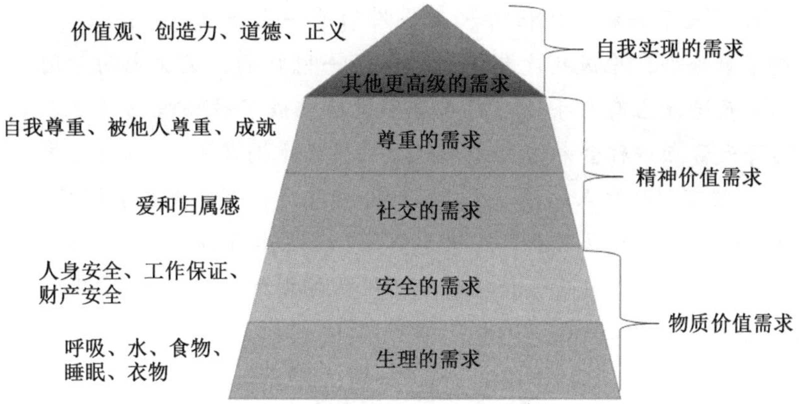

图 1-6 马斯洛需求层次理论

国际标准组织的标准制定中，而这一切成就并不是通过大规模的并购获得的，而是华为以奋斗为本，注重人才培养，通过拼搏与累积换来的。2019 年底，华为全球员工总数达 19.4 万人，其中研发人员占 49%。华为实行员工持股制，其中任正非本人持股 1%左右，而员工工会代替员工持股 99%左右。这对于员工自身来说，他们在工作中赚取了物质财富，同时智慧与技能也得到了提升与发展。对于华为来说，它所代表的是中国品牌的质量、中国先进的技术、中华民族之光。对于任正非来说，他在创造和经营华为的过程中实现了自己的人生价值。

劳动根植于中华民族的精神血脉，是中华民族的重要文化基因，中华民族的历史就是劳动人民用勤劳、勇敢、智慧书写的一部通过劳动创造物质财富和精神财富的灿烂历史，中国人民也必将在勤奋劳动、尽责担当中谱写出更加美好的新生活和更加辉煌的民族复兴新篇章。

拓展阅读

“布鞋首富”：宗庆后

2024 年 2 月 28 日，在杭州娃哈哈集团有限公司下沙基地，成千上万市民自发护送杭州娃哈哈集团有限公司创始人宗庆后先生的灵柩，挥泪告别宗老先生。宗庆后 42 岁时白手起家创立娃哈哈，用自己的辛勤劳动创造了无数财富，问鼎中国首富，走过了风云激荡的 30 多年，他的身影定格在 79 岁。

白手起家，“逆天改命”

“1987 年的五一劳动节，天气有些闷热，42 岁的我骑着自行车出了家门，准备干一件冒险的事——靠借来的 14 万元，去接手一家连年亏损的校办企业。”这就是娃哈哈的开始。“杭州市上城区校办企业经销部”的牌子从此被挂在了杭州清泰街 160 号的小楼前，加上宗庆后一共 3 个人，靠代销汽水、棒冰及文具纸张起家。努力很快为当时的宗庆后带来了转机。1988 年，娃哈哈的第一支产品——娃哈哈儿童营养液，伴随着“喝了娃哈哈，吃饭就是香”的广告语一炮打响，迅速走向全国，成为企业的拳头产品。而这座已有些年代感的 6 层小楼后来成了娃哈哈总部。在不出差的日子，宗庆后每天 7 点多就会来这里上班，30 多年来风雨无阻。

1991 年，仅有 100 余人的杭州娃哈哈营养食品厂，有偿兼并了拥有 2 000 多名职工的国营老厂——杭州罐头食品厂。仅 3 个月后，原本亏损 4 000 多万元的杭州罐头食品厂就扭亏为盈。当年娃哈哈销售收入、利税则增长了一倍多，第二年销售收入就达 4 亿元，利润 7 000 多万元。

三度登顶，中国首富

在一档电视节目中，主持人手握一瓶娃哈哈矿泉水，向宗庆后问了三个问题：瓶口有几圈螺纹？瓶身有几道棱？瓶盖有几个齿？“四圈螺纹，八道棱，十八个齿。”宗庆后不假思索地回答，经主持人当场验证全部答对，现场观众掌声雷动。对产品细致入微的把握与几十年来宗庆后一直跑在市场的第一线密切相关。有人问他累不累，他表示自己乐在其中：“跟以前劳动的时候，一钵饭两分钱的酱萝卜，每天干活，天黑了就睡觉比起来，现在太幸福了。”随着娃哈哈势如破竹的发展，宗庆后在 2010 年、2012 年和 2013 年三度登顶福布斯中国富豪榜，正式完成了从一介农民向商业大佬的转型。

一路未停，直到 79 岁

“以前我也是穷苦人，是党和政府给了我勤劳致富的机会。我们要饮水思源，跟党走，办好企业、多交税、多解决就业、多做慈善公益。”在一次浙商云集的论坛上，宗庆后深有感触地说道。这似是宗庆后对自己 70 多年来风风雨雨的人生总结，也似其对新一代浙商的叮咛。

第四节　劳动创造未来

一、未来社会的特征

根据对人类发展趋势的“合规律”预测，未来是以科技水平高度发达和人的解放与全面发展为主要特征的社会。通往未来社会的路径是人类的智慧劳动，未来社会是通过各族人民辛勤劳动、诚实劳动、创造性劳动实现的。

（一）科技水平高度发达

科技水平高度发达是步入未来社会的内生动力。进入 21 世纪，各个领域都在以秒进的速度进步和发展，人工智能、信息技术等每天都在为人类创造新奇和惊喜，共同构成了未来世界的关键技术，促进了社会生产力的进步，推动了人类社会的前进与发展。

1. 人工智能

人工智能是新时代、新技术的代名词，它重点研究如何让计算机来完成一直以来依靠人的智力才能完成的工作，如智能芯片、智能安防、智能交通、智慧教育、智慧医疗、智能家居、智能电子商务、智能制造等，这些已渗透社会的各行各业。

2. 大数据和云计算

借助大数据和云计算工具，人们的劳动内容、劳动过程发生了显著变化。例如，教育互联网企业在大数据采集与分析的前提下开始采用个性化教学，从阅卷到教学指导，智能教学系统不仅大大减轻了教师的负担，而且通过分析数据，帮助教师因材施教。

3. 机器人

利用机器人协助和替代人的劳动极速发展。当前，机器人已经具有持续学习、协同学习、场景适应的能力，正逐渐成为人类亲密的伙伴或“影子”，给予我们“无所不能”的帮助。

（二）人的解放与全面发展

由于现代科技的广泛应用，社会生产力大大提高，人们已逐渐从繁重复杂的劳动中解放出来，拥有了更多自主时间和自由。未来社会的人际关系是自由的，主要表现为人与人之间和睦相处、互帮互助的和谐状态，以及人与人之间交往的合理化、自由化、普遍化、世界化。

未来社会的劳动是自由自主的劳动，主要表现为人们可以突破活动范围、部门、行业的限制，根据自己的爱好选择职业；劳动不再是个人维持生计的手段，而已变成人们在生活中迫切需要的活动，成了人们用以创造社会财富、确证自我价值的途径；劳动者得以最大限度地发挥自身体力、智力，以适应不同的劳动要求，促进个人总体劳动素质的提高。

在未来社会，人的个性自由得到保证，主要表现为：（1）自由时间增多，这意味着人们可以利用一切文明成果不断学习知识、掌握技能、享有个人发展的自由，突破传统意义上地域、金钱等因素对人的限制；（2）随着个人身体素质、心理素质、文化素质、思想道德素质的全方位提高，人们得以充分发挥主观能动性与创造性，这在人本意义上保证了个体的独特性，对形成个性明显、才能多样的个体具有重要作用。

具体而言，在未来社会中，自主、自愿、自觉的劳动性质能够激发劳动者的生产积极性；科学技术的发展能够助力生产工具发生革命性变革；生产资料社会占有的所有制形式能够在最大程度上实现对资源的合理利用。这些因素都有利于大幅度提高社会生产力，推动社会生产力的持续、稳定增长，有利于加快全人类实现自由解放的进程，有助于早日实现共产主义。

二、未来社会对劳动者的素质要求

在科技引领创造的时代，智能化使人类劳动更具创造性、复合性和交叉性，这需要劳动者具有应对未来劳动的技能和综合素质。

在未来社会，自动化交易与服务将逐步替代重复性、机械性劳动，新职业标志着产业结构将升级，也表明智能时代的职业正向高新技术领域转变，高端专业技术类人才已成为社会的急需人才。当代大学生作为未来社会建设的中坚力量，必须具备适应未来社会的素质和能力。

在文化知识方面：（1）了解并掌握处于时代前沿的高新技术知识、科技知识，如信息技术、大数据、人工智能和互联网知识等；（2）熟悉国际规则和相关知识，能适应开放型、高度国际化的社会；（3）了解人脑、意识、思维的科学知识，学会科学思维。

在技术能力方面：交际能力、管理能力、学习能力、沟通协作能力、创新创造能力、专业技术能力、思考和批判能力等都是在未来社会生存和发展的基本能力。

在身心素质方面：未来社会处于快速发展与变化的时代，工作、生活节奏日益加快，在巨大的工作压力下，劳动者只有具备健康的体魄、良好的心理素质，才能在激烈的竞争中取胜。

在思想意识方面：劳动者应具有紧迫感，善于抓住各种机遇，珍惜每一个机会，以科学的态度认真利用好机遇，既要有个人效能感，又要有良好的集体主义精神。同时，要强化创新意识、合作意识、沟通意识、双赢意识、整体意识。

总之，未来劳动者素质的培养与提高，需要全社会共同努力。未来的教育生态将在技术的推动下，提升开放性，在教、学、管理与服务等领域深度融合智能技术与思维，遵从以人为本的理念，促进人的全面发展，凸显个性化、自适应的学习特征。未来劳动者必须具有无可替代的高阶技能，高效对接未来人力资本的供给需求，承担起实现国家创新发展和强国战略的责任与使命。

拓展阅读

为民族汽车梦奋斗终身——吉利

20 世纪 90 年代初，国家对于汽车行业的政策管理是很严格的。1997 年，吉利成为第一家民营造车企业。很长一段时间，当我们提及国产车吉利时，对它的印象就是“低端”二字。但是，经过十几年的学习与研发，吉利不仅跻身世界 500 强，而且以自主创新的姿态，打造出了“微米”级的高品质吉利汽车研究院。此研究院成了全球规模最大、最先进的动力基地，形成了完整的整车、发动机、变速器和汽车电子电器的开发能力，每年可以推出 4~6 款全新车型和机型；自主开发的可变气门正时全铝发动机，升功率达到 57.2 千瓦/升，处于“世界先进，中国领先”水平；自主研发并产业化的 Z 系列自动变速器，填补了国内汽车领域的空白，获得中国汽车行业科技进步一等奖；自主研发的电子动力子系统，开创了国内汽车电动智能助力转向系统的先河；在爆胎监测与安全控制技术、新能源汽车等高新技术应用方面取得重大突破，华丽地完成了从“低端”向“高端”的蜕变，迈向了科技创新与“智造”。对于吉利 30 多年的实践与探索，创始人李书福总结：做事情必须认准一个方向，坚定一个信念，提炼一种精神，凝聚一股力量，完成一个使命。

吉利汽车的发展，用 4 个字来形容就是“实在不易”。它从一个“黑户”起家，四处碰壁，被讥讽，坚持了多年才获得公平竞争的权利；进入汽车市场之后，只能靠价格战将汽车价格拉下神坛，终于有了自己的容身之处；而后从产品质量不佳，到战略转型，再到今天的高质量庞大车系的涌现，其成功不得不让人佩服。

中国的改革开放政策为国家的可持续发展奠定了基础，播下了民族复兴的伟大种子，中国人民、中华民族一定会因此而拥有光辉的未来。吉利这家面向未来的民族企业，是中国众多现代企业的一个缩影，成为我们展望未来、立足发展、敢于超越的样板。它依靠先进技术的研发与应用，实现了自己的产品升级，满足了消费者的诸多诉求，终于走向了世界，走向了未来。

第二章 大学生劳动教育概述

第一节　劳动教育的内涵

随着时代的发展，人们对劳动教育的内涵的认识不断丰富和深化。特别是进入新时代，劳动教育的内涵更得到了进一步深化，已不再囿于简单组织一些体力活动以培养学生的动手能力与独立精神，而是已着眼于对青少年劳动价值观的塑造以及劳动素养的形成。把劳动教育纳入人才培养体系是加快推进教育现代化、建设教育强国的关键环节。

2016 年，《中国学生发展核心素养》提出了六大核心素养、18 个基本要点，其中实践创新素养部分明确阐述了劳动教育的基本内涵，即“尊重劳动，具有积极的劳动态度和良好的劳动习惯；具有动手操作能力，掌握一定的劳动技能；在主动参加的家务劳动、生产劳动、公益活动和社会实践中，具有改进和创新劳动方式、提高劳动效率的意识；具有通过诚实合法劳动创造成功生活的意识和行动等”。

2018 年，习近平总书记在全国教育大会上对劳动教育做出新的阐述：要“培养德智体美劳全面发展的社会主义建设者和接班人”；“要在学生中弘扬劳动精神，教育引导学生崇尚劳动、尊重劳动，懂得劳动最光荣、劳动最崇高、劳动最伟大、劳动最美丽的道理，长大后能够辛勤劳动、诚实劳动、创造性劳动”。

2020 年，教育部发布《大中小学劳动教育指导纲要（试行）》，明确指出：“劳动是创造物质财富和精神财富的过程，是人类特有的基本社会实践活动。劳动教育是发挥劳动的育人功能，对学生进行热爱劳动、热爱劳动人民的教育活动。”“劳动教育是新时代党对教育的新要求，是中国特色社会主义教育制度的重要内容，是全面发展教育体系的重要组成部分，是大中小学必须开展的教育活动。”

2020 年，《中共中央　国务院关于全面加强新时代大中小学劳动教育的实施意见》（《意见》）对劳动教育的基本内涵作了如下解释：劳动教育是国民教育体系的重要内容，是学生成长的必要途径，具有树德、增智、强体、育美的综合育人价值。实施劳动教育重点是在系统的文化知识学习之外，有目的、有计划地组织学生参加日常生活劳动、生产劳动和服务性劳动，让学生动手实践、出力流汗，接受锻炼、磨炼意志，培养学生正确劳动价值观和良好劳动品质。

第二节　大学生劳动教育的内容

教育目的和目标必须依靠一定的内容安排来体现和实现，而教育形式和方法则是由教育内容决定并为它服务的。因此，本小节将根据《意见》中劳动教育的总体目标要求，明确大学生劳动教育的具体内容。

一、劳动知识

随着现代劳动的复杂化和精细化，拥有广博的科学文化知识已经成为人类劳动的基础要求，而掌握必备的技能是提升劳动质量的关键因素。大学阶段的劳动教育要求掌握的科学文化知识有劳动与伦理、劳动与法律、劳动与社会保障、劳动关系等方面的知识，还要熟悉社会发展中不断出现的新知识、新技术、新工艺、新方法。

（一）劳动与伦理知识

这是人们在劳动过程中形成的处理人与人、人与社会、人与自然等关系的道德准则，其基本内涵包括有尊严的劳动、公平的劳动、自由的劳动和幸福的劳动。

（二）劳动与法律知识

劳动关系作为法律调整的对象，通过法律制度围绕劳动关系的产生、运行、终止、纠纷解决等各个环节展开调整，明确发生劳动关系的各主体间的权利和义务。目前，我国已形成包括《中华人民共和国宪法》《中华人民共和国劳动法》《中华人民共和国就业促进法》《中华人民共和国工会法》《中华人民共和国劳动合同法》《中华人民共和国社会保险法》《中华人民共和国劳动争议调解仲裁法》《中华人民共和国民事诉讼法》等实体法、程序法在内的一系列调整劳动关系、保护劳动者权益的法律体系。

（二）劳动与社会保障知识

社会保障是以社会保险、社会救助、社会福利为基础，以基本养老、基本医疗、最低生活保障制度为重点，以慈善事业、商业保险为补充，保障人民生活、调节收入分配的一项基本制度。劳动者在劳动过程中面临着危害程度、性质、范围不同的工作风险，依靠个人、家庭和社会组织可能无法应对这些风险，因此需要社会保障来予以规避和化解。

（四）劳动关系知识

微观的劳动关系是指劳企双方在工作场所形成的用工关系，核心主体是企业和劳动者。劳动者为企业提供劳动，使企业得以实现盈利；企业对劳动者支付报酬，使劳动者得以生存发展。劳企双方如果能达成和谐的劳动关系，则双方能够实现共赢，反之则会出现各种劳动纠纷或突发事件，造成各种损失。因此，学习劳动关系是高校劳动教育的重要组成部分。高校毕业生一旦步入职场或自主创业，就将成为劳动关系中的劳方或企方。为了顺利开展工作，劳企双方要掌握劳动合同管理、和谐劳动关系建立、危机劳动关系矛盾处理等基本知识。

二、劳动能力

劳动能力培育，以专业知识学习为基础，主要让学生掌握相关技能，为以后更好地就业、更好地建设祖国做准备。广义的劳动能力，既包括生产、生活和服务中的一般性知识、技能和素养，也包括职业领域与专业领域与具体工作相关的特殊知识、技能与素养。劳动能力需要在认识和使用工具、从事劳动实践的过程中形成，具体分为以下几种能力：

（一）使用工具的能力

使用劳动工具是社会发展和时代进步亘古不变的动力。劳动的一个重要特征就是使用工具，从而提升劳动效率和发展社会生产力。当代大学生需要掌握使用以下工具的技巧和方法：（1）做饭、洗碗、洗衣服、打扫屋子等普通家务劳动所需要的基本工具；（2）螺丝刀、老虎钳、扳手以及家用电器等生活常用工具；（3）电脑办公软件、打印机、复印机、投影仪等日常工作工具。

（二）组织与管理能力

良好的组织与管理是完成复杂工作任务的前提。现代社会工业技术水平越来越高，对劳动者工作的组织与管理水平也越来越高。充分调动人的组织与管理能力，可以最大限度地提高工作效率和成功率，高效地获得劳动产品或劳动服务。作为大学生，可以从身边的小事做起，制订、执行一个持续性的劳动计划。例如，可以针对打扫宿舍卫生，制订一个月的劳动计划，并坚持执行，从而提高自己的组织与管理能力。

（三）创造性劳动能力

创造性劳动能力是指在创造性思维的支配下，具有科学知识和科学技术的劳动者通过创造发明来改变人类与自然的物质交换过程，打破生产要素组合的均衡状态，形成新的劳动要素组合和新的劳动程序，使人类劳动在前所未有的程序中进行，从而加速人类物质财富和精神财富创造的生产活动。苏霍姆林斯基认为，创造性劳动能力包括以下内容：第一，用足够的知识、智慧和精练的才干去丰富劳动内容，完善劳动过程，使劳动充满丰富的智力活动。第二，用新技术取代传统劳动方式，用机械代替纯体力劳动，以降低劳动强度，增加劳动效益。

大学生劳动教育要鼓励学生进行科技创新，让他们在社会实践中参与技术改造、工艺革新、先进技术推广等；将社会实践与学校的创新创业教育相结合，积极动员学生投入创新创业项目或学科竞赛，以赛促创，以赛促新。

（四）合作性劳动能力

合作性劳动是指多人在生产生活中为获得共同利益、达到共同目的而合作进行的劳动。在现实生活中，合作性劳动能够带来超越个体的劳动力量，产生“1+1>2”的劳动效果，增加劳动效益，创造更大的劳动价值，带来多方共赢。在大学生劳动教育过程中，首先要让大学生明白合作的重要性，学会尊重和欣赏他人，主动寻求合作伙伴；其次，要让大学生掌握分工协作的策略，在团队中各司其职，相互配合，共同完成目标；最后，要让大学生在合作中学会沟通与交流，懂得及时修正方案，调整策略。

三、劳动情感与态度

劳动情感是指一个人基于情感满足需要的程度而形成的对劳动的良性心理体验和情感依赖。劳动态度是指一个人对劳动所持的肯定或否定的情感态度，反映了个体进入劳动行为的准备状态，是一种比较稳定的心理倾向。大学生劳动态度教育的目的是使大学生对劳动形成一种积极稳定的心理倾向，养成热爱劳动、尊重劳动、辛勤劳动、诚实劳动、合法劳动的习惯。大学生的劳动情感与态度应包括感知劳动乐趣、体会劳动光荣和厚植劳动精神。

（一）感知劳动乐趣

要让大学生对劳动乐趣形成真切的感知，这表现在三个方面：一是要引导大学生在承担劳动的过程中实现愉悦的心理体验，主动趋近劳动教育。二是要让大学生在集体劳动中感知与他人合作的乐趣。通过与他人相互配合，共同完成劳动任务，不仅可以感受到与他人交往的快乐，还能够感受到取得劳动成果的乐趣。三是要让大学生在辛勤劳动中感受到他人的赞许，在社会肯定中感知劳动乐趣。

（二）体会劳动光荣

结合大学生的日常生活，以劳动创造价值的具体表现激发他们的劳动热情，让他们感受到劳动光荣，从而增进劳动教育的吸引力、感染力和影响力。要着重培养大学生对劳动发自内心的认同感、自豪感和荣誉感，让他们将劳动光荣的价值理念渗透到头脑，融入心灵，表现在行动上。

（三）厚植劳动精神

劳动情感与态度教育目标的高级层次是引导学生破除“重学习、轻劳动”的固化观念，将对劳动的憧憬与热爱升华为高尚的奋斗精神、奉献精神。

四、劳动价值观

大学生劳动价值观，就是大学生对有关劳动以及劳动所具有的价值、意义、意识等问题的根本看法和态度，是一套系统化、理论化的劳动价值意识。劳动价值观就像一根无形却有力的指挥棒，对大学生当下和未来的劳动实践和劳动创造起着支配、调节、控制的作用，引导他们在现实生活中实现劳动价值。

（一）劳动积极观

大学生要能够理解马克思主义劳动价值观和习近平新时代中国特色社会主义思想的劳动价值观。劳动教育要引导学生崇尚劳动、尊重劳动，懂得劳动最光荣、最崇高、最伟大、最美丽的道理，热爱劳动，乐于劳动，积极投入辛勤劳动、诚实劳动、创造性劳动。

（二）劳动平等观

劳动教育要使大学生认知到劳动无贵贱之分，任何一项劳动成果都来之不易。大学生要养成尊重一切劳动成果的良好习惯，正确认识职业分类，深入了解职业内涵，懂得无论从事何种职业，只要热爱工作、努力勤奋、持之以恒、精益求精，最终一定能有所收获，做出成绩。

第三节　大学生劳动教育的特点

大学生劳动教育要以习近平新时代中国特色社会主义思想为指导，既适应时代要求，又符合高校教育教学的规律，还要根据大学生的特点提出有针对性的劳动教育方案。

一、知识与实践密切结合

大学生进入高校以后，所学知识是专门化的，不管是文科、理科、工科专业还是其他专业，相关知识在将来都可以直接应用或服务于经济社会的建设和发展。但是，如果离开了实践环节，这些知识就会脱离经济社会而无法发挥正常的作用，课堂教育就失去了根基。大学生头脑聪慧、求知欲强、创造力强，能够完成多种学习任务，掌握独立生活的基本技能。为了毕业后更好地服务社会，大学生更需要通过大量的劳动实践活动去亲历劳动过程，体会劳动创造的价值，从而提升劳动教育质量。

基于此，在大学生劳动教育中，教育者需要有意识地创设各类具有教育意义的实践活动，并在活动中彰显学习者的主体性、能动性，尤其是要让学习者的身体在能动的实践中充分感知和体验，在活动中习得并运用劳动知识和理论，让他们在与不同主体和环境的多重互动中激活既有经验，在身体实践和体验中生成新的认知和智慧。

二、脑力劳动与体力劳动相互融合

一直以来，大学教育是以脑力劳动为主的教育形式，以传授知识和技能为主要目的。劳动教育一定要做出改变，不能再将体力劳动和脑力劳动割裂开来，而应该以融合的思维看待它们，重视体力劳动中的智力因素，开展“体脑融合”的劳动教育。要让学生在劳动中不仅有体力的参与，也有脑力的参与。从客观上来看，新时代脑力劳动与体力劳动是一对“孪生兄弟”，没有可以完全脱离体力劳动的脑力劳动，否则脑力劳动将是无本之木；也没有可以完全脱离脑力劳动的体力劳动，否则体力劳动将永远是费时、耗力的低水平、低效益的简单动作。

三、技能与价值观同时培育

我国大学教育的宗旨是培养德才兼备的有用人才。《大中小学劳动教育指导纲要（试行）》指出：要“关注学生劳动过程中的体验和感悟，引导学生感受劳动的艰辛和收获的快乐，增强获得感、成就感、荣誉感”；要“注重让学生在学习和掌握基本劳动知识技能的过程中，领悟劳动的意义价值，形成勤俭、奋斗、创新、奉献的劳动精神”。这就意味着大学劳动教育既要注重对大学生劳动技能的培育，也要引导大学生体认劳动的社会意义，让他们在劳动的过程中感受到劳动对于他人和社会的意义，并在这个过程中确立正确的价值取向，自觉地学习并锤炼技能，自觉地参与各种有益劳动。

四、直接劳动与间接劳动相辅相成

在教育学中，“直接教学”是一种以教师为中心的策略，主要由教师提供信息，适合进行事实、规则、动作序列的教学；而“间接教学”则是一种以探寻、解决问题以及发现学习为主的教授和学习方式，适合情感、态度和思想品质的教学。当今大学生的思想变化是复杂的、难以捉摸的，不过有三种变动趋向则是相当清晰的：一是自我实现意识增强；二是自我判断、自我体现意识增强；三是个体意识增强。这三种变动趋向表现在劳动教育方法上为，大学生不再习惯于被动接受劳动教育，厌恶和排斥单一劳动观念的灌输，不满足于简单地接受某种现成的观点和结论，而是要求主动地探索自己所关心的社会问题，参与劳动教育活动，独立自主地作出判断和取舍。

因此，要想提升当代大学生劳动教育的有效性，一方面要努力保持间接劳动教育与直接劳动教育的一致性；另一方面要积极探索间接劳动教育的视域，特别是教师应提升间接劳动教育的自觉性。教师有必要、有义务将内隐的意蕴揭示并转述为大学生能够理解、接受的表达，让大学生真正认识到劳动的价值所在和幸福所向，使其内心选择真正落实到“我应该”的层面，在德、智、体、美等各个方面获得切实有效的提升。比如，大学教师应引导大学生关注校园生活中的平凡劳动者，如厨师、园丁、保安等人群对学校的贡献；应该利用榜样的力量对大学生进行潜移默化的感染，让他们从中感受到劳动的价值和力量。

五、强化职业观教育

大学生作为即将步入社会工作的群体，正确合理地择业和就业是他们的必修课。因此，大学生劳动教育需要强化职业观教育：一是要帮助大学生树立正确的职业观，引导他们在劳动的过程中感受职业对于个体的重要意义，也感受职业对于他人、家庭、学校、社会或国家等的重要意义，进而引导他们正确看待职业分类，深入了解职业内涵，找准职业定位，理解既能让个体充分发挥才能，又对他人、家庭、学校、社会或国家等有价值的职业才是适合的职业，从而做好自己的职业生涯规划。二是要以大学生的择业、就业和创业为导向，帮助他们提升在学习和工作中分析、解决问题的能力，树立正确的就业观，形成先就业再择业的观念。

第四节　大学生劳动教育的途径

想要保证大学生劳动教育常态、有序、有效地开展，达成“树德、增智、强体、育美”的目标，单一形态的劳动教育远远不够，必须从理论和实践两方面拓展教育实施途径。

一、学习途径

（一）独立开设劳动教育必修课程

高校为确保劳动教育有序、有效开展，必须将其课程化，将其纳入各专业教学的总体计划，制订劳动课程计划、劳动课程标准和劳动课程方案。在学校各专业人才培养方案中设置劳动教育课程，作为人才培养过程的重要环节，明确课程性质、课程学分以及课程学时要求，并且根据各个专业的特点丰富劳动教育课程的内容，注重实践过程的体验，规范课程考核，推动劳动教育课程建设及组织落实。

（二）专业课融入劳动教育

劳动教育不只是劳动教育课程的事，高校应该发挥课堂育人主渠道的作用，所有课程在教学过程中都应该以独特的视角体现劳动教育的意义，即各高校应该在上好劳动教育课程的同时，真正实现“课程劳动教育”。

在专业理论课教学中，可以融入劳动元素，如劳动创造历史、劳动创造财富、劳动不分贵贱的马克思主义劳动价值观，纳入歌颂劳模、歌颂普通劳动者的选文材料和典型案例，纳入阐释勤劳、节俭、艰苦奋斗等中华民族优良传统的内容，加强对大学生的辛勤劳动、诚实劳动、合法劳动、科学态度、规范意识和创新精神等方面的教育；专业实践教育主要与服务学习、实习实训、科学实验、社会实践、毕业设计等相结合，注重分析相关劳动形态的发展趋势，强化劳动品质培养；在公共必修课中，进一步强化马克思主义劳动价值观教育、劳动相关法律法规与政策教育，强化道德引领和精神塑造；在创新创业教育中开展劳动教育。《意见》指出，“高等学校要注重围绕创新创业，结合学科和专业积极开展实习实训、专业服务、社会实践、勤工俭学等”。《中国教育现代化 2035》指出：“弘扬劳动精神，强化实践动手能力、合作能力、创新能力的培养。”这就意味着，新时代创业者不仅要有力量，还要有智慧、有技术，能发明、会创造。因此，高校的创新创业教育要融入劳动教育，弘扬劳模精神、工匠精神和劳动精神，提高大学生对劳动的认识水平，使之真正投身到创造性劳动实践中，夯实未来创新创业的基础。

（三）与思想政治教育有机结合

新时代高校坚持把“立德树人”作为一切工作的根本任务和中心环节，坚持“弘扬特色创一流、崇尚劳动育英才”，将劳动情怀深厚写入人才培养目标，坚持发挥“劳动模范在校园、大国工匠在身边”的独特优势，推动劳模精神、劳动精神、工匠精神进教材、进课堂、进头脑，探索将劳动教育与思想政治教育有机结合，逐步形成与高校办学定位相契合、与人才培养目标相一致的劳动教育格局。

1.“党建+”引领

高校以加强思想政治引领劳动教育为核心任务，以老生朋辈“传、帮、带”新生主题教育、主题党日活动、党员志愿服务为重要着力点，多方面开展服务性劳动，强化公共服务意识，着重培养大学生党员良好的政治素质和过硬的社会实践能力，充分发挥党员的先锋模范作用，做好在大学生组织（社团）中的政治表率和思想引领。

2. 开设劳动思政慕课

高校自建或引进优秀的慕课，如“大国工匠”“大国崛起”等优质在线开放课程，通过教师讲解和视频观看等方式，用鲜活的素材和生动的人物事例阐释新时代劳模精神。

3. 选聘一批劳模导师

高校积极聘请劳模担任大学生德育导师或兼职辅导员，增强劳模精神潜移默化的影响力，强化劳模品质对青年学生的日常引领作用，为学校思政教育工作队伍注入新的力量，做到全员、全过程、全方位育人。

4. 充分发挥劳动榜样的带动示范效应

高校通过“劳模大讲堂”“大国工匠进校园”、优秀毕业生报告会等开展劳动榜样人物进校园活动，组织劳动技能和劳动成果展示。综合运用讲座、宣传栏、新媒体等广泛宣传榜样人物的劳动事迹，特别是身边普通劳动者的先进事迹，让师生在校园里近距离接触劳动榜样、聆听劳模故事、观摩精湛技艺，感受并领悟勤勉敬业的劳动精神，争做新时代的奋斗者。

二、实践途径

（一）日常生活劳动

日常生活劳动是指向自我的，可以理解为一种自我服务性活动和生存性教育，旨在提升人的日常生活自理能力。通过日常生活劳动教育，帮助大学生掌握一定的日常生活知识，形成日常生活技能，提升生活自理能力。高校可以结合本校实际，联合家庭和社区，开展校园生活劳动实践。

（二）生产劳动

生产劳动是指体验性、实验性和创造性劳动，可以理解为一种专业化劳动教育，指向提升大学生的专业化、技术性劳动生产能力。生产劳动教育是为了未来美好的生活，旨在帮助大学生获得专业化劳动生产能力和创造性劳动生产能力。大学生生产劳动实践是一种学习性、实验性劳动，是一种“做中学”的教育活动，它不是一种休闲娱乐性劳动或纯粹的生产劳动，如养花、养宠物，或是到工厂、农田进行即时性的劳动，而是一种具有教育性、文化性和学习性的劳动，是在教师的指导下，带着学科专业知识，走进生产劳动场所开展验证、实验、体验的创造性劳动。为此，一定要让大学生将所学的学科知识与生产劳动结合起来，将相关的学科基本概念、范畴、普遍规律、原则、策略和方法等静态的知识，与具体的生产劳动联系起来，使大学生理解所学学科知识的现实价值，并将其重新建构为自我知识与技能体系，借此培养大学生的创造精神和创新能力。

（三）服务性劳动

服务性劳动是指向他人的，是为他人生活提供服务的教育活动。通过服务性劳动，学生可以培养服务意识、助人意识和社会责任感。高校要根据人才培养目标，结合大学生的年龄特点、生活经验等，选择与设计出有利于社会和谐发展的、结构化的服务性劳动，以志愿者的方式，让学生在参与服务性劳动教育的过程中提升服务意识，增强社会责任感。服务性劳动必须保持其教育性，服务内容既要与社会需求接轨，又要与高校相关课程联系起来，要让大学生用学到的知识、技能服务社会，服务群众，力所能及地解决相关问题。

拓展阅读

一种独特的劳动育人方式

近年来，日本一个家具品牌“秋山木工”声名鹊起。秋山利辉，秋山木工的创始人，因其倡导的独特育人方式——学徒制，而被社会广泛关注。学徒制是徒弟在手工坊或店铺里现场学习知识或劳动技能的传艺活动。在实际工作场所中，学徒认真观察师父的实作，感知和捕捉师父的知识和技术，然后在师父的指导下进行实际操作，逐渐学会师父的技能。

在秋山木工做学徒的过程中，管理和规章制度非常严苛。比如，无论男女都要剃光头，从清晨干活到深夜，并且不能使用手机；每天都要写修业日记，记录钻研技术的学习心得和师长、父母的评语；等等。然而，秋山利辉并不是一个冷血的师父，他对每一位学员都充满了爱，只要学生学有所成，他就会鼓励他们到社会上闯荡，还给学员提供好的工作机会。秋山木工的学徒个个待人诚恳、勤奋好学，立志做一流的匠人，回报父母、回馈家乡。他们在秋山利辉的培养下，用诚心体会他人的需求，力求制作出让客户满意的产品。

学徒制在日本江户时代比较盛行，明治维新后，这种制度逐渐消失。当今时代，企业追求快速做大、做强，秋山利辉却重启学徒制，并取得了卓越的成效。秋山利辉认为，学徒制以培养一流的工匠为目的。他认为，技术精湛固然重要，但德行、人品、奉献精神更重要，传承主要靠德行和人品，然后才靠技术的修行。

其实，淬炼心性、养成热爱工作和乐于奉献的匠人精神，正是我们新时代劳动教育追求的劳动精神。

实践指导篇

第三章 大学生生活劳动实践

第一节　生活技能型

“一室之不治，何以天下家国为”，落实劳动教育，也需要重建“打扫卫生”的劳动课程。校园是我们生活、学习的重要场所，干净整洁的校园环境体现了师生的精神面貌与个人素质，直接关系到广大师生的身心健康。学会宿舍、教室、食堂等生活环境的整理技能，有利于规范大学生作息，使之形成良好的习惯，有利于高校将创建文明与养成教育、学风建设相结合，为大学生营造舒适、整洁的学习和生活环境。

一、宿舍卫生

随着高校宿舍条件的不断改善，大学生在宿舍的时间越来越长，宿舍已成为他们日常生活、学习的重要场所。以宿舍为阵地开展大学生劳动教育具有了一定的基础优势。然而，目前多数高校的宿舍管理仍停留在“看管式”管理模式，对培养学生的个人劳动素养并不能发挥出最大功效。劳动教育方式，将学生主体融入宿舍阵地，充分调动了学生的劳动积极性，营造出了健康的宿舍氛围与环境。

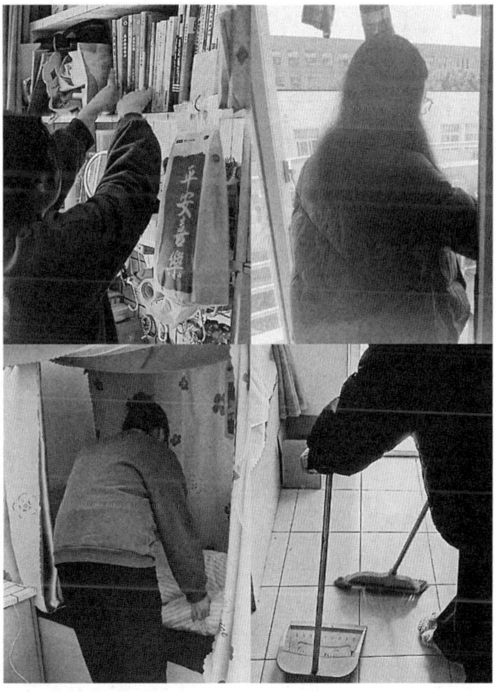

图 3-1　宿舍整理

宿舍卫生自查活动的具体情况如下。(图 3-1)

(一) 检查形式

1. 院级检查

由高校与二级学院联合开展，采用固定时间与随机抽查相结合的形式。

2. 班级自查

由院级学生组织，联合二级学院学生组织各班级开展。

（二）宿舍卫生检查体系

检查得分90分以上的是卫生情况较好的宿舍，80~90分之间的是卫生情况一般的宿舍，80分以下的是卫生情况有待提高的宿舍。（表3-1）

表3-1 宿舍卫生评分表

考核指标	考核项	基础分	考核细则
宿舍门前区域	宿舍门前杂物情况	5	根据宿舍门前杂物摆放情况扣分，扣1分/档，基础分扣完为止
卫生间	清洁情况	5	根据卫生间卫生清洁状况扣分，扣1分/档，基础分扣完为止
	垃圾处理情况	5	根据卫生间垃圾处理情况扣分，扣1分/档，基础分扣完为止
	生活用品摆放情况	5	根据卫生间生活用品摆放杂乱程度扣分，扣1分/档，基础分扣完为止
	通风情况	5	根据卫生间异味程度扣分，扣1分/档，基础分扣完为止
公共区域	门窗、墙面	5	根据门窗、墙面整洁程度扣分，有蜘蛛网或者乱挂杂物的，根据实际情况扣分，扣1分/档，基础分扣完为止
	固定家具	10	根据固定家具（床、电视柜、床头柜、饮水机柜等）移动情况扣分，每有一处移动扣2分，扣分不设上限。发现2张以上床铺合并的直接扣20分
	个人物品	30	根据个人物品摆放杂乱程度扣分，基础分扣完为止。个人物品摆放包括鞋子摆放、书桌上物品摆放、床头柜上物品摆放、床面物品摆放以及其他个人物品摆放。鞋子摆放不整齐的，扣1分/双；书桌上物品摆放不整齐的，扣2分/张；床头柜物品摆放不整齐的，扣2分/个；床面物品摆放不整齐的，扣2分/个；其他个人物品根据实际情况扣分
	垃圾清理情况	10	根据垃圾清理情况扣分，垃圾袋装满但未清理扣分，扣2分/袋。若有超过4袋装满的垃圾未处理直接扣20分
	通风情况	5	根据公共区域异味程度扣分，扣1分/档，基础分扣完为止。若宿舍内异味特别严重的，直接扣20分
	吸烟情况	10	根据宿舍内吸烟情况扣分，发现烟头、烟灰缸或者有烟味等扣10分
阳台	阳台整洁情况	5	根据阳台杂乱程度扣分，扣1分/档，基础分扣完为止
宿舍安全	养宠物	—	宿舍内发现养宠物的归入不合格宿舍
	私拉乱接	—	宿舍内发现私拉乱接的归入不合格宿舍
	管制刀具	—	宿舍内发现管制刀具的归入不合格宿舍
	违章电器	—	宿舍内发现违章电器的归入不合格宿舍
附加分	—	—	宿舍整洁程度很高，未发现安全问题且在宿舍文化方面具有一定特色的可以根据实际情况加1~20分

（三）宿舍卫生检查表

宿舍卫生检查表示例如表 3-2 所示。

表 3-2　宿舍卫生检查表示例

检查日期：										检查人员：											
考核指标	宿舍门前区域	卫生间				公共区域									阳台	宿舍安全				附加分	总分
考核项	宿舍门前杂物情况	清洁情况	垃圾处理情况	生活用品摆放情况	通风情况	门窗、墙面	固定家具	个人物品				垃圾清理情况	通风情况	吸烟情况	阳台整洁情况	养宠物	私拉乱接	管制刀具	违章电器		
基础分	5	5	5	5	5	5	10	30				10	5	10	5	发现以上宿舍安全问题，在下面的方框内打“√”				1～20	
								鞋子	书桌	床头柜	床面										
宿舍 A																					
宿舍 B																					

拓展阅读

高校宿舍文化节

宿舍文化节，又称“寝室文化节”“公寓文化节”，是大学校园内举办的大型活动之一，用以丰富大学生校园文化，促进高校宿舍的和谐与和睦。宿舍文化节主要由校学生会等与宿舍相关的学生组织或部门组织举办。随着时代的改变，活动形式和内容发生巨大改变，并得到完善和充实。高校宿舍是大学生在校学习、生活的重要场所，是“三全育人”的重要阵地，是校园文明的重要名片。开展宿舍文化节，可以让大学生在积极参与、真情投入中，发挥聪明才智，增进友谊，增强集体荣誉感。

高校宿舍是校园文化的窗口，作为大学生的基本群体组织具有独特的功能和影响。宿舍成员长期共同生活，在生活方式、学习态度、行为规范、价值理念和理想信念上相互影响，会由此形成独特的宿舍文化。举办宿舍文化节旨在展现丰富多彩的大学生活，体现积极向上的精神风貌，培养大学生的动手创新能力。宿舍文化包含深刻的内涵，拥有多样的形式，对提高大学生的文化修养、综合素质等起到感染熏陶、潜移默化的作用。

宿舍文化节的主要活动形式：

（1）宿舍舍标设计大赛。参赛者以宿舍为单位，舍标主要是用装饰品、废弃材料等进行手工设计。

（2）宿舍美化大赛。参赛者以宿舍为单位，主要通过装饰品来美化和布置宿舍。

（3）宿舍才艺大赛。又称宿舍文化才艺大赛、宿舍风采大赛，参赛者以宿舍为单位，参赛形式有歌曲、舞蹈、相声、乐器、话剧、朗诵、书画表演、魔术、武术等。

（4）文明宿舍评比。这包括校级文明宿舍、院级文明宿舍、十佳宿舍、星级文明宿舍、爱心宿舍、安全宿舍等各类先进宿舍评比。

二、教室卫生

教室是高校传播知识的重要场所，一个文明的课堂有利于通过教育使学生获得知识。良好的学风、文明的课堂，离不开每一位同学的自觉维护。（图 3-2）

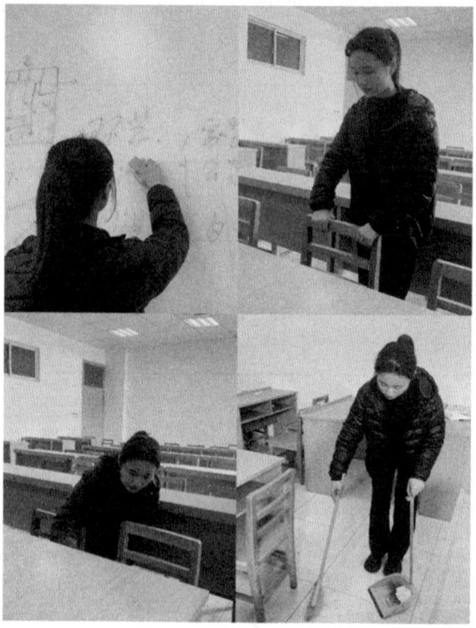

图 3-2　教室打扫

（一）文明教室倡议书

（1）不把食物带进教室，主动清理抽屉垃圾。

（2）以爱护教室环境为己任，自觉维护教室的清洁卫生，做好值日生工作。

（3）保持教室安静，不喧哗、嬉戏或高声朗读妨碍他人学习。

（4）不在教室内吸烟、随地吐痰。

（5）上课前，确认讲台、黑板是干净整洁的，给老师一个舒适的上课环境。

（6）进入教室后，将手机关机或调为振动状态，轻声走路，轻声就座。

（7）节约用电，离开教室时，关闭门窗、电灯等设施。

（8）尊重管理人员的劳动，并服从他们的管理。

（二）教室卫生要求

（1）保持室内清洁，定期清理，擦拭地面、桌面、门窗、玻璃和黑板，保持室内空气新鲜。

（2）地面每日拖扫干净，保持光亮、清洁、无尘。教室内无痰迹、水果皮、瓜子皮、纸屑等。

（3）教室内的桌椅无刻画涂写现象，并摆放整齐，不践踏、损坏桌椅，爱护多媒体器材、电视、灯具、暖气片。

（4）墙上无蜘蛛网，无乱贴乱挂、乱涂乱画现象，无脚印、墨迹、颜料等污迹。

（5）教室内无乱拉电线等现象。

（6）教室内清扫工具整齐统一堆放于一角。

（三）教室卫生自查标准

教室卫生按地面40分，桌椅卫生及摆放25分，墙壁、风扇、黑板15分，门窗15分，洁具5分进行评分，共计100分。

1. 教室地面（共计40分）

（1）地面清理不干净的，减5~10分。

（2）有碎纸或其他废弃物的，减5~20分。

（3）垃圾未倒的，减10分。

（4）未打扫的，减40分。

2. 教室桌椅卫生及摆放（共计25分）

（1）抽屉内有废弃物的，减3~15分。

（2）桌椅摆放不整齐的，减10~15分，减完为止。

3. 墙壁、风扇、黑板（共计15分）

（1）电风扇有灰尘的，减2分。

（2）内墙壁有污迹或表面有蛛网的，每处减2分，最多减4分。

（3）讲台未擦干净的，减2分。

（4）黑板未擦干净的，减3分；黑板未擦的，减5分，减完为止。

4. 教室门窗（共计15分）

（1）教室大门（包括前后门）未擦干净的，减2分；未擦，减5分。

（2）一扇窗户不清洁，减1分；一个窗台未擦干净，减1分。

5. 洁具（共计5分）

洁具摆放不整齐、位置不固定的，减2分；洁具不齐全的，减3分。

拓展阅读

“清洁之光”

在苏州某高校，教室卫生始终是个问题。每到课间，大学生们涌出教室，留下一地的纸屑和空饮料瓶，让本应清新明亮的教室凌乱不堪。小罗作为该校的一名大学生。每次走进教室，他都会被那一地的垃圾和混乱的场景所触动。他知道，如果不采取行动，这种状况将无法改变。于是，小罗决定发起一场“清洁之光”行动。他首先向班级同学们提出了倡议，希望大家共同努力，让教室重新焕发光彩。起初，有些同学并不以为意，觉得这个问题并没那么严重，也不值得花费精力去解决。但小罗并没有气馁，他坚定地相信，只要有人肯主动，就能带动更多的人加入。于是，他开始从自己做起，每天利用课间和空闲时间，带着扫把和垃圾袋，开始了他的“清洁之光”行动。

起初，其他同学看到小罗一个人在打扫，心生异样。然而，随着时间的推移，小罗的坚持和努力感染了更多的人。逐渐地，越来越多的同学加入了他的行列，他们一起清扫地面、擦拭桌椅、清理黑板。

“清洁之光”行动不仅改变了教室的环境，更改变了同学们的心态。他们意识到，只要大家齐心协力，任何问题都能迎刃而解。而这种团结合作的精神也深深地烙印在了每个人的心中。经过大家的共同努力，“清洁之光”终于照亮了整个教室，教室变得整洁明亮。小罗和他的同学们不仅仅是解决了一个教室卫生问题，更培养了大家的团队意识和责任感。他们明白，只要肩负起责任，每个人都可以成为“清洁之光”的传播者，为美好校园共同努力。

三、食堂卫生

食堂是大学生重要的就餐场所，食堂卫生状况与校园生活品质息息相关，加强食堂卫生督导，可以为大学生提供一个相对客观的卫生参考标准，增强大学生的自主管理意识。（图 3-3）

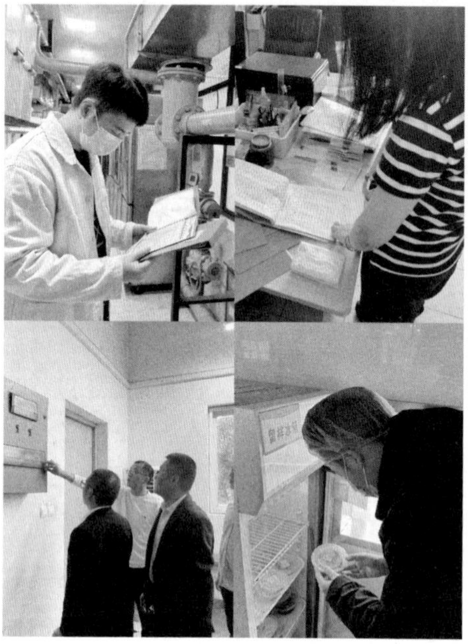

图 3-3　食堂卫生督导

（一）食堂卫生标准

（1）地面、桌面、坐凳、电器设备、窗、墙壁等保持整齐、清洁。

（2）餐厅通风好、光线好，就餐环境舒适。

（3）防蝇、防尘设备齐全，餐厅内无乱贴乱挂现象。

（4）餐具、盛具清洁卫生，有防蝇罩，售饭台清洁卫生，洗碗池清洁通畅，门帘及时清洗。

（5）卫生工具存放统一整齐，窗台及墙角不随便摆放杂物。

（6）周围环境卫生区无杂草、杂物，无卫生死角。

（7）周围墙壁无乱贴乱画和乱搭乱挂现象。

（8）操作台干净卫生，各种炊具摆放整齐；生熟食品分开，并有明显标记；用过的餐具一洗、二刷、三冲、四消毒、五保洁。

（9）冰箱、冰柜、消毒柜由专人管理，冰箱、冰柜每周定期除霜，生熟食品分开存放，柜内无异味。生菜上架，摆放整齐。水池保持清洁，素池、荤池分开，上下水道畅通，排水沟无垃圾、无异味。

（二）食堂卫生督导行为规范

1. 检查前

（1）检查时间由检查小组成员共同商定，并避开食堂就餐高峰期。

（2）检查小组组长在检查前一天领取检查表、工作证和小红帽。

（3）检查人员严格对待每次检查，原则上不允许请假。若确实时间上有冲突，可以与其他检查人员换班。

2. 检查时

（1）检查人员必须佩戴工作证和小红帽。

（2）检查人员要着装整齐，不可穿拖鞋，不可披头散发。

（3）检查人员必须态度端正，恪尽职守，熟知相关检查项目和要求，严格按照检查表进行评分。

（4）发现违规行为，必须拍照取证，保留第一手资料。

（5）检查时尽量避免与食堂人员发生冲突，若遇到食堂人员不配合等情况，尽量要求食堂管理员协调处埋，对不配合的据实记录并反馈给学院。

（6）若发生食堂人员贿赂或威胁等情况，须立即将情况告知相应食堂管理员。

3. 检查后

（1）对检查时发现的违规行为（已拍照取证的违规行为）进行扣分。评分时只记满分与0分。

（2）检查小组组长按照样板整理好扣分项目及照片，在指定的时间内将文件发送给相应的管理部门。

（三）高校月度食品卫生安全检查评分表

高校月度食品卫生安全检查评分表如表3-3所示。

表3-3　高校月度食品卫生安全检查评分表

序号	评分内容	分值	得分	扣分备注
一	工作人员	23		
1	所有工作人员须持证上岗（有效健康证）	5		
2	食堂工作人员进入食堂后穿统一制服、工作鞋、工作帽	2		
3	在窗口服务时戴口罩、手套。服务态度热情	2		
4	操作人员工作时不得留指甲、蓄胡子、留长发、戴戒指；女员工不得涂指甲油	2		
5	操作人员工作时严禁吸烟。严禁在食堂内把香烟夹在耳后	2		
6	不开展恶意竞争，不聚众闹事	2		
7	严禁不按要求擅自收银、擅自张贴二维码等类似收费行为	8		
二	食堂内部环境卫生	57		
1	地面干爽，无明显污迹	3		
2	地沟内无明显杂物，地沟壁无明显油污，地沟下水处不堵塞	3		
3	定期清洁油烟机，油烟机无挂油现象	3		

续表

序号	评分内容	分值	得分	扣分备注
4	食堂内墙壁没有明显污迹，内部玻璃没有明显的肉眼能见污迹	3		
5	食堂内物品、桌椅、货架摆放分类、整齐	3		
6	保持洗菜池清洁，四壁无油迹，无积水	3		
7	食堂内所有筐、篮等定期清洗，保持清洁	3		
8	所有餐盘、碗筷须严格按照一洗、二刷、三冲、四消毒、五保洁的顺序操作，消毒液放置合理，洗消时间应足够	3		
9	冰箱内生熟分放，能定期清洗，保证冰箱的制冷效果	3		
10	食堂内生熟工具、用具、容器严格分开，符合规范	3		
11	无过期、发霉、长虫或变质食物	3		
12	所售食品无米虫、菜虫、头发丝、塑料膜、纸片等异物	3		
13	当餐未售完的饭菜等应放入冰箱	3		
14	半成品、原料等应严格分开放置	3		
15	各食堂所管辖公共区域须保持清洁，做到无积水、无明显污迹、无卫生死角	3		
16	能按时、按要求倾倒垃圾，垃圾装袋入筐，垃圾桶不敞口，不污染楼道、走廊	3		
17	不随意张贴营业广告	3		
18	不乱放车辆等物品堵塞经营场所内消防通道	3		
19	及时处理用餐台面的餐厨垃圾以及油污渍，洗碗间干净整洁，非作业状态时无积水杂物，垃圾及时清理	3		
三	诚信经营	20		
1	所有菜品明码标价，无擅自涨价行为	5		
2	称重类窗口计量秤复核无误	5		
3	不得售卖窗口许可范围外的食品	5		
4	无其他不诚信行为，如有请备注	5		
合计				
	评分人签名：			
	被评分人签名：			

生活技能型劳动教育的价值在于使学习者具有更好的决策力，增加积极参与和取得个人成就的能力。青年成长是一个心理、生理和情感成长的过程，在这个非常重要的时期，教师、家长等有责任通过指导，帮助大学生获得良好的生活技能，使之在学习、生活和工作中取得成功。

第二节　绿色环保型

生态环境保护是功在当代、利在千秋的伟大事业。保护环境，人人有责。绿色环保型劳动教育有利于构建优美的校园环境，形成良好的教育氛围。大学生要有环境保护的责任感和紧迫感，要将环境保护的道德观念内化为自觉行动，养成自觉保护环境的习惯，并积极主动地宣传环境保护和可持续发展的思想。

一、垃圾分类

垃圾分类是新时代中国特色社会主义生态文明建设的重要内容，是一个国家文明程度的重要体现。习近平总书记曾指出：“垃圾分类工作就是新时尚。”高校既是人才培养的重要阵地，又是良好社会风尚的倡导者和精神文明的传播者。引导大学生将生态文明理念内化于心、外化于行，是新时代高校的生态责任。高校推行垃圾分类，既能使学生养成尊重劳动的习惯，也能节约学校资源，具有以下几方面的意义：

1. 有利于节约土地资源

填埋是我国垃圾处理的主要方式之一，但填埋不仅占用大量土地，而且会污染土壤和地下水源，危及人们的身体健康。有效进行垃圾分类，能够最大限度释放空间，给人们提供舒适、健康的生活与学习环境。

2. 有助于减少环境污染

焚烧处理垃圾占用土地较少，并且可以收集、利用焚烧产生的热能。但是，不分类垃圾的焚烧会严重污染空气，危害人们的身体健康。

3. 有利于资源的循环利用与可持续发展

绝大部分垃圾可以回收利用、变废为宝。有效分类垃圾能够为经济社会提供更多的资源，推动经济发展和人民生活质量的提高。

4. 有利于提升公众的环保意识

垃圾分类良好习惯的养成过程就是环保观念的形成、巩固过程，也是公众遵守公共规则、履行公共责任行为的培育过程。

（一）垃圾分类标准

2019 年 11 月 15 日，中华人民共和国住房和城乡建设部发布了生活垃圾分类标志标准，主要对生活垃圾分类标志的适用范围、类别构成、图形符号等进行了调整，共分为四大类。(图 3-4)

图 3-4　四大类生活垃圾分类标志

（二）垃圾分类规范

1. 可回收物

可回收物，是指适宜回收和可循环利用的生活垃圾，包括废纸、废塑料、废玻璃、废金属、废旧纺织物、废旧家具、废旧电器电子产品等。（图 3-5）

图 3-5　可回收物

2. 有害垃圾

有害垃圾，是指对人体健康或者自然环境造成直接或者潜在危害的、应当专门处置的生活垃圾，包括废电池（不包括普通干电池）、废荧光灯管、废药品、废弃日用化学品及其容器、废水银温度计及废血压计等。（图 3-6）

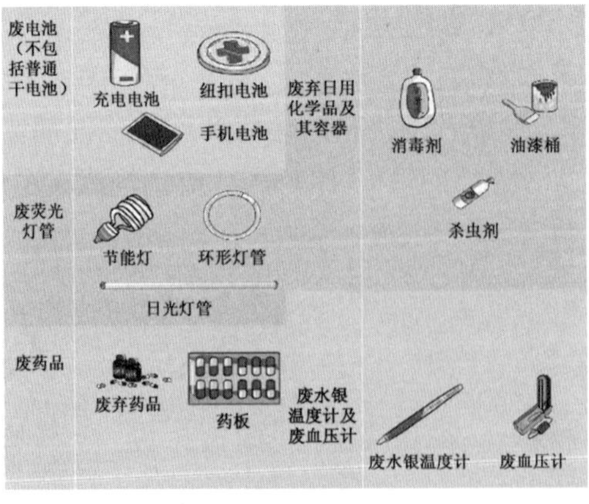

图 3-6　有害垃圾

3. 厨余垃圾

厨余垃圾，是指易腐的生物质生活垃圾，包括花卉绿植废弃物、其他家庭厨余、农贸市场有机垃圾、食材废料、剩菜剩饭、过期食品、瓜皮果核等。(图 3-7)

图 3-7　厨余垃圾

4. 其他垃圾

其他垃圾，是指除可回收物、有害垃圾、厨余垃圾外的其他生活垃圾。(图 3-8)

图 3-8　其他垃圾

（三）垃圾分类流程

1. 垃圾收集

收集垃圾时，应做到密闭收集、分类收集，防止二次污染环境。垃圾收集完成后，应及时清理作业现场，清洁收集容器和分类垃圾桶。若采用非垃圾压缩车直接收集的方式，应在垃圾收集容器中内置垃圾袋，通过保洁员密闭收集。

2. 投放前

纸类应尽量叠放整齐，避免揉团；瓶罐类容器应尽可能将容器内的产品用尽，清理干净后再投放；厨余垃圾应做到袋装、密闭投放。

3. 投放时

应按垃圾分类标志的提示，将不同垃圾分别投放到指定的地点和容器中。玻璃类物品应小心轻放，以免破损。

4. 投放后

应注意盖好垃圾桶上盖，以免垃圾污染周围环境，滋生蚊蝇。

拓展阅读

绿色校园，垃圾分类先锋队

在中国，各地政府部门都制定了具体的垃圾分类政策，要求居民和单位按照相关标准对生活垃圾进行分类投放。这些政策包括垃圾分类的具体标准和要求、垃圾分类设施的建设和管理、对违反垃圾分类规定的处罚等内容。2020 年 6 月起，苏州市实施了严格的垃圾分类政策，旨在推动全市居民参与垃圾分类，减少对环境的污染，促进资源的有效利用。这些政策旨在推动社会各界加强对垃圾分类工作的重视，促进资源的有效利用和环境的持续改善。

垃圾分类政策的实施需要全社会的积极参与和支持，包括政府的宣传倡导、社区的指导服务、学校的教育引导等多方面的努力。只有通过全社会的共同努力，才能够真正实现垃圾分类的目标，减少对环境的污染，推动资源的循环利用。垃圾分类政策的落实需要每个人的参与和配合，共同为创造一个清洁、美丽的环境贡献自己的一份力量。

在苏州某所学校里，学生们发现学校的垃圾分类工作做得并不理想，纸张、塑料、玻璃等垃圾经常混在一起。为了改善这种状况，一群热爱环保的学生决定发起一场垃圾分类行动。他们成立了一个名为“绿色先锋”的环保社团，号召全校师生一起参与垃圾分类活动。通过张贴标语、举办宣传活动等方式，他们向大家普及垃圾分类的重要性，鼓励每个人从自身做起，为创造清洁的校园环境贡献力量。

在“绿色先锋”的倡导下，越来越多的学生加入垃圾分类的行列。他们制作了分类标识牌，设置了不同种类垃圾的投放点，还组织志愿者在食堂门口等地点进行垃圾分类指导，引导大家养成良好的环保习惯。

随着时间的推移，学校的垃圾分类工作取得了明显的成效。垃圾桶里不再混杂着各种垃圾，而是有序地分开收集。校园环境变得清洁整洁，绿树成荫，空气清新，成为一道靓丽的风景线。

通过学生们的共同努力，学校垃圾分类工作逐渐形成了长效机制，促进了环保意识的普及和校园环境的改善。学生在这个过程中深刻体会到了环保的重要性，也培养了珍惜资源、爱护环境的好习惯。这个小小的垃圾分类故事，让校园焕发出了绿色的光芒，为创建更加美好的未来贡献了一份力量。

二、无烟校园

高校学生吸烟不仅有损自身的健康，影响高校的校风、学风建设，还会影响文明社会建设，带来许多不良风气。为了保护师生群体的身心健康，树立健康的生活理念和生活方式，提高广大师生对吸烟危害健康的认识，引导师生积极主动参与控烟、戒烟活动，努力营造健康、文明、优美、和谐的育人环境，高校需要进一步加强控烟治理工作。（图 3-9）

图 3-9　苏州城市学院倡导无烟校园宣传海报

（一）无烟校园的建设目标

无烟校园的建设目标问题，即对于吸烟现象，如何治标与治本的问题。要以“预防为主，教育引领，标本兼治”为原则，以“防控有力，意识提高，环境整洁，校园安全”为目标，认真落实校园安全管理的各项措施，不断加强防烟、控烟工作的基础建设，全面落实安全管理的工作责任，扎实做好高校控烟治理工作。

（二）高校控烟工作面临的困境

当前，社会上的烟酒文化也侵蚀到了大学校园，抢占大学生社交意识的主阵地，使得大学生错误地将烟酒文化作为有效的交往方式，引发了不良风气。据调查，70%~80%的学生学习吸烟，尤其男生，这是因为他们错误地认为吸烟是融入群体的重要社交手段，缺乏心理疏导也是诱发学生吸烟的重要原因。大学阶段是学生成长的关键期，也是学生向社会人转变的关键阶段。这个阶段，学生心智尚未成熟，又面临着家庭、学业、就业、生活等多重压力，很容易导致各类心理问题。开放式的大学校园生活利弊难辨，自制力不强的学生较难抵制住诱惑。高校的大学生心理压力疏导机制不完善，未能给吸烟大学生提供良好的心理压力疏导，使得控烟工作流于形式。虽然高校不断加强控烟宣传教育，但缺乏强制力，学生仅仅是简单参与，未能入脑、入心，控烟政策“雷声大，雨点小”。

（三）无烟校园专项督导

（1）广泛张贴或摆放禁烟标识。校园区域内应广泛张贴或摆放醒目的禁烟标识，具体位置至少包括校门口、教学楼门口、班级内、会议室、图书馆、食堂、卫生间、茶水间、走廊、楼梯、电梯等区域。标识要醒目，位置要明显。

（2）布置宣传栏及展板。可在校门口、教学楼门口、班级内、会议室、图书馆、卫生间、走廊、楼梯、电梯等区域张贴无烟学校管理规定和控烟宣传海报，有条件的学校还可在校园、走廊、食堂等区域摆放展板。

（3）针对无烟校园专项督导工作，实行高校区域联防控烟检查机制。进行区域联防检查，成立专项检查工作小组，由院校相关部门负责人、学生工作组组长、每日值班负责人、各班次值班志愿者组成，并做好记录与反馈（表 3-4）。以满足广大师生控烟需求为出发点，以创建无烟示范校为目标，做到组织领导坚强有力，教育引导扎实有效，控烟检查细致紧密，应急处置规范高效，控烟工作坚实稳固。

表 3-4　无烟校园督查记录表示例

检查日期		班次 （上午、中午、下午）		检查地点		检查人员	
工作记录							

（四）无烟校园倡议书

为进一步加强控烟工作，保护师生的身心健康，树立健康的生活理念和生活方式，高校可发出如下倡议：

（1）树立“无烟校园，人人有责”的观念，主动宣传烟草危害知识，积极倡导健康文明的生活行为方式。

（2）从现在做起，遵守无烟校园的规定，营造健康、安全、和谐的校园环境，在校园内全面禁止吸烟。

（3）从身边做起，自觉拒绝烟草，树立吸烟危害自己及他人健康的理念，养成良好的健康卫生习惯和文明生活方式，为周围的师生做好戒烟的表率。

（4）从校园做起，积极劝诫身边吸烟的同事、同学戒烟，推行无烟办公室、无烟教室、无烟宿舍，共同携手创建无烟校园。

老师们、同学们，高校是文明建设的窗口，师生是文明精神的传播者，校园更是我们温暖的家，为了自己和他人的健康，让我们行动起来，齐心协力，拒绝烟草，珍爱生命，共同创造一个健康、文明、优美、和谐的清新校园环境！

拓展阅读

打造无烟校园，我们在行动

在苏州城市学院，无烟校园的建设正如火如荼地进行。学校通过多种渠道宣传吸烟的危害，加深师生对烟草危害的认识。在校园内，显眼位置都张贴了禁烟标识，时刻提醒师生保持无烟环境。

学校还成立了无烟校园监督小组，定期检查校园内是否存在吸烟行为，并对违反规定的学生进行耐心劝导。同时，学校还举办了多次以“健康生活，远离烟草”为主题的讲座和活动，让师生们深入了解吸烟的危害和如何拒绝烟草的诱惑。

经过一段时间的努力，这所高校的无烟校园建设取得了显著成效。校园内几乎看不到吸烟的学生，师生们的健康意识也得到了提高。无烟校园的建设不仅为师生们创造了一个更加健康、清新的学习环境，也传递出了学校对健康生活方式的积极倡导。

这所高校的无烟校园建设案例，为其他学校提供了宝贵的经验和借鉴。通过全校师生的共同努力，无烟校园正逐渐成为现实，为构建健康、和谐的校园环境奠定了坚实基础。

三、低碳节能

在物质生活高度发达、科学技术飞速发展的今天，环境问题已成为世界关注的焦点，因为它严重威胁着全人类的生存与发展。气候问题将会带来一些不可逆的影响，因此控制二氧化碳排放，缓解全球气候变暖，是人类得以生存与发展的内在要求和迫切需要。高校作为培养祖国未来建设者和接班人的摇篮，更应该为低碳而奉献，做更多的努力，践行低碳生活，节约能源，减少碳排放，主要表现为节约消费，追求低耗能、低污染、低浪费，崇尚适度消费、绿色消费，反对过度消费、奢靡消费和不当消费，从而直接减少资源消耗和环境压力。

低碳生活并不意味着刻意节俭、刻意放弃必要的生活享受，而是强调适时适度。在生活的点点滴滴中多节约、不浪费，就是践行低碳生活。大学生应该充分利用学校资源，将节能观念传递给自己的家庭与身边更多的人，将低碳生活方式内化为一种责任、修养和品质，并将其外化为实实在在的自觉行动。在日常生活中，要尽量做到低碳环保，减少碳排放，具体建议如下：

（1）少用纸巾，重拾手帕；每张纸尽量双面打印；保护森林，节约资源。

（2）随手关灯、拔插头，根据实际需要选择空调功率。

（3）关掉不用的电脑程序，减少硬盘工作量；不要总是“宅”在寝室玩游戏，走出宿舍，走向操场。

（4）尽量少使用一次性牙刷、一次性塑料袋、一次性水杯，用不锈钢筷和竹筷代替油漆筷和一次性木筷。

（5）如果热水用得多，让热水器始终通电保温，因为保温一天所用的电比一箱凉水烧到相同温度还要少。

（6）实验用品尤其是化学物品使用过后要回收。

（7）洗衣粉出泡多少与洗净能力强弱之间没有必然联系，但低泡洗衣粉可以比高泡洗衣粉少漂洗几次，省水、省电、省时间。

（8）出行多坐公交、地铁等公共交通工具，路程较短时选择自行车出行，节能又方便。

（9）衣服多选棉质、亚麻和丝绸布料的；换新时，把旧的衣服捐掉。

拓展阅读

低碳生活就在身边

节能低碳——宣传环保理念，实践从我做起

我是共青团苏州城市学院委员会的一名学生干事，为响应国家环保政策，倡导全校师生积极参与节能减排，倡导绿色生活，我们举办了一场大型主题活动。在此次活动中，我们以“我先行”的态度，积极参与各项节能低碳实践，力求将绿色环保理念融入校园生活的方方面面。

在活动期间，我们开展了多种形式的宣传教育。通过举办主题演讲、知识讲座、宣传海报设计比赛等，向全校师生普及了节能减排的重要性和可行的实践方法。同时，我们还邀请了相关领域的专家学者举办讲座，引导大家从根本上认识到能源资源的宝贵和环境保护的紧迫性。

除了宣传教育活动，我们还组织了一系列实践活动。垃圾分类、节水节电、绿色出行等多个环节的实践活动在全校师生中展开。志愿者们深入宿舍楼、教学楼开展宣传，帮助同学们正确分类垃圾；在校园内设置节水节电宣传点，向同学们介绍节水节电的重要性和具体做法；鼓励同学们选择绿色出行方式，如步行、骑行等，减少对环境的压力。

通过这次活动，全校师生都深刻认识到了每个人都应该为节能减排贡献自己的一份力量。我们深刻理解到了环保需要从自身做起，体验到了保护环境的快乐和责任。我们相信，只有每个人都能主动行动起来，才能共同建设绿色低碳的校园，为可持续发展贡献自己的力量。

在未来，我们将继续以“我先行”的姿态，将环保理念融入校园生活的方方面面，以实际行动践行节能减排理念，共同为打造美丽宜居的校园环境而努力奋斗！

生活习惯——边角料有大用，好手艺传邻里

在天津市和平区范德祥老人的家中，可以开一个别具一格的展览馆：快递包装盒做的纸巾盒、红纽扣和一次性筷子做成的糖葫芦、卫生纸筒芯做的笔筒……年过古稀的范德祥出身于装裱世家，父亲范殿元是津门装裱名师。范德祥自幼随父学习装裱，1964年进入天津荣宝斋工作。他说："父亲从小就告诉我'成物不可损坏''物尽其用，人尽其才'。"范德祥还记得，小时候，父亲用装裱字画剩下的边角料给他做玩具小喇叭，自己的女儿范蓉出生后，他也用余料为女儿做各种小玩具。在范德祥眼里没有废品，一件没用的东西经过他的手，便能重获新生。在邻居眼里，范德祥一家人的生活低碳而时尚：购物用的是自制的购物袋，买菜用的是改装的菜篮子；女儿结婚时，范德祥亲手为她制作喜字、红包。多年来，范德祥用各种废旧材料制作了数千件生活工艺品，将它们送给亲朋好友和邻居后，大家都爱不释手。范德祥老伴刘军参加同学聚会，特意带去了他做的公交卡套，收到的人都特别喜欢。范德祥喜欢书法，干了一辈子装裱的他对纸的研究最深，但他认为，练字不一定非要好纸，在旧报纸、包装纸、药盒上，随时随地都可以练。

节能建筑——屋面虹吸排水，室内阳光满堂

在四川省成都市中国西部国际博览城（以下简称"西博城"），市民李清惊讶地发现，展厅内几乎没采用任何灯光，阳光就满足了采光需求。西博城于2016年建成，场馆面积超过30万平方米。若按传统方式设计，场馆的照明、降温等电费会是一笔不菲的开销，而特殊的玻璃幕墙缓解了这一难题。"如果是普通玻璃幕墙，室内不开灯会很暗。"中建二局西博城项目负责人赵连祥介绍，普通玻璃幕墙还会造成严重的光污染。西博城的玻璃幕墙不仅高透光，而且低反射。凑近细看，玻璃幕墙表面有一层若隐若现的金属膜。"这层金属膜对可见光高透过，不仅方便室内光照，而且对中远红外线高反射，可以减少室内升温。"赵连祥道，"西博城的玻璃幕墙采用高通透中空设计，隔热效果很好。"在西博城，建筑表面约有7万平方米的新型玻璃幕墙。赵连祥算了一笔账：每平方米幕墙每小时可防止增加2.5千焦的热量，在夏天按照8小时的光照时长计算，每天可防止室内增加140万千焦的热量，仅制冷的电力便可每天节约近400度。场馆顶部的排水廊道亦让人惊叹。"屋面不仅有上下两层防水设计，还安装有虹吸式排水系统。"赵连祥说，这不仅完全满足了场馆的雨水排水需求，而且雨水经处理后自动回流入雨水清水池，并流至室外绿化浇洒管网，每年可节约近50万立方米的绿化用水。

路面材料——扫雪不再费劲，冬季出行安心

"下小雪的时候，桥上的积雪边下边化。"黑龙江哈尔滨市香坊区城管局清洁中心主任助理张盛笑道，"说是路面掺了新材料。"张盛所说的是之前被应用到哈尔滨

西二环高架桥上的“低冰点沥青路面材料”。这种路面材料能主动阻断冰雪附着，做到“小雪自己融，大雪不粘连”，“即便是被车压实的积雪，也能一铲子推走，不用再上破冰机了，省了不少人力和柴油”。“以往，撒融雪剂，或者人工、机械除雪，成本高，还可能会有次生污染。”低冰点沥青路面材料项目负责人、哈尔滨工业大学教授谭忆秋表示，这些“老办法”难以解决冰雪和路面紧密黏结的问题。“新材料能降低路面冰点，让冰层和路面间的黏结变‘松软’，有助于融冰化雪，还能减少冰冻对路面的破坏。”黑龙江省中信路桥材料有限公司副总工程师魏翰超说。研究显示，这种新材料使得道路在冰雪条件下，动摩擦因数由0.146提升至0.65，冰雪天气行车安全性显著提高。冰雪路面低速行车和频繁启动会导致氮氧化物、空气中总悬浮颗粒物等污染。通过实测，改造后路面使用区域空气质量显著提高，有害气体排放量降低了72%，空气中总悬浮颗粒物数量降低了83%。谭忆秋表示，“从成本上来看，这样的路面，每公里造价仅高出3%左右”。

在大学生生活实践和创新活动中注入绿色环保内容，能够为国家培养具有可持续发展思想和环境保护意识的高素质人才，使大学生成为环境保护和可持续发展战略的骨干和核心力量，能够培养大学生对国家低碳环保事业的责任心。将绿色环保教育落到实处，通过高校在全社会范围内开展绿色环保型实践活动，可以提高人们对环境教育和生态文明的认识，对于在整个社会形成良好的生态文明氛围具有促进作用。

第三节 学风建设型

学风是高校全面贯彻党的教育方针，实现立德树人培养目标的重要条件，是高校衡量办学水平的重要标志。良好的学风是一种潜移默化的巨大而无形的精神力量，时时刻刻熏陶和感染着大学生，激励他们奋发努力、健康成长。学风对大学生个体和群体的行为方式、思想认识和精神面貌都有重要影响。开展学风建设型劳动教育，是增强大学德育实效、提高教育质量、优化校园风气、促进大学生健康成长的需要，具有丰富的理论意义和迫切的现实意义。

一、学风督导

（一）课内学风督查

课堂是高校发挥立德树人教育功能、培养大学生创新意识和能力、提高大学生专业素养的主要阵地，同时也是创建优良学风的主要阵地。课堂教学水平将会直接影响到高校学风的建设，继而影响到高校人才培养的质量。

1. 目的与意义

课内学风督查对于规范高校正常教学秩序，引导大学生形成良好的学习习惯，营造良好的学习氛围有重要作用。课内学风督查的主要目的是了解大学生课堂出勤及上课情况，督促大学生走进课堂，从而养成良好学风。

2. 课内学风督查联动机制

秉承着“统筹安排、部门联动、全员参与”的学风建设工作思路。学生处、教务处、教学督导组、任课教师、班委作为考勤人员，要将课内考勤数据汇总到学生管理部门。数据汇总后，学生管理部门将各班达到一定缺勤次数的学生情况（包括将要被处分的学生）反馈给辅导员或班主任。辅导员或班主任确认后，学生管理部门将已达到处分指标的学生名单及缺课情况上报到教务处，教务处将名单转交到学生奖惩助贷服务部门进行处分通报。

3. 课内学风督查流程

（1）检查人员至少提前 25 分钟到学生管理部门领取移动考勤机、工作证和课内学风督查记录表（表 3-5）。至少提前 15 分钟到指定教室门外，佩戴好工作证等待下课。

（2）课程结束后，检查人员第一时间进入教室向教师说明情况，并出示工作证，主要班委配合进行检查。两名检查人员分工合作，一名检查人员负责监督、维持刷卡秩序，另一名检查人员请学生配合进行刷卡考勤，出示一卡通，逐个刷卡出教室。

（3）督查结束后，检查人员第一时间将移动考勤机、工作证、记录表交还给学生管理部门。

（4）学生管理部门每天对检查数据进行处理，并上传到网上办公系统，辅导员或班主任第二天可登录网上办公系统查看本班前一天缺课情况。

表 3-5　课内学风督查记录表示例

<table>
<tr><td colspan="6">教室：　　　　　　　　　课程：　　　　　　　　班级：</td></tr>
<tr><td>学号</td><td>姓名</td><td>旷课</td><td>旷课课时</td><td colspan="2">备注</td></tr>
<tr><td></td><td></td><td></td><td></td><td colspan="2"></td></tr>
<tr><td colspan="6">班级上课情况：</td></tr>
<tr><td>玩手机现象</td><td>□较好
（低于 10%）</td><td>□一般
（10%～50%）</td><td>□严重
（50%以上）</td><td>其他</td><td></td></tr>
<tr><td>座位情况</td><td>□从前排开始</td><td>□从后排开始</td><td>是否固定座位</td><td colspan="2">（是或否）</td></tr>
<tr><td>其他</td><td colspan="5"></td></tr>
<tr><td colspan="6">注意事项：</td></tr>
<tr><td colspan="6">1. 检查人员根据检查课表提前 25 分钟领取移动考勤机、工作证，提前 15 分钟到指定教室门外等候。
2. 检查人员在指定教室门外等候期间，注意观察教室里学生的上课情况，填写“班级上课情况”。
3. 无人上课班级必须注明没有上课原因。</td></tr>
<tr><td>检查人员签名</td><td colspan="2"></td><td>检查日期</td><td colspan="2"></td></tr>
<tr><td>班级负责人签名</td><td colspan="5"></td></tr>
</table>

（二）晚自修检查

晚自修检查是学风建设的基础性工作之一，在加强学生管理、营造良好学习氛围方面发挥着重要作用。

1. 目的与意义

新生晚自修制度可以帮助新生逐步适应大学学习和大学生活，有助于新生在大学开始阶段养成良好的学习习惯，为大学中后期学习甚至踏上社会后的终身学习做好铺垫。晚自修检查的目的就是让新生走进晚自修教室，学会自学，并为营造良好学风打下扎实基础。

2. 晚自修检查流程

（1）晚自修检查由学生党员、学生志愿者等组成，采取突击检查的形式。

（2）晚自修检查前，负责检查的人员提前 10 分钟到达值班室领取工作证与晚自修检查记录表（表 3-6）。

（3）晚自修开始一小时内，进行第一轮缺勤检查，缺勤学生的学号将被登记在晚自修检查记录表中。

（4）第一轮检查完毕，督导组成员可根据实际情况进行巡视，对纪律较差、学生缺勤明显的班级进行第二轮检查，具体要求与第一轮检查相同。

（5）晚自修结束前半小时，所有督导组成员分批进行巡视，对有早退意向的班级进行提醒。若提醒后仍有早退则记录早退情况，反馈给组长，如实在晚自修检查记录表中进行登记。对给予提醒仍不配合的学生，在晚自修检查记录表中如实登记其学号等信息。

（6）检查结束后，做好汇总统计，第二天将前一天晚自修检查情况上传到网上办公系统，辅导员或班主任可登录查看具体情况。

表 3-6　晚自修检查记录表示例

日期：	检查人员签字：				
教室	班级	缺勤同学学号		备注	班委签字
		学号前七位	学号后三位		

拓展阅读

“怎样学、为谁学”——高校学风建设的主题

学风一般是指大学生学习的风气和大学教师治学的风气，在一定的范围内具有传播性、流行性和感染性等特点，也就是我们常说的“蔚然成风”。近年来教育部颁发的一系列加强学风建设的文件和制度，有的以整顿学生学习风气为主，有的以治理教师治学风气为主，基本上涵盖了学生和教师两大主体。如果从现象与本质两个方面来考察学风问题，可以概括出“怎样学”和“为谁学”两大基本问题，前者是学风“显于外”的学习方法和行为，后者是“藏于内”的学习目的与动力，两者互为表里、不可分割。

“怎样学”是学风建设的核心内容。它具体表现在学生的学习目标、学习态度、学习纪律、学习方法、学习兴趣、学习效果等方面，具有时代特色和主体差异。我国古代重视向先生请教，坚持“传道授业解惑”的统一；重视相互学习，“三人行，必有我师焉”；强调“躬行践履”“读万卷书，行万里路”；注重“知行合一”，主张“博学之，审问之，慎思之，明辨之，笃行之”。在信息化高度发展的今天，独立学习、自主学习、互动学习受到追捧，出现了翻转课堂、慕课等新的教学方式，探究性、讨论式、研究型学习日益流行，充分体现了教师主导与学生主体的双重作用。

“为谁学”是学风建设的永恒主题。习近平总书记指出，高校思想政治工作关系到高校培养什么样的人、如何培养人以及为谁培养人这个根本问题。对此，他为我国高等教育明确提出了“四个服务”的目标定位：为人民服务，为中国共产党治国理政服务，为巩固和发展中国特色社会主义制度服务，为改革开放和社会主义现代化建

设服务。其中，“为人民服务”摆在了首位。回溯历史，青年马克思郑重选择了“最能为人类而工作的职业”的崇高理想，少年周恩来发出了“为中华之崛起而读书”的誓言，改革开放之初的北大学生率先喊出了“团结起来，振兴中华”的时代强音。今天，大学生应该用“青春梦”激荡中国梦，为中华民族伟大复兴而努力学习。

二、校园文明岗

为了进一步推动大学生优良学风形成，让广大学生在文明和谐的校园中学好专业、受到熏陶、养成习惯、取得成绩，高校应专门成立校园文明岗，对校园文明进行检查，对迟到早退以及不文明行为进行督导。

（一）目的与意义

校园文明岗检查能够及时发现校园中存在的不文明行为，对营造良好的校园文明氛围、建立具有时代特征的文明校园有重要意义。通过校园文明岗检查，可以帮助大学生养成良好的文明习惯，减少校园不文明现象。

（二）校园文明岗检查内容

（1）上课和晚自修不迟到，不早退，不旷课，早上第一节课提前 10 分钟到教室。

（2）保持教学区清洁，不随地吐痰，不将食品带进教学区。

（3）服装整洁大方，不穿拖鞋、背心进入教学区。

（4）不在教学区大声喧哗，进入教学区时移动电话保持静音状态。

（三）校园文明岗督导流程

（1）值班当天，督导组成员到达指定区域领取工作证上岗。

（2）值班期间，主要检查的校园文明行为有，对带早饭的同学，劝其吃完再进入教学区，或将早饭暂时放在指定点，等课后再领回；对穿拖鞋或者背心的同学，责令其回宿舍更换。

（3）每日将督查结果汇总给学生管理部门。

三、学业管理

学业管理是指对个人学业发展进行有效规划、组织和监督的一系列活动，旨在帮助学生建立良好的学习习惯，提高学习效率，达到学业目标。学业管理的核心是学生自我管理能力的培养，涉及时间、目标、资源、策略等方面的管理。

（一）目的及意义

学业管理对大学生的学习成果和个人发展具有重要影响。通过有效的学业管理，大学生能够更好地掌握学习进度，提高学习质量，培养自主学习能力，并在学业上获得更好的成绩。此外，学业管理还有助于学生规划未来的发展方向，提前确定自己的职业目标，为未来职业发展打下坚实的基础。

（二）良好实践

1. 培养习惯

大学生要培养良好的学习习惯。首先，需要制订规律的作息时间和科学的学习计划，每天设定固定的起床时间和就寝时间，合理安排课业、自习和休息时间，保持良好的生物钟。其次，培养高效的学习方法，包括合理的学习安排、有效的记忆技巧和整理笔记的能力，以提高学习效率。最后，要注重课堂学习和自主学习相结合，积极参与课堂讨论，及时复习巩固所学知识。最重要的是坚持不懈，保持耐心和毅力，逐步养成良好的学习习惯，并且在实践中不断调整和完善，以提高学习效果和成绩。

2. 寻求帮助

大学生可以通过多种方式寻求教师和同学的支持和帮助。首先，在课堂上应当积极提问题，与教师互动交流，及时解决学习中的困惑。其次，利用课余时间向教师请教疑问，寻求指导和建议。同时，与同学建立良好的学习关系，组建学习小组，相互讨论、交流学习经验和心得，共同进步。最后，参加学校举办的学术活动、讲座等，扩大人际网络，结识更多志同道合的同学，互相支持与帮助，共同成长。总之，要主动沟通，勇于表达自己的需求，积极寻求帮助和支持，与教师和同学保持良好的互动关系，共同促进学业和个人发展。（图 3-10）

图 3-10 建立学习小组

3. 持之以恒

大学生可以制订明确的学习目标和规划。首先，明白自己为何学习以及学习的意义。通过每日、每周或每月设定小目标，制订可行性计划并逐步实现这些目标。其次，要培养坚定的毅力和耐心，学会面对挑战和坚持不懈地努力。最后，要不断调整和完善学习计划，审时度势地调整自己的学习策略，保持对学习的热情和动力，从而持之以恒地学习下去。（图 3-11）

图 3-11　树立学习目标并坚持不懈地努力

拓展阅读

从中专到本科　不断超越自我

陆子汉是苏州城市学院 2022 级机械电子工程专业的学生，曾是苏州市相城中等专业学校（简称“相城中专”）2022 届机电工程系数控五年制 2 班优秀毕业生。

在相城中专学习期间，他阳光向上、谦虚好学，保持着高度的学习热情和积极性，不断提高自己的学习能力和实践能力。五年制学习的第一年，他就凭借优秀的空间想象能力和逻辑思维能力成功入选学校的数控专业技能大赛集训队。在集训队期间，他始终保持谦虚谨慎的态度，不骄不躁，虚心向指导教师请教，力求精益求精。

他重视学业规划，在全面了解江苏五年一贯制高职（高师）“专转本”流程与政策后，便全身心投入专转本的复习。可是他文化课基础薄弱，仅有机械基础，还须跨考一门与电工电子相关的专业课，于是他便向自己的指导老师请教，请学校里教授电工电子的专业课老师帮忙辅导，白天和晚上自行学习专业知识和做题，把遇到的问题全部整理起来，等到次日中午大课间时集中请老师解答，他的努力和执着老师们都看在眼里，获得了老师们的一致认可。

他制订备考计划，做到对症下药，不盲目努力。他知道自己英语基础薄弱，就坚持每天早上六点起床背单词，上午学习语法和训练阅读，下午学习专业课的知识，并利用晚自习时间对早上学习的内容进行二次复习。他还特地向班主任和集训队老师申请了技能大赛集训队训练教室使用权，常常一个人学习到深夜 11 点才回宿舍。他相信只要自己努力，就一定能够取得成功。虽然备考的日子很枯燥乏味，充满了孤独，但他常说：“人生最艰难的时候就是离胜利最近的时候，不要在意别人质疑的眼光，跟着自己的心坚定前行！”

经历了日复一日的努力备考，2022 年他成功被录取到苏州城市学院机械电子工程专业继续学习。

进入本科阶段学习后，他依旧保持着虚心学习的心态，向同学讨教一些学习方法与心得，课余时间也会参与学校组织的比赛，在巩固自己所学技能的同时也丰富了自己的大学生活，获得第二届“中望杯”工业软件大赛二等奖、苏州城市学院第二届 CAD 制图大赛一等奖、第十三届华东区大学生 CAD 应用技能竞赛一等奖 2 项等。目前他在准备考研，争取能再一次突破自己，更上一层楼。

学风建设型劳动实践能够为大学生的职业发展准备好良好的专业知识、优良的道德品质，也能帮助大学生确立先进的学习理念和优良的学习风气，使他们用进取精神驱动人生发展。加强学风建设型劳动实践，能够帮助大学生确立科学明晰的学习目的，强化学习动力，明确学习的意义，在提高教学质量、推动高校校风、涵育学术文化等各方面具有不可或缺的作用，有助于提高高等教育的办学质量和人才培养质量。

第四节　勤工助学型

勤工助学项目由高校统一组织和管理，它一方面是资助家庭经济困难学生的有效途径，另一方面是提高大学生综合素质、培养大学生劳动技能、促进大学生劳动教育落地开花的重要形式。通过勤工助学型劳动实践，可以帮助大学生树立正确的人生观、价值观，摆脱“等、靠、要”的心理，树立起自立自强的劳动精神。

一、高校勤工助学概述

（一）高校勤工助学的概念

勤工助学活动是指大学生在高校组织下利用课余时间，通过劳动取得合法报酬，用于改善学习和生活条件的实践活动。它是大学生资助工作的重要组成部分，是提高大学生综合素质和资助家庭经济困难学生的有效途径，也是实现全程育人、全方位育人的有效手段。勤工助学活动应坚持“立足校园、服务社会”的宗旨，按照学有余力、自愿申请、信息公开、扶困优先、竞争上岗、遵纪守法的原则，在不影响正常教学秩序和大学生正常学习的前提下有组织地开展。

（二）高校勤工助学的意义

勤工助学项目一直备受高校和大学生的推崇。勤工助学需要大学生以自身劳动来获得报酬，大学生利用课余时间通过劳动，服务学校，促进德智体美劳全面发展，增长才干，培养自主意识，锻炼大学生独立自主的能力以及适应社会的能力。大学生参加勤工助学活动，不但可以获得有形财富——减轻家庭经济负担，更重要的是获得极大的无形财富——加强自立自强意识，锻炼人际交往能力，提高动手实践能力，培养创新意识、凝聚创造能力，为将来就业创业打下良好的基础，成为现代化建设的栋梁之材。

（三）高校勤工助学的特点

1. 资助性

高校设立勤工助学岗位是为了给贫困生提供一些勤工助学的机会，贫困生可以通过勤工助学获得一定的报酬。高校通过这样的方式，缓解贫困生的经济压力。

2. 业余性

勤工助学是指大学生在学习之余，通过自己的劳动获得一定的报酬。因此，大学生勤工助学主要是在课余时间和节假日。

3. 育人性

勤工助学为大学生提供了体验生活的舞台以及锻炼、实践的机会，可以促进大学生学习的积极性，以及培养大学生积极劳动、勤俭节约、吃苦耐劳、自强自立的优秀品质。

4. 有偿性

勤工助学是指大学生利用自己的空闲时间，通过劳动获得一定的报酬。

（四）勤工助学用人单位的权利与义务

1. 用人单位权利

（1）用人单位可根据需要设岗，在学校规定范围内自行招聘、选用学生。

（2）对上岗学生进行岗前培训、教育、管理、考核。

（3）根据学生岗位工作量、工作时间及劳动表现确定工资标准。

2. 用人单位义务

（1）合理设置岗位，安排工作时间，不得占用学生的上课时间。

（2）组织学生开展必要的勤工助学岗前培训和安全教育，同时要注重培养学生热爱劳动、自强不息、创新创业的奋斗精神，增强学生综合素质。

（3）为学生提供良好的劳动条件和安全的劳动环境，不得让学生从事违法的、危险的、不适宜的劳动，保证学生的身心健康。

（4）公平、公正、公开地进行岗位招聘，实事求是地介绍单位情况及工作内容。

（5）客观公平地对学生进行考核，确定酬劳标准。

（6）不得克扣、侵占学生的合法报酬，不得虚报学生酬劳以挪作他用，违者将追究法律责任。

（五）勤工助学学生的权利与义务

1. 学生权利

（1）通过参加勤工助学活动获得相应的劳动报酬。

（2）免费获得勤工助学相关信息及相关培训。

（3）拒绝参加有毒、有害和危险的生产作业以及超过身体承受力、有碍身心健康的劳动。

（4）在发生劳动争议或者合法利益受到侵害时得到合理保护。

（5）参加各类勤工助学奖项的评选。

2. 学生义务

（1）学生在勤工助学活动中应服从安排，遵守用人单位的规章制度及勤工助学协议的条款，工作认真，责任心强。

（2）学生应根据自己的学习情况参加勤工助学活动，合理安排工作时间，不得以参加勤工助学活动为由旷课、逃课。

（3）学生在勤工助学活动中，应爱护办公设备、公共设施，讲文明、讲礼貌，诚实守信，树立良好的大学生形象。

（4）在勤工助学活动中，学生不得参与有损学校、大学生形象，有违社会公德的活动，不得从事任何形式的非法经营活动。对在勤工助学活动中有违反纪律、破坏公物者，用人单位有权立即停止其勤工助学活动；给单位造成严重损失者，追究其法律责任。

二、高校勤工助学岗位设置

（一）高校勤工助学岗位的设置原则

（1）高校应积极开发校内资源，满足学生参与勤工助学的需要。校内勤工助学岗位设置应以校内教学助理、科研助理、行政管理助理和学校公共服务人员等为主。以每个家庭经济困难学生月平均上岗工时原则上不低于20小时为标准，测算出学期内全校每月需要的勤工助学总工时数（20个工时×家庭经济困难学生总数），统筹安排、设置校内勤工助学岗位。

（2）勤工助学岗位既要满足学生需求，又要保证学生不因参加勤工助学活动而影响学习。学生参加勤工助学活动的时间原则上每周不超过8小时，每月不超过40小时。寒暑假勤工助学时间可根据高校的具体情况适当延长。

（3）不得组织学生参加有毒、有害和危险的生产作业以及超过学生身体承受能力、有碍学生身心健康的劳动。

（4）各单位按需设岗。同时，安排勤工助学岗位应优先考虑家庭经济困难的学生，对参加勤工助学活动的少数民族学生，应尊重其风俗习惯。

（二）高校勤工助学岗位的类型

校内勤工助学岗位分固定岗位和临时岗位两种。

（1）固定岗位是指持续一个学期以上的长期性岗位和寒暑假期间的连续性岗位。

（2）临时岗位是指不具有长期性、通过一次或几次勤工助学活动即完成任务的工作岗位。

（3）2018年8月，教育部、财政部公布了《高等学校勤工助学管理办法（2018年修订）》，明确规定将学生参加校内勤工助学临时岗位的时薪，从2007年的不低于8元/小时提高到不低于12元/小时。

（三）高校勤工助学岗位的要求与职责

1. 专职辅导员助理岗位

（1）每周随机检查本年级全体学生宿舍一次，检查本年级学生的夜不归宿情况，要在学生中造成声势，防止夜不归宿事件发生；将检查结果详细记录，登记造册，并存档（同时要有电子版记录档案）。

（2）每周检查本年级学生宿舍卫生一次，督促学生养成良好的卫生、生活习惯，为创建文明宿舍打下坚实基础；将每周检查结果详细记录，登记造册，并存档（同时要有电子版记录档案）。

（3）每两周从本年级各班班长处收集本年级各班考勤情况一次，并制成电子版考勤簿，进行存档。

（4）主动了解和收集本年级学生的实际困难，对于确需解决的特殊困难应尽快向辅导员或班主任反映，以便辅导员或班主任能及时掌握情况，尽快给予解决。

（5）每学期的假期（寒暑假）对本年级学生的夜不归宿情况、宿舍卫生状况、存在的问题和解决办法等写一份调查研究报告。

（6）完成辅导员交办的其他工作任务。

2. 学生工作办公室岗位

（1）打扫、整理学工组办公室，打水烧水，做好学工组办公室的后勤保障工作。

（2）文明接听办公室的电话，能自己立即处理的事情，立即处理；不能自己处理的，根据情况分别向学工组老师电话汇报，并按老师的安排进行处理。学工组老师不在的情况下，要将接听电话、汇报联系及处理情况在工作日志中进行记录。

（3）文明接待外来老师和学生，对于本院老师安排的工作要尽快解决，对于来本院问询的老师、学生要文明礼貌，能简单回答、解释的问题，立即回答、解释；不能回答、处理的问题，联系学工组老师处理。学工组老师不在时，要将来访老师、学生的问题及处理情况在工作日志中进行记录。

（4）做好学校和学院之间、学院各部门之间的文件传送、接收工作。

（5）爱惜办公用品，不得损坏。熟练使用办公软件。

（6）完成本院学工组老师交办的文字输入工作和其他工作任务。

（7）及时主动地了解本院学生的思想动态、掌握学生关心的热点问题和特殊困难，经常向学工组老师汇报。

3. 奖惩助贷中心岗位

（1）负责并指导各年级贷款工作助理做好全院学生与贷款相关的工作（每学年新的国家银行贷款和学校诚信贷款借据的填写，每学年银行贷款借据的填写，毕业班学生还款确认书的填写和三、四年级学生结对子的组织等）。每学年组织全院贷款学生至少开展一次主题活动（内容为诚信教育、感恩教育、贷款知识竞赛等）。

（2）做好每次贷款工作的信息录入和资料存档工作（要有纸质和电子版记录档案），并根据学生贷款情况的变化随时进行修订。

（3）通过各种渠道与已毕业学生进行有效联系，做好全院已毕业贷款学生联系方式的汇总工作。每季度末主动与校勤工助学中心联系，了解本院贷款学生的违约情况，指导各年级贷款工作助理做好违约学生的联系和催缴工作。将每季度本院违约学生的名单及联系催缴情况登记造册并存档（同时有电子版记录档案）。

（4）收集掌握全院贫困生情况，对全院贫困生的详细情况进行分类归总，建立本院贫困生档案（电子版）。每学期对贫困生档案进行更新（获奖情况、助学金情况、受资助情况、贷款情况、勤工助学情况、学习情况等）。结合勤工助学情况，建立本院勤工助学工作档案，按学年存档保存并负责维护。

（5）每学期初做好本院勤工助学学生上学期的考核总结工作，收罗上学期本院勤工助学学生勤工助学书面总结材料（要有上岗单位负责人签字的学期考核意见），归类存档；收罗勤工助学书面总结材料的电子版，进行归类存档。

（6）每学年组织本院全体勤工助学学生开展一次主题活动。宣传本院勤工助学工作的典型事例，对贫困生开展宣传教育工作。

（7）完成学院领导、老师交给的其他工作任务。

4. 就业办公室岗位

（1）了解并掌握本届毕业生的就业政策，熟悉本年级学生的基本情况，主动了解并掌握本年级保研、考研、签约和未签约学生的就业意向等。

（2）对来学院了解情况的就业单位人员，应礼貌接待，并尽快和辅导员取得联系。

（3）协助整理、分编毕业生档案资料，协助组织毕业生填写相关表格。

（4）协助毕业班辅导员上传下达国家及学校相关就业方针、政策，及时反映毕业生的困难和要求，做老师和学生联系的桥梁。

（5）熟练使用电脑，做好老师交办的文字材料录入、整理和校对工作。

（6）完成领导、老师交给的其他工作任务。

5. 办公室保洁岗位

（1）每周按要求至少彻底打扫两次办公室，每次打扫时应拖地板，并将地面打扫干净。

（2）打扫办公室时，应将办公室的计算机、桌椅、柜子、门窗等打扫干净，物品摆放整齐。

（3）打扫卫生时，应爱惜办公室的物品、花木等，经常为花木浇水。

（4）打扫卫生时，若发现桌椅、门窗、日光灯等有损坏的情况，应在发现当天及时向院办公室报修。

（5）按负责老师的要求，定期打扫学院会议室、报告厅等。

（6）完成负责老师安排的其他工作。

6. 宿舍管理员岗位

（1）深入本院学生宿舍，及时主动地了解学生的思想动态，掌握学生关心的热点问题和焦点问题；经常向辅导员反映所了解的情况，使辅导员能有针对性地做好工作，防止各类突发事件的发生。

（2）主动了解本院学生的实际困难，对于确需解决的特殊困难应尽快向辅导员反映，以便辅导员能及时掌握情况，尽快给予解决。

（3）每周至少巡查一次本年级全体学生的宿舍，了解并记录学生宿舍的安全、秩序、卫生等情况，及时发现、消除宿舍楼内的治安、消防隐患和学生违纪违规苗头，并及时报告辅导员。防止学生夜不归宿，留宿外来人员，在宿舍内饮酒、存放酒瓶和管制器械等情况的发生，将抽查情况记入工作日志并把主要问题、隐患及时上报辅导员。协助辅导员及时做好对学生违纪情况的调查、处理和教育工作。

（4）在日常的学习生活中，主动了解本院学生的心理问题，将了解到的本院学生的心理问题及时向辅导员汇报，以便辅导员能有针对性地开展工作。

（5）每学期对本年级学生的思想状况、关心的热点和焦点问题、学生的心理状况及存在的实际困难、需要解决的问题等向辅导员提供合理化建议。

（6）完成辅导员交办的其他工作任务。

7. 计算机网络维护员岗位

（1）学习掌握计算机、网络方面的相关知识，能对计算机、网络方面的简单故障进行排除。做好学院服务器、院办和学工组办公室计算机的维护工作。

（2）熟练掌握常用操作系统、办公软件和网页制作软件。

（3）策划并制作学院网页，定期进行改版工作。

（4）维护本院网页的正常运行，保证网页内容的更新和逐步完善，提供及时的院内信息，宣传学院工作进展。

（5）妥善保管各种上网软件、资料及文档，以便于定期检查、更换有故障的软件。妥善管理学院网络维护工具及其他物品。

（6）对网络服务器的各种设施定期检查并记录，及时发现问题并上报学院办公室。

（7）爱护机房设施，厉行节约，不得擅自带领无关人员开启网络服务器，注意防火防盗。

8. 新闻采写助理岗位

（1）主动了解并熟悉国家、高校对在校大学生的相关政策，注意大学生关心的热点和焦点问题。

（2）熟练掌握新闻稿件的撰写方法及新闻采访的原则和程序，对新闻工作要充满热情。

（3）能使用相机、办公软件等现代新闻采写工具。

（4）了解和掌握学院网络新闻、校广播新闻、校报、学生处网络新闻等的投稿和用稿程序，并主动和以上单位建立密切联系。

（5）按学院负责老师的要求，对学院教师、学生每天发生的重要活动、学院的教学科研工作等进行新闻报道。

9. 图书馆助理岗位

（1）协助整理、分编学院资料室的图书档案资料。

（2）熟练使用计算机，配合完成文字材料的录入、整理和校对工作。

（3）负责资料室的清洁卫生，保证书架上的图书摆放整齐有序，每周至少拖地板一次、擦拭书架一次。

（4）爱护保养办公设施，厉行节约，注意防火防盗。

（5）负责图书的修补工作（贴磁条、补条码、补写索书号等）及学生图书遗失后的赔款工作。

（6）负责做好当天归还图书的整理及送库工作。

（7）配合做好新书上架、整架、倒架，二线图书的下架，书库管理，新生入馆教育及服务指导等工作。

10. 计算机机房维护岗位

（1）负责学院学生机房所有计算机及相关设备的日常维护工作。

（2）负责学院学生机房的清洁卫生工作，保证机房地面干净，桌椅摆放整齐，桌椅面无污物，符合卫生保洁常规且达标。

（3）协助机房教师做好学生机房管理及开放的相关工作，协助教师保证相关课程的正常进行。

（4）爱护保养机房设施，厉行节约，不得擅自带领无关人员进入机房上机，注意防火防盗。

（5）遇有特殊情况，如因生病请假或参加集体活动外出而无法完成任务时，必须提前告知机房负责教师，说明情况，由机房教师做好安排，不得擅自委托他人进入机房做相关工作。

（6）学习掌握计算机、网络相关知识，研究计算机、网络的维护；具有较强的计算机操作知识和能力，具有较高的计算机、网络知识水平；能处理计算机的一些简单故障和问题。

11. 科研竞赛助理岗位

（1）学习刻苦认真，成绩优良，具有较强的责任心和奉献精神。对于竞赛学科非常关注并有浓厚的兴趣。

（2）申请参加某一学科竞赛并被批准后，能抽出相当时间进行学科竞赛参赛知识研究，积累相关知识。

（3）积极寻求专业老师的指导，在自己准备参赛的前提下，积极发动身边对该学科竞赛有兴趣的同学一同进行研究并参赛，给别的参赛同学提供热情帮助。

（4）以自己和身边参赛同学对学习科学文化知识的拼搏精神，感染和带动其他同学努力学习，形成努力探索、钻研科学文化知识的良好氛围。

（5）积极寻求专业老师给予指导和帮助，并在专业老师的指导下有针对性地开展学习和研究。对所研究的科研论文有了初步框架后，向院勤工助学领导小组提出开题报告。开题报告应包括论文或项目的题目、目前的发展状况及有关研究成果、自己打算研究的方向、要达到的目标或成果、进展计划、自己的知识结构、知识积累情况、指导教师等。

（6）待开题报告被批准后，立即进行科研论文的撰写和研究工作，如遇到知识上的难点、论文的格式或研究的方向等方面的问题，应积极向专业老师请教，寻求老师的指导和帮助。

（7）多浏览自己所研究方向的国内外期刊，学习和研究期刊上的相关内容及其论文格式，熟悉投稿用稿的程序。

拓展阅读

“劳动立志，知识赋能”——高校勤工助学引领大学生成长新风尚

当今社会，高校大学生参加勤工助学活动成为一种常见的现象。这不仅是为了缓解经济压力，更是一种宝贵的实践机会，能提升自身综合素质和职业能力。下面将通过不同岗位上大学生的亲身经历来分享他们参加勤工助学活动的心得体会。

图书馆助理张同学：我是档案专业的一名大学生。2022 年，我有幸获得了在图书馆勤工助学的机会。刚开始接手这份工作时，我感到新奇而兴奋，同时也有些紧张。然而，随着时间的推移，我逐渐适应了这里的工作环境。我负责图书的分类与整理，从识别不同类别的书籍，到将它们整齐地摆放在书架上，每一项工作都需要细致入微的观察与操作，我感到前所未有的充实与满足。此外，我还协助读者查找资料，解答他们的疑问，这锻炼了我的沟通和服务能力。在维护图书馆的秩序与环境方面，我也付出了努力，确保每位读者都能在一个安静、整洁的环境中阅读。勤工俭学的工作让我更加珍惜书籍与知识，也让我体会到了劳动的乐趣与价值。这段宝贵的经历将激励我在未来的学习和生活中更加努力，不断提升自己。（图 3-12）

图 3-12　图书馆勤工助学

实验室助理徐同学：参加实验室的勤工助学工作，让我深感收获颇丰。我作为一名理工科大学生，整理分类导线，不仅锻炼了我的耐心和细心，更让我结合专业所学对实验室的器材管理有了更深刻的认识。在更换万用表电池的过程中，我学习了电池的选择与更换技巧，提高了动手实践能力。这些劳动技能的提升，不仅丰富了我的课余生活，也让我对专业知识有了更加浓厚的兴趣。勤工助学不仅让我体验到了劳动的艰辛与快乐，更让我明白了付出与收获的关系。在未来的学习和生活中，我会继续努力，不断提升自己的综合能力。（图 3-13）

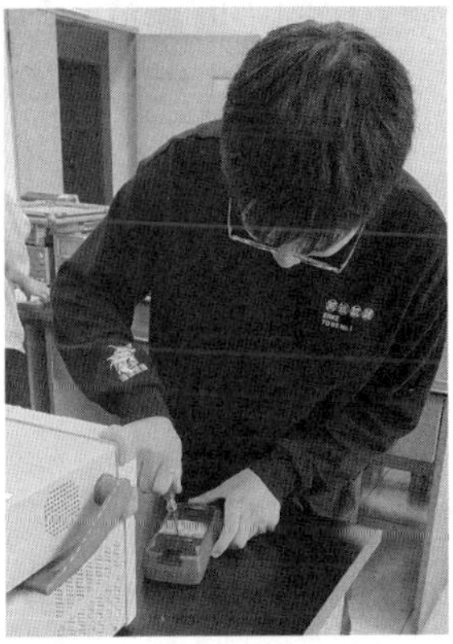

图 3-13　实验室勤工助学

后勤保障处食堂助理王同学：参加食堂的勤工助学工作，我体验到了劳动的快乐与充实。每天与食材打交道，我学会了食物的分类与存储，还参与了配菜过程，了解了菜肴的制作流程。与食堂员工合作，我感受到了团队的力量，也锻炼了自己的协作能力。在服务师生的过程中，我体会到了服务他人的喜悦，也学会了倾听与沟通。勤工助学不仅让我了解了食堂运作的艰辛与不易，更让我明白了劳动的价值与意义。这段经历让我更加珍惜食物，也激励我在未来更加努力学习，回报社会。(图 3-14)

图 3-14 食堂勤工助学

开展勤工助学型劳动实践，设置校园志愿奉献劳动岗位，鼓励学生结合个人特长和兴趣爱好参与校园美化、图书资源采编、大型活动服务等校园公益性岗位工作，并根据参与情况通过课外学分、评奖评优、志愿时长认定等形式给予学生奖励，形成“人人劳动、我爱劳动”的勤工助学氛围，能够帮助大学生树立“劳动最光荣、劳动最美丽”的劳动精神，帮助大学生养成良好的劳动意识和劳动习惯，提升大学生的劳动技能，起到劳动育人的作用。同时，勤工助学也是大学生从学校向职场过渡的一个重要的中间环节，不仅能够帮助大学生完成学业，还能够提升大学生的工作能力。

第四章 大学生生产劳动实践

生产劳动，是一种以参与物质资料生产或提供劳动服务为方式的实践形式，属于唯物史观的基本范畴。开展生产劳动教育可以让学生在工农业生产过程中直接经历物质财富的创造过程，体验从简单劳动、原始劳动向复杂劳动、创造性劳动的发展过程，学会使用工具，掌握相关技术，感受劳动创造价值，增强产品质量意识，体会平凡劳动中的伟大。

大学生生产劳动可分为农耕手作型、实习实训型和创新创业型三种。

第一节　农耕手作型

农耕手作型劳动教育旨在引导学生树立正确的劳动观念，认识到劳动的价值和意义，让大学生在辛苦劳作、学习耕种技术的同时，体会农耕中蕴含的传统智慧，增强文化自信。

一、农耕劳动

（一）农耕劳动概述

农耕文化是我国人民在长期农业劳动中形成的一种特殊文化形态，体现了农业劳动中的和谐思维和奋斗精神。我国是一个农业大国，农耕文化历史悠久、内涵丰富，它不仅是我国优秀传统文化的根基，也涵养着中华民族的精神家园。青少年是国家的栋梁之材，是祖国未来的建设者，推动农耕文化融入大学生劳动教育，需要将农耕文化融入课堂教学、校园文化、社会实践等教育教学活动的全过程，让广大学生通过教育与实践获得文化关联和情感铺垫。

（二）加强大学生农耕劳动的时代意义

农耕文化并不只是春播、夏种、秋收、冬藏的简单概括，其背后蕴含了丰富的历史、文化、社会内涵，体现了艰苦奋斗、勤俭持家、重义守信等优秀品质，是中华民族宝贵的精神财富和情感依托。我国是一个历史悠久的文明古国，也是一个传统的农业大国。千百年来，农业生产是中国传统文化产生和发展的社会基础，是中华文化的根。时至今日，农耕文化的许多理念和认知仍具有现实意义和应用价值。引导大学生参与农耕劳动，既是对中国传统农耕文化的弘扬延续，又是培养大学生知农爱农的重要基础，积极推进新时代青年大学生劳动教育工作，开展以知农爱农为前提的农耕劳动，通过耕读教育引导学生走进农村、走近农业，不断激发大学生服务乡村的责任感，在保持本民族特色、传承本国文化传统方面，发挥重要作用。

拓展阅读

农耕劳动融入苏城新农村文化建设

苏州城市学院与新时代国防体育公园、苏州牧谷农业科技发展有限公司及苏州园林发展股份有限公司等共建劳动校外实践基地，利用苏州东山、西山、旺山及张桥等地方农耕资源，2022 年起，组织大学生融入苏城新农村文化建设，分批次开展碧螺春采茶制茶、水稻插秧、掰玉米及枇杷疏果等农业生产劳动实践项目，让他们真感受、勤动手、多出力，接受锻炼、磨砺意志。

采茶品悟人生

“最是一年春好处”，张桥林场溢茶香。为进一步贯彻创新德育工作新模式，促进大学生树立正确的劳动价值观，2024 年 4 月，苏州城市学院教务处与物业服务中心共同开展了“采茶悟人生”的特色劳动实践活动。(图 4-1)

越溪张桥林场的工作人员向大学生们介绍了苏州“越来溪”茶的历史和由来，并讲解了茶叶的采摘技巧。大学生们听得认真，看得仔细，全都跃跃欲试。

图 4-1　采茶劳动实践大集结

青春洋溢的大学生们在翠绿色的茶海里挥洒着汗水，不断穿梭着，采摘着，轻笑着，感受着劳动创造美好生活的真谛。(图 4-2)

图 4-2 **体验采茶**

采完茶叶之后，制茶师傅们向大学生们介绍了炒茶的相关知识，并现场示范了炒茶工序。大学生们把制茶师傅们围成一圈，细细观摩，亲身实践。在炒茶过程中，茶香阵阵，大学生们看得津津有味，深觉“越来溪”茶的每一口都来之不易。看着亲手采摘的嫩芽在铁锅中不断被翻炒成茶叶，大学生们都忍不住直呼：“太神奇了！”(图 4-3)

图 4-3 **分拣、炒茶与包装**

在本次劳动实践活动中，苏州城市学院的学子们走出课堂，走入茶园，将理论知识与自然实践相结合，在了解茶叶的种植、采摘、制作的过程中，体会“一缕茶香”的来之不易，感受中国传统茶文化的独特魅力。

“品茶，品味，品人生”，在采茶中懂得劳动的辛苦，在品茶中感受劳动的价值，在分享中体会劳动的快乐。相信在未来，苏州城市学院也将持续加大劳动教育力度，开创更多具有特色的劳动实践活动，以学生喜闻乐见的方式，厚植劳动情怀，将中国的传统文化浸润其中。(图 4-4)

图 4-4　品茶

耕作磨砺心智

苏州城市学院与苏州园林股份发展有限公司、苏州高新区东渚长巷农村合作社农场合作，拓展校外横泾苗场捆束树枝，苏州高新区东渚长巷农村合作社农场割水稻、掰玉米等岗位劳动内容，让大学生在劳动过程中加强对乡村振兴、农业强国建设的理解，深植劳动情怀，锤炼劳动品质。

2022 年 11 月 26 日，日语、计算机专业的大一学生在班主任的带领下前往苏州园林股份发展有限公司旗下园林绿化基地——横泾苗场参加社会劳动实践。大学生在农场师傅的指导下，进行了基本的捡、捆树枝劳动。树枝的长短大小以及如何捆扎都是大学生劳动实践过程中需要考虑的问题。在辛苦劳动 2 个小时后，计算机专业的学生孙阳感慨，觉得自己对于劳动学习的方式还有待进一步拓展，作为大学生，不应局限于校园学习及理论掌握，更应该多参加社会实践活动以提高动手能力。(图 4-5)

2022 年 11 月 3 日下午，一堂别样的劳动实践课在苏州高新区东渚长巷农村合作社农场火热开展，苏州城市学院 2022 级工商管理专业 30 余名学生化身“秋收小能手”，在田间地头学习农事知识，体验劳动艰辛，收获劳动快乐。

“春种一粒粟，秋收万颗子”，苏州高新区东渚长巷农村合作社农场上，秋阳暖照，稻浪翻滚。苏州高新区东渚长巷农村合作社有长巷村、黄区村、新苏村、中村的 4 个农场，一共 1 200 余亩地。农场毗邻苏州太湖，不仅环境优美，还是“苏州大米”示范基地，其中“长巷生态大米”品牌也在区域内颇具影响，深受欢迎。

在动手劳作之前，农场相关负责人袁赟指着面前的一大片稻田，饶有兴趣地为大学生们讲述着“长巷生态大米”的“前世今生”。他说：“从插秧到施肥、除草，再到收割、加工，我们基本实现了机械化运作。”大学生们在其带领下观看了收割机收割水稻的全过程，收割机在稻田中穿梭短短几分钟，三分之一的水稻便被收割完毕。(图 4-6)

图 4-5　捆束树枝

图 4-6　观摩机器收割

“真没想到！长巷大米在生产过程中‘吃’的健康餐属于高品质有机肥的菜籽饼，让我大开眼界。”刘一然同学惊讶之余更多的是兴奋，他说：“本以为割水稻就是个简单的体力活，没想到竟无意中学到了这么多的‘知识点’”。

大学生们不禁感慨科技带来的便捷之余，也要牢记前辈用自己的双手勤恳劳作的艰辛，在劳动锻炼中深刻体会一粥一饭来之不易。

在农场负责人的指导下，本次劳动实践课程也让大学生体验了传统方式收割水稻。“两腿叉开，右手拿镰刀，先用镰刀搂过一把水稻，再用左手握住水稻，然后镰刀放在稻秆的底部，镰刀头向着自己身体的右后方向有控制地发力……”指导教师在一旁耐心提醒，大学生们戴上手套、拿起镰刀，化身“秋收小能手”。一抓一割，动作干净利落，田埂上一个个一排排是劳动者幸福的身影。周雅菲同学告诉记者，这是她第一次割水稻，手法略显笨拙的她坦言：“虽然劳作的时间并不长，但是一直保持弯腰的姿势还是很辛苦的，‘粒粒’真的‘皆辛苦’，希望大家能够珍惜粮食，尊重劳动。”（图 4-7）

图 4-7　割水稻

割水稻活动结束后，大学生们在工作人员的指导下，来到了玉米地中“寻宝”。经过一个下午的劳动实践，刘一然同学表示，自己深刻体会到了农民伯伯干农活的不容易，虽然在此之前有过一些农活的经验，但在这次劳动实践课程中依然收获满满，学会了如何割水稻以及如何通过玉米须的颜色辨别它是否成熟等。（图 4-8）

图 4-8　掰玉米

此次走出校园、走入田园的农场劳动实践课程让大学生们真正体验农作物收割过程，了解粒粒皆辛苦的深刻内涵，一定会对大学生的学习、生活有所启发，让大学生更好地了解苏州、学习苏州、融入苏州、服务苏州。

二、手作劳动

（一）手作劳动概述

“手作”是“手”和“作”的组合词，“手”是指手工、手艺，“作”即制作、创作。在手工业时代，所有的人造物都是手工劳作的结果。可以说，手作从人类开始使用工具起已经萌芽，并且随着时代的进步而不断演变。每一件手作器物都蕴含着所属时代的信息，反映着加工方式和主要材料，让人们看到当时的生活方式和社会文化。

今天，手作已成为中国设计最热的概念之一。它不仅代表着传统技艺，更是一种文化的象征。匠人精神是手作艺人们所独有的品质，自始至终、不忘初心、追求精进、自律自谦，这种精神品质通过持之以恒的手作劳动反映出来，体现了真诚的生活态度。2016 年，在十二届全国人大四次会议上，“匠人精神”首次出现在政府工作报告中，凸显了它在文化传承与精神引导上的重要作用。

（二）加强大学生手作劳动的时代意义

手作艺术以传统文化为根基，随着时代的发展而不断沉淀、变迁和创新，融合了民众的愿望，记录了历史的印迹，体现了文化传承的创新性和可持续性。组织动员大学生参与手作劳动，不仅可以活跃校园文化生活，而且可以充分挖掘传统文化的艺术创作资源，从高校的视角，对传统文化内涵进行深度挖掘，为民族传统技艺的当代发展找到新的生存空间。

大学生手作劳动既注重“表”，也注重“里”，它在充分展现乡土风情与生态文脉的过程中，重视激活校园文化的内涵建设，提高了文化供给的可接受性与可选择性，让广大师生在传承发扬中真正感受、体验到传统文化的魅力。

拓展阅读

“95 后”年轻人也爱传统工艺——云南这所高校大学生手作清宫饰品

清宫剧《延禧攻略》的热播将绎丝、点翠、绒花等极为考究的传统工艺带入公众视野，不仅展现了非遗文化的魅力，更引起了大家对传统手工技艺的兴趣。在昆明理工大学城市学院，就有这样一群热衷传统手工艺的年轻人，他们怀着“匠心”，结合专业知识，或采金、银为丝，妙手编结出传统风格的清宫首饰，或手工起版、一锤一錾制作出了一件件中国风配饰……

曾为一剧组定制、设计了 10 余件清宫饰品

花丝香囊球、点翠步摇、珐琅耳饰……走进昆明理工大学城市学院首饰镶嵌实训

室，一件件繁复华丽、复古时尚的传统工艺饰品令人惊艳。据该校产品设计专业教师杨景然介绍，眼前这些中国风的饰品，是首饰设计与工艺专业的学生们精心设计，并采用花丝工艺、钣金工艺、珐琅工艺、点翠工艺等传统工艺制成的。对此，不少人好奇，一所以工科为主的院校为何要在教学中开设首饰设计专业，并引入传统工艺呢？杨景然表示，首饰本身具备双重属性，它既是艺术品，也是工业产品，将艺术设计与工科知识相结合进行教学，有利于学生们将工艺、制作和材料的知识融入动手实践。杨景然说：从 2015 年起，首饰设计与工艺专业已吸引了 100 余名学生选学，学习内容主要为首饰制作的基本工艺和各类延伸工艺、首饰的绘画和设计思维等。首饰制作的工艺一直都很古老，包括锯、锤、焊、錾等，这些基本工艺都已传承了多年，希望学生能在传承中创新，运用当下的科技手段、新型材料等，让花丝、珐琅、斑铜等传统工艺更好地得到继承和发展。

（三）艺术实践工作坊

工作坊就是利用一种轻松有趣的互动形式，让参与者在项目创造过程中相互交流、集思广益，通过集体分析提出方案或规划，并一起实施的系统化过程。1960 年，美国人劳伦斯·哈普林首先将“工作坊”的概念引入都市计划。早在 1919 年，德国包豪斯学院成立之初，“集体作坊式教学”已被运用于艺术设计教学。欧洲工业革命后，在 150 多年的发展进程中，逐步形成了以项目设计为中心的教学模式。大部分西方艺术设计专业都使用“工作坊”进行教学，为艺术—设计—生产的连锁性社会服务奠定了基础，也为艺术创作的理论转化提供了可以遵循的科学教学模式。

在我国，2018 年全国第五届大学生艺术展演活动首次增加了大学生艺术实践工作坊项目，47 个工作坊彰显了当代大学生传承民族文化、关注科技发展、关心生态环保、与时代同行的使命感和创新意识，将艺术创新教育与文化传承相结合，提升了学生艺术实践的创新能力。展演活动期间，各校学生立足本专业，以新科技为手段，对传统产品进行升级改造，例如，天津科技大学“数媒包装艺术工作坊”以“交互式包装设计与体验”为核心，将艺术、科技融入包装，以生态思维的方式，实现包装再利用，改变了产品包装“拆后即扔”的浪费现象，表现了当代大学生介入实际生活、改变生活的勇气与能力。

拓展阅读

艺术实践工作坊惊艳“大艺展”　大学生用科技叩响艺术之门

美育工作是高校全面育人的重要一环，全国第五届大学生艺术展演活动（简称“大艺展”）首次设立的大学生艺术实践工作坊成为大艺展最大亮点。

首度亮相的大学生艺术实践工作坊，分为“艺术与校园”“艺术与科技”“艺术与生活”三大板块，共有来自全国高校的 47 个工作坊参与展示。其中，同济大学的“创世之光 VR 艺术工作坊”将 VR（虚拟现实）等新兴科技作为艺术表现手段，颠覆了传统的艺术创作和欣赏方式，给观众带来了风格迥异的奇幻世界。尤其是致敬上海美术电影制片厂经典动画片《阿凡提》的VR电影训练营，让观众亲身体验了一番动画电影的制作过程。

同济大学艺术与传媒学院教师柳喆俊说：我们的观众可以置身于一个虚拟的环境，体验拍摄动画电影。通过这样一次体验，可以学习镜头语言，进一步提高自己的艺术修养。

东华大学的展区被布置成了“动物伊甸园”，琳琅满目的动物装饰画和摆件，以及各种皮包、钱夹、衣服等，洋溢着青春时尚的生活气息。值得一提的是，这些作品都是利用工厂的人造皮革边角料制作而成的，经过学生们的奇思妙想和巧手加工，变废为宝，废品得到了循环利用。

第二节　实习实训型

实习实训是高校实践教学工作的重要组成部分，也是大学生参加劳动实践的重要方式。实习实训作为高校课堂教学的延伸，是让大学生把专业知识技能从“知道”转化为“运用”，并帮助大学生掌握劳动技能、提升劳动能力的重要手段。因此，高校可以依托实习实训环节组织大学生参加专业实践劳动。

一、实习实训型劳动的教育准备

（一）劳动目标设定

实习实训型劳动目标一般是由校企双方根据实际需求来确定的。不同的劳动环境，其劳动的特点不同，因此目标也不尽相同。这就要求高校在编制实习实训型劳动目标时，一定要和岗位提供方开展广泛的论证，以确保目标的可行性。

1. 目标设定的内容和范围

（1）劳动任务目标，如劳动作业数量指标、劳动作业面积指标、劳动作业时间指标、专业技能熟练度等与专业实习实训课程目标的契合度。

（2）劳动教育培训目标，如实习实训型劳动教育次数和教育时间、特种作业人员上岗教育培训等。

（3）劳动检查目标，如劳动检查次数和评价指标等。

（4）劳动安全目标，如大学生劳动内容安全系数评估和意外事故的控制指标等。

2. 目标设定的原则

（1）可行性原则。所谓可行是指目标必须切合实际，要结合大学生的体力基础和专业技能基础条件，参照劳动单位历年来的生产统计资料，通过分析论证，确定可以达到的目标。

（2）综合性原则。编制的劳动总目标，既要保证劳动作业指标的完成，也要兼顾实习实训环节的整个组织过程，以及每个大学生的实际情况。不能顾此失彼，而要统筹协调，保证劳动效果。

（3）可量化原则。劳动目标要尽可能做到具体、量化。这既有利于检查、评比和控制，又有利于调动大学生实现目标的积极性。对于难以量化的目标，也应尽量规定具体要求。

（4）科学性原则。劳动目标必须配备相应的保证措施，明确实现目标的实施方案，充分体现目标管理的科学性。

（二）劳动工具认知

大学生参加实习实训型劳动，必须将对劳动工具的认知贯穿实习实训环节的前期，要让大学生熟悉专业所在行业领域的生产加工劳动现场，了解操作一线的基本劳动工具。例如，对手工劳动工具，大学生必须熟悉工具的属性、作用和要点等；对机械化劳动工具，大学生要能熟练操作机械化劳动工具的旋转按钮及控制开关等；对自动化乃至智能化劳动工具，大学生要加强操作界面、程序系统、生产管理程序等方面的知识储备，真正做到运用专业所学理论知识进行生产实践设计，完善自身知识结构，提升专业基本技能。（图 4-9、图 4-10、图 4-11、图 4-12、图 4-13）

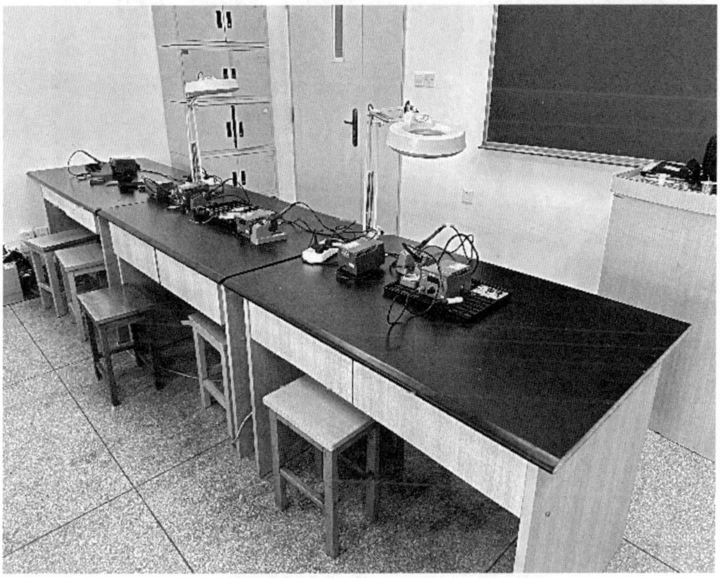

图 4-9　电装实验室焊接工作台

图 4-10　智能动航无人机实验室大载重无人机

图 4-11　数字摄影实验室摄影棚

图 4-12　服装实践创新综合实验室服装工艺设计台

图 4-13　茶艺实验室茶台

（三）劳动操作规范

规范实习实训型劳动操作，能够有效防范劳动过程中的操作风险。因此，建立完善的实习实训型劳动操作培训体系，对有效遏制劳动操作风险很有必要。

一方面，在专业课程教学过程中要有意识地强化业务操作常识的学习。比如，将行业操作章程、技术指标文件、加工精度要求等方面的知识引进课堂，帮助大学生熟悉实习实训环节的劳动操作章程。（图 4-14）

图 4-14　航空服务艺术与管理专业大学生参加高铁乘务员业务培训

另一方面，要加大校内实训力度，给大学生提供大量的劳动操作训练机会，让大学生有机会在校内实训环节中试错并积累劳动经验。同时，引导教师着力培养大学生的实践能力，将劳动技能方面的考核作为专业实践课程考核的内容之一，促进大学生在实训环节中树立劳动观念，提升自身业务操作技能。

总之，在实习实训型劳动操作中要做到按章操作、守规办理，以熟练的业务技能，合理运用科学知识，有效防范操作失误导致的操作风险。

二、实习实训型劳动怎么做

校内、校外实习实训是劳动教育实践的重要平台。为此高校应尽可能为大学生搭建校内、校外实习实训平台，提供专业实践劳动教育的机会，引导大学生在实习实训型劳动实践中学思结合、知行统一，增强大学生勇于探索的创新精神、善于解决问题的劳动实践能力。大学生在劳动中应将“读万卷书”与“行万里路”相结合，扎根中国大地了解国情民情，在劳动实践中增长智慧才干，在艰苦奋斗中锤炼劳动意志品质。下面对文学，经济学、管理学、法学，理学、工学，艺术，农学，医学，教育等类别专业的主要实践进行介绍。

（一）文学类专业

文学类专业实习实训型劳动教育实践是大学生将所学理论知识应用于实际工作环境中的关键环节。在劳动实践过程中，大学生要注重训练文档材料整理的技能技巧，磨炼工作意志，巩固和深化所学理论知识，培养文字处理、管理沟通、分析总结等基本技能，为今后就业奠定良好基础。

大学生要通过劳动实践掌握马克思主义世界观和方法论，从历史与现实、理论与实践等维度深刻理解习近平新时代中国特色社会主义思想；学会结合专业知识学习，深刻理解社会主义核心价值观，自觉弘扬中华优秀传统文化、革命文化、社会主义先进文化。下面从实践内容、实践方式及注意事项来具体阐述。

1. 实践内容

出版与编辑：参与书籍、杂志或报纸的编辑工作，了解出版流程，锻炼文字编辑和校对能力。

文学创作：尝试写作小说、散文、诗歌等文学作品，培养创作能力和文学素养。

媒体与传播：在新闻媒体、广告公司等机构实习，了解媒体运作和广告策划，锻炼传播和沟通能力。

文化产业管理：参与文化活动策划、组织和管理，了解文化产业运营模式，培养项目管理能力。

2. 实践方式

社会调查：参观出版社、文化传媒公司、博物馆等文化机构，了解行业现状和发展趋势。

实习实训：在相关企业或机构实习，参与文化传播等相关实际项目，将理论知识与实践相结合。

协同创作：与同学或同事合作，共同完成文学作品的创作或文化活动的策划等任务，培养团队协作能力。

3. 注意事项

安全意识：在实习实训过程中，遵守企业或机构的规章制度，注意人身和财物安全。

保密意识：对于涉及商业机密或个人隐私的信息，要严格保密，不得随意泄露。

沟通协作：与同学、同事和导师保持良好的沟通协作，共同完成实习实训任务。

总结反思：在实习实训结束后，及时进行总结反思，总结经验和教训，为今后的学习和工作做好准备。

总之，文学类专业实习实训型劳动教育实践内容的选择、实践方式和注意事项需要综合考虑行业特点、个人兴趣和能力等多方面因素。大学生可通过合理的内容和实践方式的选择，以及注意事项的遵守，更好地将理论知识应用于实际工作中，提升实践能力和综合素质。

拓展阅读

苏城“印、像”

苏州城市学院城市文化与传播学院打造苏城“印、像”劳动教育特色品牌，这里“苏城”二字一语双关，既指苏州城市学院，又泛指苏州这座城市。“印”包含刻印、印记等含义，大学生通过走访苏州版画院、桃花坞木刻年画博物馆等场地亲身体验版画制作等手工艺品制作，用手工篆刻苏城印记，将美育和劳动教育相融合，同时传承了苏作技艺，弘扬苏作文化。“像”主要包括照相、摄像等内容，大学生可通过新闻采编、摄影、拍照等方式走访体验自然，感受苏州运河文化、太湖文化，领略自然风光孕育着独具特色的地方传统文化内涵。此外“印”“像”二字合而为一，共同组成的苏城印象，即为大学生可以通过采茶、瓜果采摘等农作劳动，领略苏州地方的农业特色，在劳动中形成对苏城传统农作的美好印象。通过苏城印象，让大学生全方位地感受苏作技艺、体验苏式农业、弘扬苏城文化。(图 4-15)

图 4-15　大学生体验非物质文化遗产苏扇制作——穿扇骨

(二) 经济学、管理学、法学类专业

经济学、管理学、法学类专业实习实训型劳动教育实践要求大学生在专业领域的工作环境中，通过参与实际工作，将理论知识与实践相结合，提高专业能力和综合素质。

在劳动实践教育教学中，大学生应坚持以马克思主义为指导，了解相关专业和行业领域的国家战略、法律法规和相关政策，深入社会实践、关注现实问题，培育经世济民、诚信服务、德法兼修的职业素养。下面从实践内容、实践方式及注意事项来具体阐述。

1. 实践内容

经济学类：大学生可参与经济活动、数据分析、市场调研、政策研究等工作，深入了解经济运行的规律，提高经济分析、预测和决策的能力；参与市场调研、数据分析、经济政策研究等项目，了解实际经济运行情况，提高对经济现象的分析和预测能力。

管理学类：大学生通过在企业、非营利组织、政府机构等实习实训场所参与实际的管理活动，如项目管理、人力资源管理、市场营销、财务管理等，将理论知识与实践相结合，提升解决实际问题的能力，学习实际管理中的策略和技巧，提升自身管理能力和团队协作能力。

法学类：大学生在律师事务所、法院、检察院、行政机关等法律服务机构进行法律实务实习，通过参与真实的法律事务处理过程，如卷宗整理、案件处理、法律咨询、法律文书撰写等工作，了解法律实务操作，提高法律素养和解决实际问题的能力。

2. 实践方式

校内实训：高校可组织模拟实验、做法交流分析、角色扮演等实训活动，让大学生在模拟的情境中学习和实践专业知识。

校外实习：高校可与相关企业、律师事务所等合作，让大学生以志愿服务等方式参与实习，在实际工作中学习和应用专业知识。

3. 注意事项

实习实训前，大学生应充分了解实习单位的基本情况，明确实习目标和任务，制订实习计划。

在实习过程中，大学生应遵守实习单位的规章制度，尊重导师和同事，积极参与实习工作，努力学习和实践。

实习结束后，大学生应及时总结实习经验，撰写实习报告，反思实习过程中的不足和收获，为今后的学习和工作积累经验。

总之，经济学、管理学、法学类专业实习实训型劳动教育实践是提高大学生实践能力和综合素质的重要途径，大学生应积极参与并认真对待。同时，高校和企业也应加强合作，为大学生提供更好的实习机会和平台。

拓展阅读

“商践智汇”

“商践智汇”作为苏州城市学院数字经济与管理学院精心打造的劳动教育品牌，旨在创新劳动教育实践教学模式，进一步强化劳动教育的育人成果。数字经济与管理学院充分利用学院独有的学生活动资源，紧密围绕学生培养计划，创立“经济文化月”实践活动项目。根据各专业的特点，组织策划点钞大赛（图 4-16）、商务谈判模拟大赛以及营销策划大赛等一系列富有成效的劳动教育活动。寓教于乐，增强大学生参与劳动教育的积极性，将劳动教育和课堂教育有机融合，有效提升商科学子的专业实操能力。其中，金融学和会计学专业的学生以点钞大赛为校内劳动教育主要课程，国际经济与贸易专业学生以商务谈判模拟大赛为校内劳动教育主要课程，市场营销和工商管理专业的学生以营销策划大赛为校内劳动教育主要课程。

图 4-16　“经济文化月”实践活动之点钞大赛

（三）理学、工学类专业

理学、工学类专业实习实训型劳动教育实践是指大学生在理学、工学类专业的学习过程中，通过参与实际工作或模拟工作的环境，将所学理论知识与实际操作相结合，进行实践操作、技能训练和综合素质提升的一种教育活动，是大学生将理论知识应用于实际工作环境的重要环节，通常包括课程实验、课程设计、生产实习、专业实习、毕业设计等多种形式。这些活动可能在校内进行，也可能在企业的实际工作环境中进行。在这些实践活动中，大学生需要运用所学的理论知识和技术技能，完成实际的工作任务，接受高校导师或企业导师的指导和评价，从而不断提升自己的实践能力和综合素质。

大学生在接受劳动教育的过程中，要把马克思主义立场观点方法的教育与科学精神的培养结合起来，提高自身正确认识问题、分析问题和解决问题的能力。对理学类专业课程，大学生要主动接受科学思维方法的训练和科学伦理的教育，培养自身探索未知、追求真理、勇攀科学高峰的责任感和使命感。对工学类专业课程，大学生要加强工程伦理教育，培养精益求精的“大国工匠”精神，激发自己科技报国的家国情怀和使命担当。下面从实践内容、实践方式及注意事项来具体阐述。

1. 实践内容

实验室实践：涉及实验操作、数据处理、仪器使用等，旨在培养大学生的基本实验技能和科研素养。

工程实践：包括现场参观、设备操作、系统设计等，使大学生了解工程实际，提高解决实际问题的能力。

企业实习：在企业中进行实际工作，体验企业文化，了解行业前沿技术和发展趋势。

科普教育：运用专业所学理论知识和实践操作经验，参与实验设计与执行、科技制作与创新及相关工程项目实践，并面向低年龄段或社会群体开展培训教育，以切身体验深化对科学原理的理解，提升自身技术应用能力。

2. 实践方式

项目导向法：以具体项目为载体，让大学生在完成项目的过程中学习和掌握知识。

做法交流分析法：通过实际做法交流分析，引导大学生深入理解理论知识，提高分析和解决问题的能力。

合作学习法：通过小组讨论、团队合作等形式，培养大学生的沟通能力和团队协作精神。

3. 注意事项

安全第一：在实习实训过程中，严格遵守安全规定和操作规程，确保人身安全和设备安全。

注重实践效果：结合个人专业方向和兴趣，选择适合自己的实践内容，确保实践效果最大化。

积极沟通反馈：与导师、企业人员保持积极沟通，及时反馈实践中的问题和收获，以便得到更好的指导和帮助。

遵守纪律规定：遵守高校和企业的纪律规定，尊重导师和企业人员的指导，树立良好的实践形象。

总之，理学和工学类专业实习实训型劳动教育实践是提升大学生实践能力和综合素质的重要途径。通过合理的实践内容安排和科学的方法指导，以及严格的注意事项遵守，可以确保实践活动的顺利进行和取得良好效果。

拓展阅读

AI科普与工匠精神实践之旅

大手拉小手科普AI

苏州城市学院计算科学与人工智能学院学生向苏州市吴中区独墅湖中学学生系统介绍人工智能的基础知识，从定义起源、核心技术到与传统编程的区别以及物联网技术的原理及应用。作为劳动实践项目，课程将科普人工智能与物联网在智能家居、自动驾驶、医疗保健、金融、教育及娱乐等领域的广泛应用，并深度探讨其对就业、隐私保护、伦理道德的影响以及未来发展趋势。设置互动体验环节，让中学生尝试人脸识别、语音识别等 AI（人工智能）应用，同时设有问答交流，鼓励中学生积极参与，答疑解惑，以生动实践和深入对话的方式引领中学生全面认知并理解计算机及人工智能的魅力与挑战。(图 4-17)

图 4-17　大学生科普教育相关活动

匠心企业行

苏州城市学院智能制造与智慧交通学院组织大学生走进苏州本地制造业企业，依托产学研基地，参观了解企业生产运营流程，直接参与制造业和服务业生产劳动一线，实践体验工作岗位，体悟“执着专注、精益求精、一丝不苟、追求卓越”的工匠精神。企业的生产运营和大学生专业对口，能够让大学生在具体的劳动实践中对课堂上学习的理论知识进行转化和拓展，提高运用知识解决实际问题的能力；企业也将向大学生深入讲解新时代企业面临的机遇和挑战，引导大学生正确认识国家行业发展大势、专业发展前景。大学生在实践中亲身体验劳动的价值，能够正确认识自己，对自身成长产生紧迫感，唤起对于劳动尊严和劳动成果的深入思考，扎实学习专业技能，追求创新突破，发扬工匠精神，立志成为新一代劳动制造业行业“新匠人”。(图 4-18)

图 4-18　学生参观德创智控科技（苏州）有限公司生产运营流程

（四）艺术类专业

艺术类专业实习实训型劳动教育实践是指让大学生通过参与实际的艺术创作、设计、制作、管理、营销等实践活动，将所学的理论知识与技能应用于实际工作中，以提高其专业素养和实践能力的一种教育形式。

在劳动实践教育过程中，大学生要立足时代、扎根人民、深入生活，树立正确的艺术观和创作观；坚持以美育人、以美化人，积极弘扬中华美育精神，自觉传承和弘扬中华优秀传统文化，全面提高自身的审美和人文素养，增强文化自信。下面从实践内容、实践方式及注意事项来具体阐述。

1. 实践内容

创作实践：大学生参与艺术创作，如绘画、雕塑、摄影、影视制作等，通过实际操作，锻炼自己的艺术技能和创作能力。

设计实践：大学生参与设计项目，如平面设计、室内设计、服装设计、动画设计等，通过实际操作，提高自己的设计能力和创意思维。

制作实践：大学生参与艺术品制作，如陶瓷艺术品制作、金属工艺品制作、木工艺品制作等，通过实际操作，掌握制作技巧和艺术品的加工流程。

艺术管理实践：大学生参与艺术机构、画廊、博物馆等管理，了解艺术市场的运作和管理，提高自己的艺术管理能力和组织能力。

营销实践：大学生参与艺术品推广和营销，了解市场需求和消费者心理，提高自己的市场营销能力和沟通能力。

2. 实践方式

校内实训：高校提供专门的实训场所，如陶艺实验室、大师工作坊等，模拟真实的职业环境，让大学生在校园内就能进行实践操作。

企业实习：高校与各艺术企业、机构建立合作关系，安排大学生进入这些单位实习，让大学生在实际工作环境中学习和成长。

项目合作：高校与企业或行业组织共同开展艺术项目，让大学生在参与项目的过程中提升实际操作能力和团队协作能力。

3. 注意事项

安全保障：在实习实训过程中，大学生需要严格遵守安全规定，确保个人和他人的人身安全，避免发生意外事故。

职业素养：大学生在实习实训期间应展现良好的职业素养，尊重导师和团队成员，遵守工作纪律和职业道德。

学习态度：大学生应以积极的态度参与实习实训，充分利用这次机会提升自己的实践能力和理论知识。

反馈与总结：实习实训结束后，大学生应及时反馈实习经历和收获，总结自己的不足和进步，为未来的学习和工作提供参考。

总的来说，艺术类专业实习实训型劳动教育实践是提升大学生实践能力的重要途径。通过实习实训，大学生可以更深入地了解行业、积累实践经验、提升专业技能，为未来的职业生涯打下坚实的基础。同时，大学生也需要注意实习实训期间的各项注意事项，确保实习实训的顺利进行。

拓展阅读

“匠心融城”

苏州城市学院设计与艺术学院“匠心融城”劳动教育品牌融合苏州悠久的历史文化和深厚的人文底蕴，立足艺术设计专业特色，以文化遗产为引领、第二课堂为基础、社会实践为载体，打造专业化特色化劳动教育品牌。“匠心融城”劳动教育鼓励大学生用眼睛认知城市、用心灵感受城市、用双手改造城市，带领大学生走进非遗展览馆，感受传统文化魅力；走进街道和社区，提升劳动技能和服务意识；走进新技术新科技，培养创新意识和创业精神，让大学生在劳动中体验江南文化，提高综合素质，培养社会责任感。（图 4-19）

图 4-19　“非遗紫砂——一抔有生命的‘泥’”劳动实践现场

（五）农学类专业

农学类专业实习实训型劳动教育实践是一种结合专业理论知识和实际农业生产操作的教育活动。它旨在通过让大学生在农业生产现场亲身参与实际操作，将课堂上学到的农学理论知识应用于实践中，从而提高大学生对农业生产技能的掌握和实践能力。

在劳动实践教育教学中，大学生要加强生态文明教育学习，树立和践行“绿水青山就是金山银山”的理念；培养大国“三农”情怀，以强农兴农为己任，“懂农业、爱农村、爱农民”，树立“把论文写在祖国的大地上”的意识和信念，增强自身服务农业农村现代化、服务乡村全面振兴的使命感和责任感。下面从实践内容、实践方式及注意事项来具体阐述。

1. 实践内容

农作物种植与管理：大学生在农田中亲手种植农作物，进行日常田间管理，如浇水、施肥、除草、防虫等。通过这一过程，了解农作物的生长规律和生长环境要求，掌握农作物种植的基本技能。

农业机械操作：大学生学习并操作各种农业机械，如拖拉机、收割机、灌溉设备等，提高农业生产效率。通过这一环节，熟悉农业机械的使用和维护，为将来的农业生产工作打下基础。

农业技术试验与推广：大学生将参与农业技术试验，了解新技术、新品种的推广和应用。通过这一过程，了解农业科技创新的重要性，学会如何将先进的农业技术应用到实际生产中。

农业生产经营与管理：大学生学习农业生产经营的基本知识，如市场调查、成本核算、农产品销售等。通过这一环节，了解农业生产的商业运作和管理模式，为将来的农业创业或就业做好准备。

2. 实践方式

校内实训基地实践：利用校内实训基地，进行农作物种植、农机操作等实际操作训练，培养大学生的实践技能。

校外实习基地实践：高校与企业或农户合作，建立校外实习基地，安排大学生在真实的生产环境中进行实践，提高解决实际问题的能力。

课程设计与实践项目：结合专业课程，设计实践项目或课程，让大学生在完成项目的过程中锻炼实践能力。

志愿服务与社会实践：鼓励大学生参加志愿服务和社会实践活动，如科技支农、环保宣传等，培养大学生的社会责任感和奉献精神。

3. 注意事项

安全第一：在实践过程中，要严格遵守安全操作规程，确保人身安全和设备安全。特别是在农机操作和农药使用等环节中，要特别注意安全。

理论与实践相结合：在实践过程中，要注重理论与实践的结合，将理论知识应用于实践中，通过实践加深对理论知识的理解。

尊重农民和农业生产：在实践过程中，要尊重农民和农业生产，虚心向农民学习，了解他们的生产经验和需求，为农业生产提供力所能及的帮助。

团队协作与沟通：在实践过程中，要学会团队协作和沟通，与团队成员共同完成任务，提高团队合作能力。

总结与反思：实践结束后，要及时总结实践经验，反思不足之处，提出改进措施，为今后的实践提供参考。

总之，农学类专业实习实训型劳动教育实践是提高大学生实践能力和综合素质的重要途径。在实践过程中，要注重理论与实践的结合，遵守安全操作规程，尊重农民和农业生产，学会团队协作和沟通，及时总结与反思，不断提高自己的实践能力和综合素质。

拓展阅读

辛勤“园丁”

苏州园林股份发展有限公司是一家具备完整产业链的专业化园林企业，旗下拥有众多园林绿化基地，可提供拔草、修剪灌木等劳动实践岗位，一次可接纳劳动实践大学生数百名。大学生进入该单位后，首先进行岗前培训，学习种植、养护、园艺、美学等知识，再由拥有多年园艺管理经验的师傅传授经验，并现场示范操作。

实习初期，大学生通过修剪灌木等劳动事项，提高对高枝剪、落地剪、双剪、锯子等劳动工具的熟练使用程度，并积累灌木修剪常识，如剪枝要剪哪儿扦插成活率高，怎样用锯子最省力等，用实际行动锻炼解决问题的思维能力。

实习后期，大学生应用专业所学知识，独立完成翻挖土地、调配土壤、培土、育种、治病虫害、育苗移栽等园艺项目，强化专业核心业务能力、研究能力和适应能力，为后续从事园艺工作打下必要基础。（图 4-20—图 4-24）

图 4-20　大学生使用落地剪修剪女贞

图 4-21　大学生使用双剪修剪朴树枝条

图 4-22　园艺师傅示范落地剪具体操作

图 4-23　大学生使用锯子修剪山茶花树

图 4-24　大学生拔草

（六）医学类专业

医学类专业实习实训型劳动教育实践主要指的是医学专业的大学生在专业实习或实训期间所参与的一系列实践活动。

在劳动实践教育教学中，大学生要加强医德医风教育学习，学习“敬佑生命、救死扶伤、甘于奉献、大爱无疆”的医者精神。同时加强“医者仁心”教育，在学习精湛医术的同时，要始终把人民群众的生命安全和身体健康放在首位，尊重患者，善于沟通，提升自身综合素养和人文修养，提升依法应对重大突发公共卫生事件能力，做党和人民信赖的好医生。下面从实践内容、实践方式及注意事项来具体阐述。

1. 实践内容

临床实习：大学生在医院或其他医疗机构中直接参与病人的诊疗过程，包括病史采集、体格检查、实验室检查、影像学检查、诊断、治疗等各个环节。通过临床实习劳动，大学生可以深入了解疾病的临床表现、诊断方法和治疗手段，提升临床思维和操作技能。

实验室实训：大学生在实验室环境中进行各种医学实验，如生物化学实验、微生物学实验、免疫学实验等。通过实验室实训劳动，大学生可以掌握实验的基本原理和方法，培养科研思维和实验技能。

社区卫生服务实习：大学生参与社区卫生服务劳动实践工作，如健康教育、预防接种、慢性病管理等。通过社区卫生服务实习劳动，大学生可以了解基层医疗机构的运作模式和公共卫生工作的重要性，提升公共卫生意识和社区服务能力。

2. 实践方式

模拟训练：利用模拟设备和模拟场景进行训练，如模拟手术室、模拟病房等，帮助学生在安全的环境中练习临床技能。

实际操作：大学生在导师的监督和指导下，直接参与临床操作，如患者的诊断、治疗和护理工作。

3. 注意事项

尊重导师：大学生应尊重导师的指导，虚心学习，积极参与实习劳动。

尊重患者：在实习劳动过程中，大学生应尊重患者的隐私和权益，遵守医疗伦理和职业道德。

勤奋学习：大学生应珍惜实习劳动机会，勤奋学习，不断提高自己的临床技能和理论知识水平。

安全第一：在进行临床操作时，大学生应严格遵守安全操作规程，确保自己和患者的安全。

善于反思：在实习劳动过程中，大学生应善于反思自己的操作和决策，及时总结经验教训，不断提高自己的临床思维能力。

总的来说，医学类专业实习实训型劳动教育实践是一种将理论知识与实践操作相结合的教育方式，旨在培养大学生的专业技能和实际操作能力，为他们未来的职业发展打下坚实的基础，同时也是一项系统而复杂的工作，需要学生、导师和医疗机构共同努力，以确保实习实训的效果和质量。

拓展阅读

“康护”实训

苏州城市学院健康服务与管理微专业学生在苏州苏康养老年病医院进行了救护学课程的实践教学活动。该门课程旨在增强学生们对救护技能的了解与掌握，培养其在不同场合应对紧急情况的能力。(图 4-25)

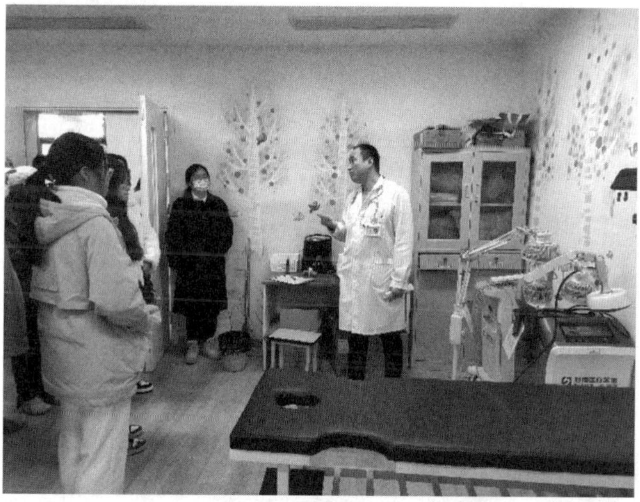

图 4-25　健康服务与管理微专业学生了解救护学实验教学仪器

教学活动共分为两个环节。首先，学生们被分为两组，一组参观了老年病医院的康复辅具器械，通过了解不同器械的使用方法和适用场景，以及听带教老师介绍不同患者的康复训练方法，对康复治疗有了更深入的了解。而另一组学生则在实训教室中练习了老年能力评估虚拟仿真软件，通过在 VR 场景下体验老年人健康史评估、心理评估、社会评估、身体评估、临床常用辅助检查、护理资料分析和护理诊断、护理病历书写等技能操作，学生们对老年人的健康评估有了直观的认识。

活动的第二个环节是救护技能学习。在带教老师的指导下，学生们学习了心肺复苏和止血包扎等应急救护技能。借助模型，带教老师详细介绍了在公共场合对患者进行心肺急救的步骤环节及注意事项。同时，为了使学生们更直观地理解和掌握这些技能，还现场进行了实战演练。此外，带教老师还向学生们介绍了手腕、手肘、大腿等不同部分受伤的绷带包扎方法。（图 4-26、图 4-27）

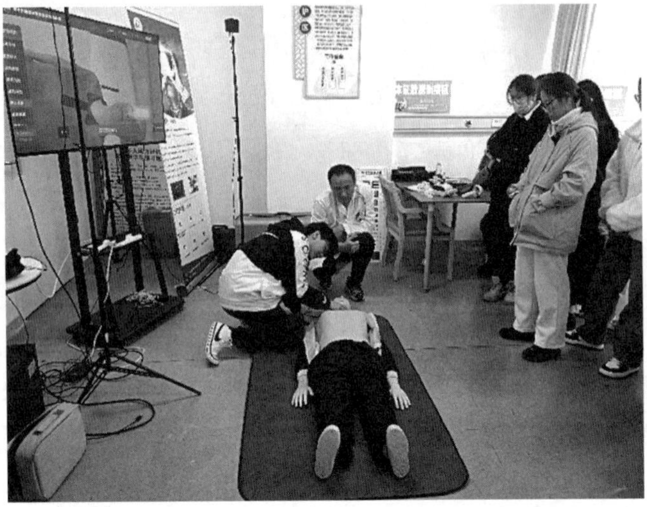

图 4-26　健康服务与管理微专业学生在导师指导下开展心肺复苏劳动实践

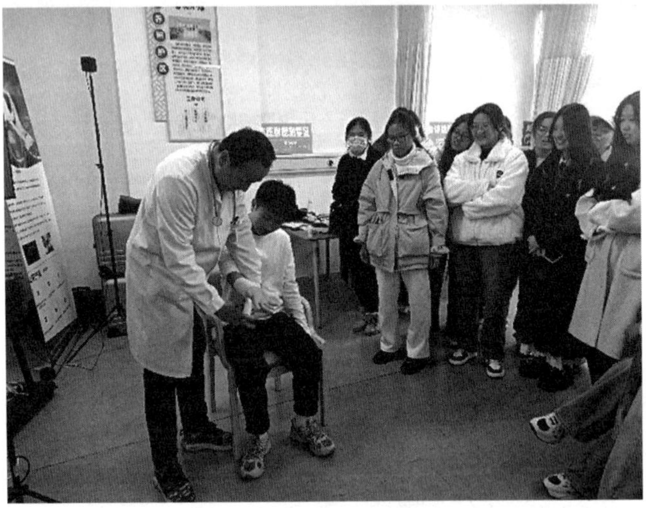

图 4-27　苏州苏康养老年病医院带教老师示范止血包扎

本次劳动教育实践教学活动不仅丰富了学生们的救护知识，提升了他们的专业技能，更重要的是让他们了解到在面对老年患者时，应如何进行有效的健康评估和紧急救护。这对于培养学生未来从事老年健康管理工作的专业素养具有重要意义。

（六）教育类专业

教育类专业实习实训型劳动教育实践是提高大学生教育技能、培养教育实践能力的重要途径。这种实践形式通过让大学生参与实际的教学工作，如进入学校或教育机构进行实习，担任助教、实习教师等角色，参与课堂教学、学生管理、课程设计等实际工作。

在劳动实践教育教学中，大学生要加强师德师风教育学习，学习“课堂育德、典型树德、规则立德”的理念，树立“学为人师、行为世范”的职业理想，培育“爱国守法、规范从教”的职业操守，培养自身传道情怀、授业底蕴、解惑能力，把对家国的爱、对教育的爱、对学生的爱融为一体，自觉以德立身、以德立学、以德施教，争做有理想信念、有道德情操、有扎实学识、有仁爱之心的“四有”好老师，坚定不移走中国特色社会主义教育发展道路。体育类课程要树立“健康第一”的教育理念，加强自身的爱国主义教育和传统文化教育，培养“顽强拼搏、奋斗有我”的信念，提升全民族身体素质的责任感。下面从实践内容、实践方式及注意事项来具体阐述。

1. 实践内容

教学实习：大学生进入学校或教育机构担任实习教师或助教，参与实际教学工作，包括备课、上课、辅导学生等。通过教学实习，大学生可以了解实际教学环境和教学需求，提高教学能力和教学技巧。

班级管理实习：大学生参与班级的日常管理工作，包括制定班级规章制度、组织班级活动、处理学生问题等。通过班级管理实习，大学生可以了解班级管理的实际操作和技巧，提高班级管理能力。

教育科研实习：大学生参与教育科研项目的研究和实施，包括教育教学课题研究、教材编写、教学方法研究等。通过教育科研实习，大学生可以了解教育科研的基本方法和流程，提高科研能力和科研素质。

2. 实践方式

集中实习：学校或教育机构组织大学生进行集中实习，统一安排实习岗位和指导老师，大学生按照实习计划进行实习。

分散实习：大学生自行联系实习单位，进行分散实习。学校或教育机构提供实习指导和支持，大学生需按照实习计划进行实习，并提交实习报告。

校内实训：学校或教育机构建立实训基地或模拟教室，为大学生提供模拟教学的环境和设备。大学生可以在校内进行实训，提高教学技能和班级管理能力。

3. 注意事项

安全第一：在实践过程中，大学生要严格遵守学校和实习单位的安全规定，确保自身安全。特别是在进行教育教学实践时，需要注意辅导学生的安全和秩序。

积极主动：大学生要积极主动参与实践，认真完成实习任务，与指导老师和同事保持良好的沟通和合作，争取更多的实践机会和学习资源。

反思总结：在实践过程中，大学生要不断反思和总结自己的表现和经验，发现问题并及时改进。同时，认真撰写实习报告，总结实践经验，为今后的教育教学工作打下坚实的基础。

遵守纪律：大学生在实习期间需要尊重实习单位的规章制度和文化氛围，遵守实习单位的纪律和要求，树立良好的形象和口碑。

总之，教育类专业实习实训型劳动教育实践是提高大学生教育教学能力和实践经验的重要途径。大学生需要认真对待实践机会，积极参与实践，不断提升自己的综合素质和竞争力。同时，学校和教育机构也需要加强对实践环节的指导和支持，为大学生提供更好的实践环境和资源。

拓展阅读

从“学”到“教”和“育”

为帮助汉语言文学、汉语国际教育专业实习生尽快从“学”的境界进入“教”和“育”的境界，苏州城市学院联合苏州市吴中区华东师范大学苏州湾实验小学开展教育实习劳动实践活动。(图 4-28)

实习生在指导教师安排下，从中小学语文教材选用、板书练习与硬笔抄写、讲演练习、教育名家课程视频观摩并做笔记、优秀教案学习、班主任班级管理工作学习、教育心理学基础学习七方面开展劳动实践，做见习准备。

实习学校为实习生开展了见习培训与考核教育实践。实习生按照实习学校的工作安排，进入不同年级，系统地了解了从事教育职业所需的基本知识与能力要求、与人和谐相处的细节与注意事项、听课评课和编写课程的方法与过程，为以后从事教育工作奠定了一定基础，同时明确了自身的不足，确立了进一步发展和自我完善的方向。

图 4-28　汉语言文学专业晁茜同学开展结业汇报课——《京剧趣谈》

第三节　创新创业型

习近平总书记曾经指出：“青年是国家和民族的希望，创新是社会进步的灵魂，创业是推动经济社会发展、改善民生的重要途径。青年学生富有想象力和创造力，是创新创业的有生力量。”2015 年 5 月 13 日，《国务院办公厅关于深化高等学校创新创业教育改革的实施意见》提出，落实立德树人根本任务，坚持创新引领创业，创业带动就业，主动适应经济发展新常态，深化高校创新创业教育改革，强化创新创业实践。

一般而言，创新创业是指基于技术创新、产品创新、品牌创新、服务创新、商业模式创新、管理创新、组织创新、市场创新、渠道创新等方面的某一点或几点创新而进行的创业活动。创新是创新创业的特质，创业是创新创业的目标。创新创业既不同于单纯的创新，也不同于传统的创业，其核心在于创业活动中是否具有创新因素。

对于大学生生产劳动实践来说，学而优则用，学而优则创。高校要顺应“大众创业、万众创新”的新势态，搭建校内创新创业平台，开设创新创业课程，组织开展创新创业实践活动，让大学生在“学中做”“做中学”，努力培养大学生的创新精神和创业能力。这是实现大学生劳动教育目标行之有效的重要举措。

一、搭建校内创新创业平台

所谓创新，是指以现有的思维模式提出有别于常规或常人思路的见解，利用现有的知识和物质，在特定的环境中，本着理想化需要或为满足社会需求，改进或创造新的事物、方法、元素、路径、环境，并获得有益效果的行为。

创新精神、创业意识是当代大学生必备的个人素质。高校应积极营造创新创业的育人环境，为大学生提供进行创新创业劳动的实践条件，诸如成立新工科实践教育中心、三创学院等。

（一）新工科实践教育中心

为了贯彻国家科技兴国、人才强国战略，响应提升人才培养质量要求及创新创业人才培养号召，苏州城市学院围绕应用型本科办学定位，结合新工科人才培养理念，集全校各理工科专业之优势，成立了新工科实践教育中心。（图 4-29）

图 4-29　新工科实践教育中心

中心以“基础引领、项目驱动、专创融合”为育人宗旨，面向全校所有理工科专业学生开放，旨在促进专业理论与实践、跨专业、第一第二课堂融合式发展。通过学科、重点专业建设与人才培养的紧密结合，突出动手实践，贯彻创新创业理念，强化服务育人意识，营造创新创业育人氛围，借以实现与社会资源的有效对接。努力实现“双创教学、实践训练、指导服务、成果展示、资源对接和孵化转化”为一体的校内外协同育人，推进学校与地方政府、行业组织及企事业单位间的合作与互动。

中心采取开放运行的管理模式。全校师生以学科竞赛及创新项目为依托，向中心提出申请，获批后便可入驻开展研究工作。中心向入驻项目提供必要的场地、设备、实验材料等保障，使相关项目得以顺利开展。中心长期开展的项目有全国大学生物理实验竞赛（创新）、江苏省高校大学生物理与实验科技作品创新竞赛、全国大学生“恩智浦”杯智能汽车竞赛、全国大学生光电设计竞赛等。

1. 全国大学生物理实验竞赛（创新）

全国大学生物理实验竞赛（创新）是由高等学校国家级实验教学示范中心联席会物理学科组、全国高等学校实验物理教学研究会、教育部高等学校大学物理课程教学指导委员会和中国物理学会物理教学委员会联合举办的全国性大学生学科竞赛。竞赛旨在进一步激发大学生对大学物理和物理实验课程的兴趣与学习潜能，培养大学生创新能力、实践能力和团队协作意识，促进物理实验教学改革。竞赛涵盖命题、自选课题及大学生物理实验讲课比赛三个类别的创新作品。（图 4-30）

图 4-30　一等奖作品——基于振镜可视化简谐振动的合成

2. 江苏省高校大学生物理与实验科技作品创新竞赛

江苏省高校大学生物理与实验科技作品创新竞赛由江苏省高校大学生物理与实验

创新竞赛组织委员会主办，江苏省物理学会和指定学校承办。竞赛旨在促进本省高校物理及实验教学改革，激发广大学生刻苦学习、勇于创新的精神，全面提高大学生的科学素质及实践能力。(图 4-31)

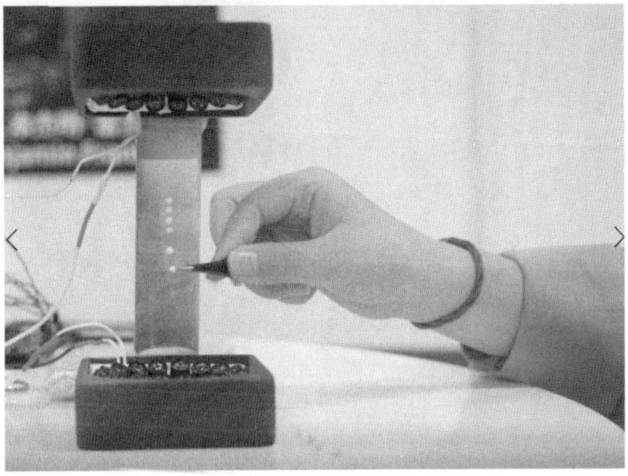

图 4-31　一等奖作品——超声悬浮与声镊

3. 全国大学生“恩智浦”杯智能汽车竞赛

全国大学生“恩智浦”杯智能汽车竞赛是以智能汽车为研究对象的创意性科技竞赛，是面向全国大学生的一种具有探索性的工程实践活动。竞赛期间，组委会将提供一个标准的汽车模型、直流电机和可充电式电池。参赛队伍要利用组委会提供的组件制作一个能够自主识别路径的智能车，以最快的速度跑完全程，使之在专门设计的跑道上自动识别行驶道路，没有冲出跑道并且技术报告评分较高的为获胜者。其设计内容涵盖控制、模式识别、传感技术、汽车电子、电气、计算机、机械、能源等多个学科领域，对于培养大学生的知识融合和实践动手能力具有良好的推动作用。(图 4-32)

图 4-32　大学生参加全国大学生智能汽车竞赛

4. 全国大学生光电设计竞赛

全国大学生光电设计竞赛由中国光学学会主办，旨在促进光电知识的普及，加强

大学生实践、创新能力和团队精神的锻炼与培养，促进高等教育改革。（图 4-33）

图 4-33　大学生调试参赛作品

（二）三创学院

创新精神与创业能力是新时代大学生应当具备的特质之一。苏州城市学院围绕大学生创造力的培养，成立了三创学院。所谓“三创”，即创意、创新、创业，创意即“想得到”，创新即“做得到”，创业即“卖得掉”。具体而言，就是从具有创意想法开始，到把创意想法通过创新实践变成具体实物，再通过创业努力把创新实物成功推向市场。三创教育的目的是启发大学生的创意思维，培养大学生的创新精神及实际应用能力，提升大学生的创业热情，以此打造创造型人才培养特色，实现培养具有创新精神的高素质应用型人才的培养目标。三创活动兼顾脑力劳动与体力劳动，劳动教育目标始终贯穿其中。（图 4-34）

图 4-34　三创学院

三创学院由三创教育中心、三创实践中心以及三创研究中心组成。三创教育内容分为创新教育、创意教育、创业教育；三创实践中心下设创新创意实践平台、创业项目孵化平台、创客平台；三创研究的主要方向为课程建设、平台运营和产学融合。

围绕大学生创造力的培养，三创学院构建了课内与课外相结合、线上与线下相结合、校内与校外相结合、专业与创业相结合、理论与实践相结合、训练与比赛相结合、案例与项目相结合、模拟与实战相结合的多元化“八结合”育人模式（图 4-35），实施全学程的三创实践教育。

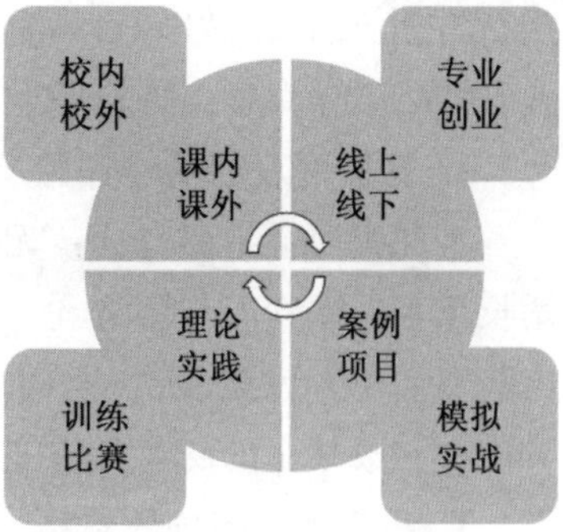

图 4-35 “八结合”育人模式

三创学院面向新生，每年秋季学期开办新生“三创启航”系列活动；面向二、三年级学生，依托中国国际大学生创新大赛举办相关主题班会和专项训练营；面向全体学生，每年举办三创文化节活动，以讲座、沙龙、论坛和比赛等形式，打造专业性强、主题鲜明的三创特色活动。同时，对于有创业意向的同学，联合苏州市劳动就业管理服务中心（苏州市创业指导中心）每学期开设创业培训班；设立专项基金，培育孵化学生创业项目；组织创业团队参加主流创业竞赛活动。

二、开设创新创业课程

课程是人才培养的基点和抓手，培养创新型人才，必须建设创新创业课程体系。苏州城市学院以启蒙创意思维、锻炼创新能力、激发创业热情为主线，与专业教育相结合，构建专创融合的三创教育课程体系。该课程体系将必修、选修课程相结合，通过自主研发校本课程、引进慕课、开发校企合作课程等途径开设了各种创新创业课程。（表 4-1）

表 4-1 三创教育课程一览表

课程来源	课程性质	课程门数	课程名称
校本课程	必修	4	“大学生职业生涯规划（理论）”“大学生职业生涯规划（实践）”“专业导论”“专业综合实践”
	选修	7	“创新创业理论与实践”“互联网双创从零开始”“用户体验与创新思维”“专业创新实践认知”“创业实战与案例分析”“创新性物理实验设计与实践”“创新性机械设计与实践”
慕课	选修	10	“思辨与创新”“商业计划书制作与演示”“互联网与营销创新”“大学生创业基础”“创业管理——易学实用的创业真知”“创新设计前沿”“创新工程实践”“创新创业大赛赛前特训”“创新、发明与专利实务”“创践——大学生创新创业实务”
校企合作课程	选修	2	“SYB（创业实训）”“创业模拟实训”

1. 创新创业理论与实践

本课程内容主要包括：创新创业的理论、创意的来源、创新创业的实践，旨在将创新与创业的理念融入大学生的成长规划，为准备或正在创业的大学生提供理论和实践支持，引导大学生进行职业规划和自主创业。

2. 互联网双创从零开始

本课程内容主要包括：无处不在的互联网、产品方法论、需求发现与市场研究、增长黑客、谈判力与博弈论、失败的逻辑、政府与企业、银行和 VC（风险投资）、路演实训等，旨在引导大学生从市场需求的角度来看待双创，掌握必要的谈判原则与方法，养成基本的商业分析能力和谈判技巧。

3. 用户体验与创新思维

本课程内容主要包括：创新思维导入、谁是创新思维者、创新思维工具、如何运用创新思维、深入了解创新思维，旨在通过基本商业模型、人物模型、企业战略分析、田野调查等方法，培养大学生的同理心与逻辑思维能力，结合工具做科学的设计方案，并将这套思维方式训练成习惯，更好地去解决项目的问题。

4. 专业创新实践认知

本课程内容包括四大专题：第一，电子技术基础技能专题，主要包括常用电子仪器设备的使用，元器件的识别，电路的焊接、安装和简单调试；第二，电子设计自动化技术专题，主要包括电路仿真、原理图和印制电路板的绘制；第三，Arduino 程序设计专题，主要包括以 Arduino 为核心控制器，完成一系列扩充功能；第四，三维数字制造专题，主要包括计算机绘图和 3D 打印。课程旨在通过对综合系统的认知，把未来所需开设的理论课程框架纳入大学生思想，加强大学生的求知欲望，增加专业学生的认同感。同时，通过专业认知实践让大学生尽早掌握专业相关技能，如光路调试、电子元器件识别、电路焊接、3D 打印等，为专业课程的学习及学科竞赛打下良好基础。

5. 创业实战与案例分析

本课程内容主要包括创业的定义及如何选择创业项目，创业的前期准备与失败案例分析，当代创业家的特质和创业流程，创业计划书框架与流程，创业时可能遇到的问题和困难，团队建设与创业资源挖掘，案例分析——猪八戒网与优步、天使投资人与公司内部创业、投资是什么、投资人如何盈利、投资人将从哪些角度评判项目，案例分析——Olapic 公司或者 BuyVip 网站、谈判技巧等，旨在让大学生了解创始人必备特质、创业流程、创业过程中可能遇到的困难，并学习解决方法，明晰创业计划书组成要素与撰写要求，从而能真正投入创业实践。

6. 创新性物理实验设计与实践

本课程内容主要包括：创新性物理基础知识、电子技术基础、嵌入式系统基础以及 MATLAB 仿真，旨在引导低年级大学生在大学物理课程学习期间进行创新实验设计，并应用专业知识与技能开发一些新的物理实验或对传统实验进行改进、升级。通过项目的实施，培养大学生的创新实践能力，贯彻“知行合一、学以致用”原则，践行“基础引领、项目驱动、专创融合”创新人才培养模式。

7. 创新性机械设计与实践

本课程内容主要包括：机械创新设计的表现形式、选题来源、功能原理，创新设计的实践，机构创新设计的实践，结构创新设计的实践，普通创新设计技法，创造力开发，创新失误分析等，旨在培养大学生的机械创新设计与实践能力。

三、组织开展创新创业实践活动

大学生创造力的培养，除了通过第一课堂课程的系统训练外，第二课堂丰富多彩的创新创业活动也是不可或缺的环节。高校可以通过讲座、培训、沙龙、论坛、科研竞赛、模拟创业等活动，培育大学生的创新意识，激发大学生的创业热情，在真实的活动中提升大学生的创新能力。

（一）大学生创新创业竞赛

2024 年 3 月 22 日，中国高等教育学会高校竞赛评估与管理体系研究专家工作组发布《2023 全国普通高校大学生竞赛分析报告》，其中包含普通本科院校大学生竞赛榜单 13 个、高职院校大学生竞赛榜单 11 个、省份大学生竞赛榜单 3 个。分析报告列入的竞赛清单参照 2023 年，共 84 项赛事。（表 4-2）

表 4-2 《2023 全国普通高校大学生竞赛分析报告》竞赛目录

序号	竞赛名称	备注
1	中国国际“互联网+”大学生创新创业大赛	
2	“挑战杯”全国大学生课外学术科技作品竞赛	
3	“挑战杯”中国大学生创业计划大赛	
4	ACM-ICPC 国际大学生程序设计竞赛	
5	全国大学生数学建模竞赛	
6	全国大学生电子设计竞赛	
7	中国大学生医学技术技能大赛	
8	全国大学生机械创新设计大赛	
9	全国大学生结构设计竞赛	
10	全国大学生广告艺术大赛	
11	全国大学生智能汽车竞赛	
12	全国大学生电子商务“创新、创意及创业”挑战赛	
13	中国大学生工程实践与创新能力大赛	
14	全国大学生物流设计大赛	
15	外研社全国大学生英语系列赛-① 英语演讲、② 英语辩论、③ 英语写作、④ 英语阅读	
16	两岸新锐设计竞赛·华灿奖	

续表

序号	竞赛名称	备注
17	全国大学生创新创业训练计划年会展示	
18	全国大学生化工设计竞赛	
19	全国大学生机器人大赛-① RoboMaster、② RoboCon	
20	全国大学生市场调查与分析大赛	
21	全国大学生先进成图技术与产品信息建模创新大赛	
22	全国三维数字化创新设计大赛	
23	“西门子杯”中国智能制造挑战赛	
24	中国大学生服务外包创新创业大赛	
25	中国大学生计算机设计大赛	
26	中国高校计算机大赛-① 大数据挑战赛、② 团体程序设计天梯赛、③ 移动应用创新赛、④ 网络技术挑战赛、⑤ 人工智能创意赛	
27	蓝桥杯全国软件和信息技术专业人才大赛	
28	米兰设计周——中国高校设计学科师生优秀作品展	
29	全国大学生地质技能竞赛	
30	全国大学生光电设计竞赛	
31	全国大学生集成电路创新创业大赛	
32	全国大学生金相技能大赛	
33	全国大学生信息安全竞赛	
34	未来设计师·全国高校数字艺术设计大赛	
35	全国周培源大学生力学竞赛	
36	中国大学生机械工程创新创意大赛	原中国大学生机械工程创新创意大赛-过程装备实践与创新赛、铸造工艺设计赛、材料热处理创新创业赛、起重机创意赛、智能制造大赛
37	中国机器人大赛暨 RoboCup 机器人世界杯中国赛	
38	“中国软件杯”大学生软件设计大赛	
39	中美青年创客大赛	
40	睿抗机器人开发者大赛（RAICOM）	原 RoboCom 机器人开发者大赛
41	“大唐杯”全国大学生新一代信息通信技术大赛	原“大唐杯”全国大学生移动通信 5G 技术大赛
42	华为 ICT 大赛	

续表

序号	竞赛名称	备注
43	全国大学生嵌入式芯片与系统设计竞赛	
44	全国大学生生命科学竞赛（CULSC）	原全国大学生生命科学竞赛（CULSC）-生命科学竞赛、生命创新创业大赛
45	全国大学生物理实验竞赛	
46	全国高校 BIM 毕业设计创新大赛	
47	全国高校商业精英挑战赛-① 品牌策划竞赛、② 会展专业创新创业实践竞赛、③ 国际贸易竞赛、④ 创新创业竞赛、⑤ 会计与商业管理案例竞赛	⑤ 会计与商业管理案例竞赛为 2023 年新增
48	“学创杯”全国大学生创业综合模拟大赛	
49	中国高校智能机器人创意大赛	
50	中国好创意暨全国数字艺术设计大赛	
51	中国机器人及人工智能大赛	
52	全国大学生节能减排社会实践与科技竞赛	2023 年重新纳入
53	“21 世纪杯”全国英语演讲比赛	2023 年新增
54	iCAN 大学生创新创业大赛	2023 年新增
55	“工行杯”全国大学生金融科技创新大赛	2023 年新增
56	中华经典诵写讲大赛	2023 年新增
57	“外教社杯”全国高校学生跨文化能力大赛	2023 年新增
58	百度之星・程序设计大赛	2023 年新增
59	全国大学生工业设计大赛	2023 年新增
60	全国大学生水利创新设计大赛	2023 年新增
61	全国大学生化工实验大赛	2023 年新增
62	全国大学生化学实验创新设计大赛	2023 年新增
63	全国大学生计算机系统能力大赛	2023 年新增
64	全国大学生花园设计建造竞赛	2023 年新增
65	全国大学生物联网设计竞赛	2023 年新增
66	全国大学生信息安全与对抗技术竞赛	2023 年新增
67	全国大学生测绘学科创新创业智能大赛	2023 年新增
68	全国大学生统计建模大赛	2023 年新增
69	全国大学生能源经济学术创意大赛	2023 年新增
70	全国大学生基础医学创新研究暨实验设计论坛（大赛）	2023 年新增

续表

序号	竞赛名称	备注
71	全国大学生数字媒体科技作品及创意竞赛	2023 年新增
72	全国本科院校税收风险管控案例大赛	2023 年新增
73	全国企业竞争模拟大赛	2023 年新增
74	全国高等院校数智化企业经营沙盘大赛	2023 年新增
75	全国数字建筑创新应用大赛	2023 年新增
76	全球校园人工智能算法精英大赛	2023 年新增
77	国际大学生智能农业装备创新大赛	2023 年新增
78	“科云杯”全国大学生财会职业能力大赛	2023 年新增
79	全国职业院校技能大赛	高职赛
80	全国大学生机器人大赛-RoboTac	高职赛
81	世界技能大赛	高职赛
82	世界技能大赛中国选拔赛	高职赛
83	一带一路暨金砖国家技能发展与技术创新大赛	2023 年新增高职赛
84	码蹄杯全国职业院校程序设计大赛	2023 年新增高职赛
备注 1：按照竞赛入榜年份、竞赛名称首字笔画从小到大进行排序。 备注 2：系列赛入榜年份按照第一个子赛入榜年份计算。		

在全国普通高校大学生竞赛中，中国国际大学生创新大赛、“挑战杯”全国大学生课外学术科技作品竞赛、全国大学生电子设计竞赛最具影响力。

1. 中国国际大学生创新大赛

（1）赛事概述。

中国国际大学生创新大赛由教育部等 12 个部委、省级人民政府联合主办，是覆盖面最广、影响最大的大学生创新创业盛会。大赛的目的是通过紧密结合经济社会各领域的现实需求，充分体现高校在新工科、新医科、新农科、新文科建设方面取得的成果，培育新产品、新服务、新业态、新模式，促进产业转型升级和数字技术与教育、医疗、交通、金融、消费生活、文化传播等领域的深度融合。此外，大赛还强调弘扬正能量，践行社会主义核心价值观，要求参赛项目真实、健康、合法，不得含有任何违反法律法规的内容，确保所涉及的发明创造、专利技术、资源等拥有清晰合法的知识产权或物权。

（2）参赛形式。

高教主赛道根据参赛者所处学习阶段，分为本科生组、研究生组；根据项目发展阶段，再各分设创意组、创业组。

本科生创意组：参赛项目须具有较好的创意和较为成型的产品原型或服务模式，在大赛通知下发之日前尚未完成工商等各类登记注册。参赛申报人须为项目负责人，项目负责人及成员均须为普通高等学校全日制在校本专科生（不含在职教育）。学校科技成果转化项目不能参加本组比赛（科技成果的完成人、所有人中，参赛申报人排名第一的除外）。

本科生创业组：参赛项目须在大赛通知下发之日前完成工商等各类登记注册。参赛申报人须为项目负责人且为参赛企业法定代表人，须为普通高等学校全日制在校本专科生（不含在职教育），或毕业 5 年以内的全日制本专科生（不含在职教育）。在大赛通知发布之日后进行企业法定代表人变更的不予认可。项目的股权结构中，企业法定代表人的股权不得少于 10%，参赛团队成员股权合计不得少于 1/3。

参赛者以团队为单位报名参赛。允许跨校组建参赛团队，以项目负责人所属高校确定参赛高校。每个团队的成员不少于 3 人，不多于 15 人（含团队负责人），须为项目的实际核心成员。指导教师不多于 5 人。已获本大赛往届金奖和银奖的项目，不得再报名参赛。

（3）竞赛方式。

大赛采用校级初赛、省级复赛、全国总决赛三级赛制。校级初赛由各高校负责组织，省级复赛由各省（自治区、直辖市）负责组织，全国总决赛由各省（自治区、直辖市）按照大赛组委会确定的配额遴选推荐项目。大赛组委会将综合考虑各省（自治区、直辖市）报名团队数、参赛高校数和创新创业教育工作情况等因素分配名额。

（4）评审规则。

大赛主要从教育维度、创新维度、团队维度、商业维度、社会价值维度 5 个方面分析评价项目。

教育维度：价值观与创新精神的“熔炉”。价值观是项目的灵魂，创新精神是项目的驱动力。在备赛时，团队需深入挖掘项目与国家发展、社会需求的契合点，将正确的价值观融入项目的每一个细节。同时，团队要展现出对创新教育的深刻理解和实践，以及将专业知识转化为解决实际问题的能力。符合将专业知识与商业知识有效结合并转化为商业价值或社会价值的创新创业基本过程和基本逻辑，展现创新教育对大学生基本素养和认知的塑造力。

创新维度：从“0”到“1”的跨越。创新是大赛的核心。团队需要在创意的原创性、技术的先进性、方案的可行性上下功夫。从创意的萌芽到技术研发，再到市场的验证，每一步都要走得坚实而有力。创新不仅仅是一个点子，更是一个系统的过程，它要求团队不断探索、不断实验、不断优化。“新质生产力”作为热门关键词，项目只有加强原创性、颠覆性创新，才能形成推动新质生产力的强劲动能。

团队维度：结构与协作的艺术。优秀的团队是成功的关键。团队成员的背景多样性、技能互补性、合作紧密性都将直接影响项目的成败。团队负责人需要具备战略眼光和组织协调能力，确保团队目标一致，每一个成员在合适的位置上发挥最大的价值。

商业维度：市场洞察与商业模式的构建。商业计划是项目能否走得更远的关键。团队需要对所在产业有深刻的理解，对目标市场有清晰的定位。商业模式的设计要创新、可行，能够展现出团队的商业思维和市场竞争力。同时，项目的财务状况、盈利能力、融资情况也是考量的重点。

社会价值维度：社会责任与公共利益的担当。优秀的项目不仅要有商业价值，还要有社会价值。团队需要展现出项目对就业、教育、医疗、环境保护等领域的积极影响。项目如何促进社会进步、改善民生福祉，成为评价的重要标准。

2.“挑战杯”全国大学生课外学术科技作品竞赛

（1）赛事概述。

“挑战杯”是“挑战杯”全国大学生系列科技学术竞赛的简称，是由共青团中央、中国科协、教育部和全国学联、举办地人民政府共同主办的全国性的大学生课外学术实践竞赛。“挑战杯”竞赛在中国共有两个并列项目，一个是“挑战杯”中国大学生创业计划竞赛；另一个就是“挑战杯”全国大学生课外学术科技作品竞赛。这两个项目的全国竞赛交叉轮流开展，每个项目每两年举办一届。“挑战杯”被誉为中国大学生科技创新创业的“奥林匹克”盛会，是目前国内大学生最关注、最热门的全国性竞赛，也是全国最具代表性、权威性、示范性、导向性的大学生竞赛。此项活动旨在全面展示我国高校育人成果，引导广大在校学生崇尚科学、追求真知、勤奋学习、迎接挑战、争做创新人才。这项活动坚持“崇尚科学、追求真知、勤奋学习、迎接挑战”的宗旨，自 1989 年以来已分别在清华大学、浙江大学、上海交通大学、武汉大学、华南理工大学、重庆大学和西安交通大学等高校成功举办，已形成校级、省级、全国三级赛事。参赛大学生首先参加校内及省内的作品选拔赛，优秀作品报送全国组委会参赛。党和国家领导人对竞赛活动十分关注，纷纷为“挑战杯”竞赛题字、题词。

（2）参赛形式。

高等学校在校学生申报自然科学类学术论文、哲学社会科学类社会调查报告和学术论文、科技发明制作三类作品参赛；聘请专家评定出具有较高学术理论水平、实际应用价值和创新意义的优秀作品，给予奖励；组织学术交流和科技成果的展览、转让活动。

（3）竞赛方式。

以省级赛事为例，初赛阶段，先做好竞赛的前期准备工作和宣传，完成组队报名工作，确定进入复赛的队伍，完成计划书初稿，各学院在 12 月底之前将初稿上交至校团委。复赛阶段，开展作品的书面评审，组织大赛的复赛培训、团队交流，做好对团队的其他相关支持工作，最后评出决赛队伍。决赛阶段，进行大赛的答辩培训，对各参赛队伍进行信息跟踪、决赛答辩，并进行工作总结。

（4）评审规则。

评审过程中综合考虑作品的科学性、先进性、现实意义等方面因素。全国评审委员会的评审工作分预审、终审两个阶段。预审要评选出省级组织协调委员会和发起高校报送作品的80%左右进入终审。终审要将自然科学类学术论文、哲学社会科学类社会调查报告和学术论文、科技发明制作三类作品分别按3%、8%、24%、65%的比例评出特、一、二、三等奖。科技发明制作A类和B类作品分别按上述比例设奖。各奖励等级之间的标准是相对的。评审注意本（专）科生、硕士研究生、博士研究生在学识水平和科研能力上的差异。三个学历层次作者的作品，各等奖的获奖比例与其进入终审的比例基本一致。

（5）“大挑”与“小挑”的区别。

“挑战杯”竞赛在中国共有两个并列项目，一个是“挑战杯”中国大学生创业计划竞赛，简称“小挑”；另一个则是“挑战杯”全国大学生课外学术科技作品竞赛，简称“大挑”，两者的区别如表4-3所示。

表4-3 “大挑”与“小挑”的区别

分类	“大挑”：全国大学生课外学术科技作品竞赛	“小挑”：中国大学生创业计划竞赛
比赛侧重点	注重学术科技发明创作带来的实际意义与特点	注重市场与技术服务的完美结合，商业性更强
奖项设置	特等奖、一等奖、二等奖、三等奖	金奖、银奖、铜奖
可报作品	发起高校可报六件作品，其中三件为高校直推作品，另外三件要与省赛组织方协商推荐	只能推荐三件作品进国赛
学历限制	本（专）科组、硕士组、博士组分开评审	无学历限制
人数	最多可以报八人	最多可以报十人
比赛证书盖章	盖共青团中央、中国科协、教育部、全国学联、举办地人民政府章	盖共青团中央、中国科协、教育部、全国学联章

3. 全国大学生电子设计竞赛

（1）赛事概述。

全国大学生电子设计竞赛是教育部、工业和信息化部共同发起的大学生学科竞赛之一，是面向大学生的群众性科技活动，目的在于推动高等学校促进信息与电子类学科课程体系和课程内容的改革。竞赛的特点是与高等学校相关专业的课程体系和课程内容改革密切结合，以推动其课程教学、教学改革和实验室建设工作。

全国大学生电子设计竞赛从1997年开始每两年举办一届，竞赛时间定于竞赛举办年度的9月份，赛期四天。在双数的非竞赛年份，根据实际需要由全国竞赛组委会和有关赛区组织开展全国的专题性竞赛，同时积极鼓励各赛区和高校根据自身条件适时组织开展赛区和校级的大学生电子设计竞赛。

（2）参赛形式。

全国大学生电子设计竞赛原则上安排在单数年的9月中旬举行，竞赛以赛区为单位统一组织报名、评审和评奖工作。全国竞赛组委会鼓励设有信息与电子学科及相关专业或已开展电子设计科技活动的高等学校积极组织大学生参加竞赛。大学生自愿组合，三人一队，由所在高校统一向赛区组委会报名。参赛队数由高校自行确定。为鼓励不同类型的高校和不同专业或专业方向的大学生都参加竞赛，全国竞赛专家组根据命题原则，统一编制若干个竞赛题目，供参赛大学生选用。竞赛所需场地、仪器设备、元器件或耗材原则上由参赛高校负责提供。

（3）竞赛规则。

为保证竞赛工作的顺利进行，全国竞赛组委会在赛前会颁布全国大学生电子设计竞赛规则与赛场纪律。竞赛期间，各赛区组织巡视人员，严格执行巡视制度。参赛学生应是高校具有正式学籍的全日制在校本科或专科学生；参赛学生必须按统一时间参加竞赛，按时开赛，准时交卷。各赛区组委会须按时收回学生的答卷（报告和制作实物）并及时封存，然后按规定交赛区专家组评审。竞赛期间，参赛学生可以使用各种图书资料和计算机，但不得与队外人员讨论，教师必须回避；各赛区组委会要组织巡视检查，以保证竞赛活动正常进行；在竞赛中，如发现辅导教师参与、队与队之间讨论、队员与队外人员讨论、不按规定时间发题和收卷，以及赛前泄题等违纪现象，将取消获奖名次，并通报批评。

（二）第二课堂创新创业活动

第二课堂创新创业活动旨在培养大学生的创新精神，提升其创业能力。有鉴于此，苏州城市学院依托三创学院主要举办了三创文化节、创业实训、菁英提高班、创业竞赛以及创业项目孵化等创新创业活动。

1. 三创文化节

自2019年起，苏州城市学院三创学院连续两年在秋季学期主办了三创文化节，每届文化节均包含不同板块，活动自9月持续至12月，以讲座、沙龙、论坛和比赛等形式，面向全院师生打造专业性强、主题鲜明的三创特色活动，以更好地营造创新创业氛围，激发大学生的创业激情。

2. 创业实训

三创学院每学期联合苏州市劳动就业管理服务中心（苏州市创业指导中心）开设创业实训课程，主要面向在籍大学生，以创业引导与自我认知、项目选择、创业管理知识、行业创业通识、电子商务及创业企业观摩、沙盘演练（图4-36）等板块为课程内容，大学生以小组为单位通过理论学习和模拟实训，完成创业模拟实践。参训大学生免收报名费、培训费、教材费、资料费、办证费等所有费用，实训合格后可获得相应证书。

图 4-36　大学生进行沙盘演练

3．菁英提高班

菁英提高班是针对具有创新能力和创业意愿的大学生开设的与行业领域相关的创新创业培训。该活动通过专家讲座、参观走访、沙龙研讨等形式开展系列主题活动，把专业学习、能力训练和创新创业实践结合起来，培养大学生的创新意识，解决创业过程中的实际问题。（图 4-37）

图 4-37　校外导师讲解财税管理知识

4．创业竞赛

针对在园孵化的创业项目，学院不定期举办或推荐优秀项目参与各类创业竞赛。三创学院组织和推荐参加的主要有苏州市“汇思杯”大学生创业创新竞赛和国际教育园区大学生创新创业大赛、大学生职业生涯规划大赛创业赛道项目、“挑战杯”中国大学生创业计划竞赛和江苏省大学生优秀创业项目竞赛。（图 4-38）

中国国际大学生创新大赛为创业竞赛中的重点赛事，每年秋季学期开始报名，春季学期将组织系科推荐的重点项目开展初赛及决赛，遴选出优质项目参与省赛。同时，根据赛事进程和相关要求，将不定期举办大赛训练营，分批次、分层次面向参赛师生、项目团队和相应指导老师等开展培训，内容涵盖商业计划书的撰写、路演 PPT（演示文稿）制作以及路演技巧等内容。

图 4-38　苏州市“汇思杯”大学生创业创新竞赛

5. 创业项目孵化

为支持大学生创业，三创学院专门开辟了大学生创意创业园，并给予每个项目 5 000 元到 10 000 元不等的创业启动资金。每年 10 月至 12 月，三创学院将对在园创业项目进行考评，并通过宣传册或公众号对优秀项目的阶段性成果进行展示。此外，学院将面向所有学生开展创业项目征集活动，通过商业计划书初评和现场专家答辩的项目，将入驻创业园。创业园自 2011 年开园至 2024 年，已成功孵化了 169 个创业项目，其中有 7 个项目荣获江苏省大学生优秀创业项目称号。（图 4-39）

图 4-39　大学生创新创业项目入园路演

四、创新教育中的劳动教育

（一）创新活动与劳动教育

创新活动是与专业相结合的创造性劳动。创新教育是一种以培养人的创新精神和创新能力为基本价值取向的教育，旨在培养受教育者的创新意识、创新兴趣、创新胆量和创新决心。这是一个理论与实践相结合的教育过程。新知识和新技术的创造不是向壁虚构的，而是源自艰苦的劳动。劳动创造财富，劳动创造新的思维。当然，这里的劳动并不是单一的体力劳动，它是体力劳动和脑力劳动的综合。所以，创新教育和劳动教育类似，课堂教学和实践教学是其基本途径。一方面要设置创新理论类课程，使学生系统掌握创新的基本知识、原理、方法、技能，同时也要在课堂教学中引入问题式、探究式、研究式教学，培养学生的创新意识、创新思维和创新技能；另一方面要以实践教学为依托，将创新教育融入实验教学、实习见习、毕业论文设计、学科竞赛、创新创业训练等实践活动，驱使学生利用创新知识和创新技能开展创新试验、创新设计和创造性劳动等。实践教学是开展创新教育不可或缺的重要途径，培养学生的创新意识和创新能力则是实践教学的根本目的。（图 4-40、图 4-41）

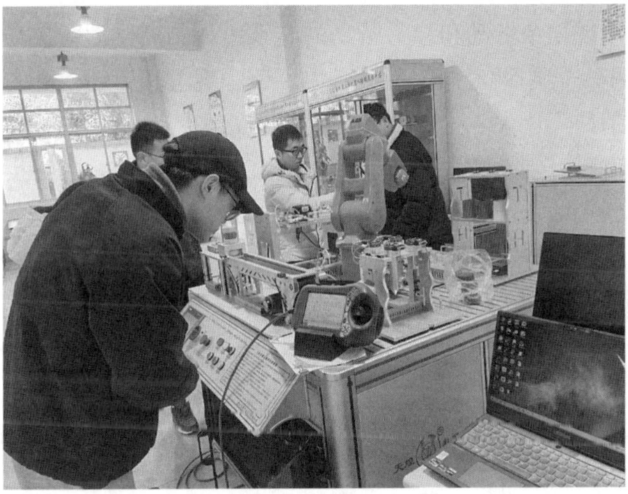

图 4-40　劳动与创新——工业机器人创新实验

图 4-41　劳动与创新——工具软件应用能力竞赛

学生教育是一个劳动和创新并举的精神培养过程。劳动和创新是具有内在联系的统一整体，劳动是创新的基础，创新是劳动的结果。当今时代是创新的时代，创造本身就是一种劳动，创造过程即劳动者最大限度地发挥聪明才干的过程。培养大学生以改革创新为核心的时代精神，提高他们的创新意识和能力，不能纸上谈兵，只有在实践过程中通过动手、动脑才能实现。高校实验教学不仅要重视大学生对基本知识、基本方法和基本技能的掌握，也要注重在实验过程中逐步增强大学生主动实验的意识，不断满足他们自主实验的要求，并鼓励大学生自行设计方案，自主研究探索，独立思考创新。大学生在实验劳动中，不仅需要动手操作、感官观测，还要充分调动自己的思维去想象、思考、推测结论。大学生会从实验劳动中发现问题、分析问题，并利用所积累的理论和实践知识解决问题。不断积累、不断探索的科学实验过程，将培养大学生坚忍不拔、积极探索、勇于创新的劳动精神。

（二）创新活动劳动教育实践

创新活动是体现复杂劳动和智力劳动的实践过程，高校创新教育在培养大学生的创新意识的过程中，需要融入强化劳动习惯、劳动观念和劳动技能的劳动教育，提倡工匠精神和劳动精神，让大学生在高校的创新学习和实践中热爱劳动、崇尚劳动，增强劳动带来的成就感。创新教育和劳动教育具有内在统一性，能够实现相互融合、相辅相成。以下为创新活动劳动教育实践项目案例。

1. 机械创新设计课程教学案例

（1）劳动目标（图 4-42）。

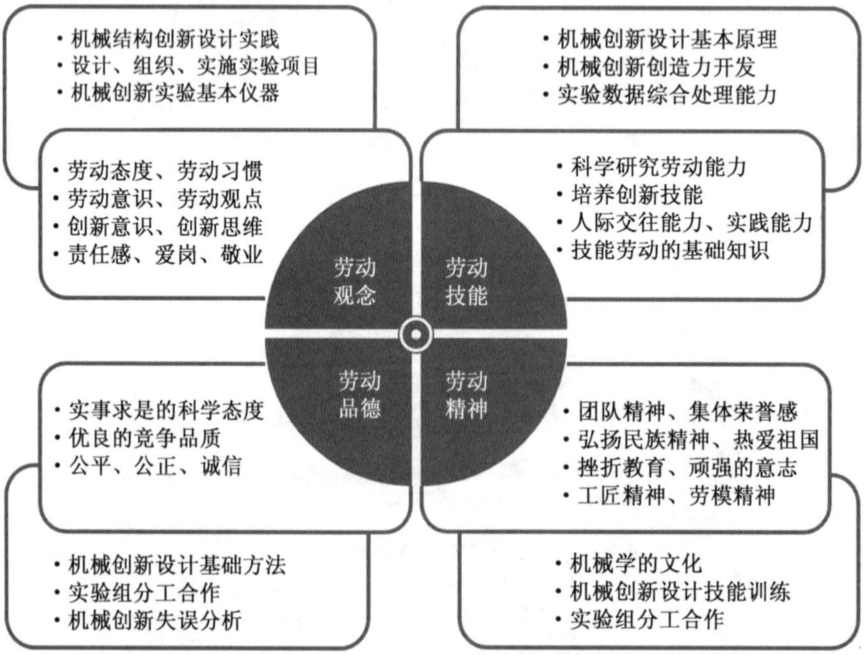

图 4-42 机械创新设计课程劳动目标

机械创新设计课程是一门培养大学生创新意识、启发创新思维和培养创新技能的专业选修课。为大学生进一步学习有关专业课和日后从事工程技术工作及创新设计打下基础。在培养大学生创新精神的过程中，融入强化劳动观念、劳动品德、劳动精神和劳动技能的劳动教育。

本课程的目标：

① 使学生系统地了解创新设计的理论基础、创造性思维方法和创造原理。

② 掌握创新设计方法，并能将其方法应用于机械创新设计的实践。

③ 运用计算机虚拟仿真软件，对所设计的产品进行力学和动态行为的评估。

④ 立足应用型人才培养，对产品三维软件设计、有限元仿真、3D 打印制造模型、激光和机械加工等生产环节，以项目驱动的形式进行有针对性的训练。

（2）劳动内容（图 4-43）。

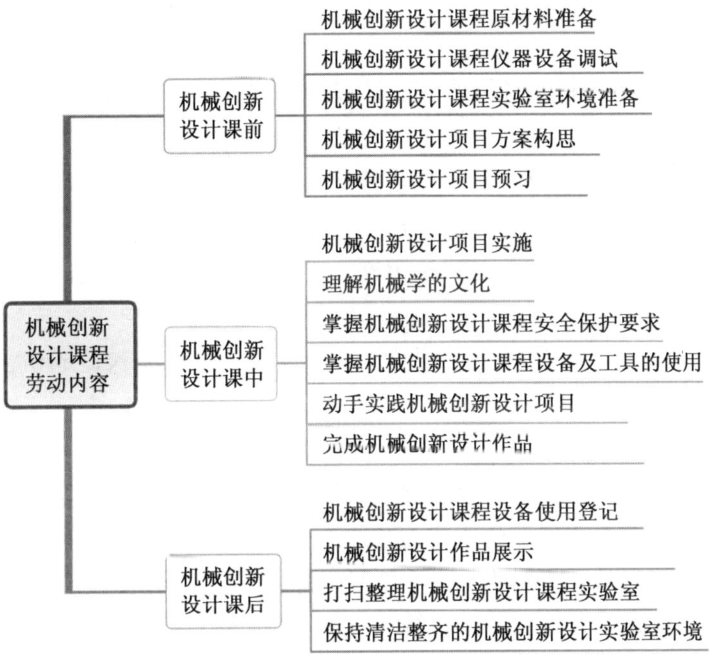

图 4-43　机械创新设计课程劳动内容

（3）劳动设计。

① 劳动元素：在机械创新设计课程中，帮助大学生树立正确的劳动观念，深刻理解劳动创造价值、创造美好生活的道理，让他们懂得尊重劳动，树立“劳动最伟大、劳动最美丽”的思想观念，增强创造劳动能力，具备完成机械创新设计劳动任务所需要的设计、操作能力及团队合作能力。

机械创新设计课程不复述同类课程内容，以机械工程为基础、以生产生活为背景、以创新方案为主题来讲解创新设计的过程及思维方法，让大学生“学有所思、思有所悟、悟有所动、动有创新”，体验从简单劳动、原始劳动向复杂劳动、创造性劳动的发展过程，学会使用工具，掌握相关技术，感受劳动创造价值，增强产品质量意识，体会平凡劳动中的伟大。

学习机械创新设计课程，要求做到：第一，树立读书报国的思想；第二，掌握创新科学设计的方法，将机械、控制、智能、制造有机运用起来解决实际问题；第三，在充分了解现有技术的基础上大胆想象，敢于尝试，从失败中总结经验，用诚实和诚信去塑造成功。

② 时间安排：每周一次课。

③ 准备：电脑、拆装工具桌子、拆装工具、多功能讨论桌、多媒体电教一体机、多功能智能生产线。

（4）设备及工具使用要求。

① 具备相关的机械设计与制造知识，懂得运用机械制图、工艺技术、计算机仿真软件等，根据机械原理进行绘图设计，会查阅相关设计和工程手册，看懂图纸，了解专业术语。

② 及时检查工具、设备及维修保养，按操作规程正确使用工具，工具不使用时保持干净放于正确位置。

③ 穿戴整齐，着装到位，佩戴合适的护目镜、面罩、手套等，不在生产车间乱转，不随意摆弄不会使用的工具和设备。

④ 尖锐工具不放入口袋，以防扎伤自己或损坏车辆，熟悉消防通道，不在通道上放入工具、设备等。

⑤ 手、衣服、工具等远离正在旋转运动的设备，以免卷入造成伤害，注意力不集中或疲劳时及时上报并休息。

2. 智能汽车创新制作竞赛教学案例

智能汽车创新制作竞赛主要以大学生的学科为背景，针对当前热点研究问题，开展一系列源于专业又高于专业的竞技类科技活动。智能汽车创新制作竞赛不同于传统的课堂教学，它是以培养大学生的自主学习能力、强调大学生的个性化培养、实现大学生独立思维能力的启发为目标的。智能汽车创新制作竞赛要求大学生能够综合运用所学知识，解决设计中遇到的各类专业知识、工程以及动手实践等问题，并在解决问题的过程中掌握知识。同时，通过智能汽车创新制作竞赛活动，帮助大学生开阔专业视野，巩固专业知识，在比赛的过程中锤炼坚毅的品格和过硬的心理素质。（图 4-44）

（1）劳动目标。

① 综合运用多学科知识，提出、分析、设计、开发并研究智能汽车的机械结构、电子线路、运动控制和开发与调试工具等。

② 对智能汽车模型的控制方案进行系统设计，包括传感器信号采集处理、电机驱动、转向舵机控制以及控制算法软件开发等，完成智能汽车参赛作品工程制作及调试。

③ 激发大学生对工程技术开发和科学研究探索的兴趣和潜能，倡导理论联系实际、求真务实、团队协作。

④ 挑选优秀作品参与由教育部高等教育司举办的全国大学生智能汽车竞赛。

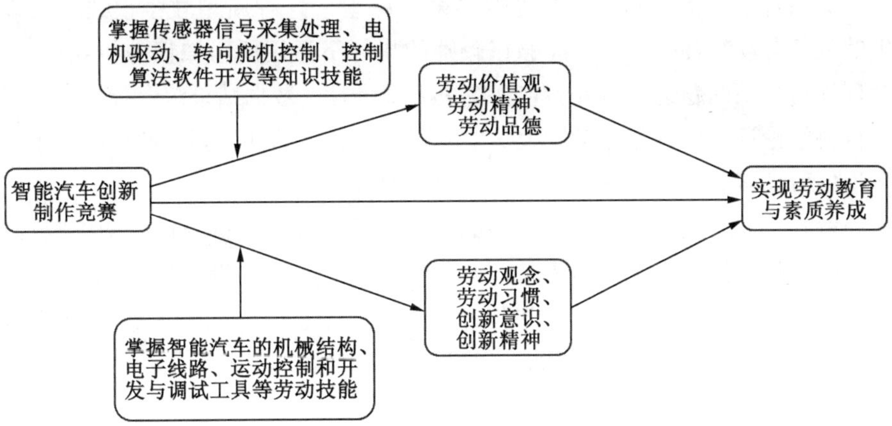

图 4-44 智能汽车创新制作竞赛劳动素质的养成

（2）劳动内容（图 4-45）。

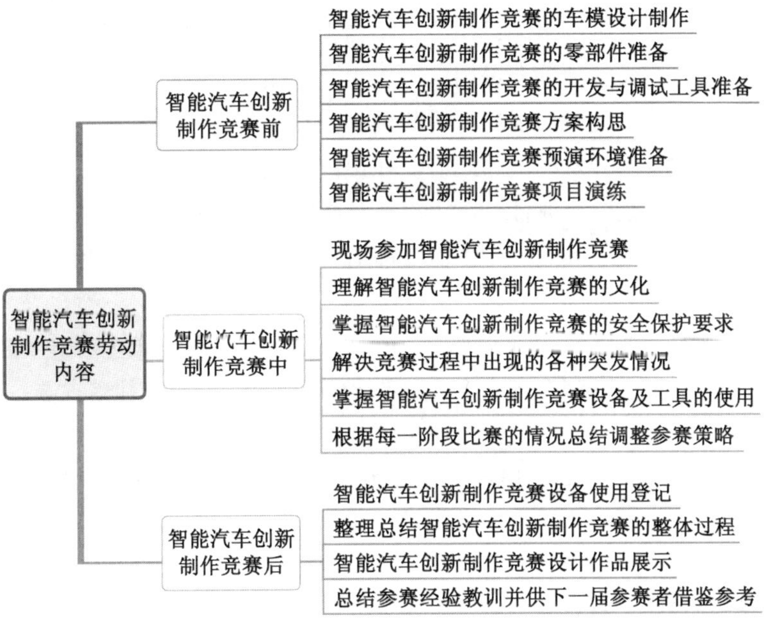

图 4-45 智能汽车创新制作竞赛劳动内容

全国大学生智能汽车竞赛是从 2006 年开始，由教育部高等教育司委托教育部高等学校自动化类专业教学指导委员会举办的，旨在加强大学生实践、创新能力和培养团队精神的一项创意性科技竞赛，内容丰富。智能汽车创新制作竞赛的劳动技能包括硬件设计的相关知识、软件设计的相关知识、车模调试的相关知识、赛前培训及考核等。它涵盖了从控制科学到机械科学的各类知识，参赛是对所学知识的一次全面梳理和再掌握的过程，是知识的再升华过程。智能汽车创新制作竞赛融合了课内、课外、教学实践等必要环节，通过大学生自主设计、完成参赛作品，可以有效锻炼并培养大学生的创新精神、实践能力、团队协作能力、应急问题解决能力，并完成理论知识与实践应用的结合。在备赛的过程中使用“第二课堂”这种新型教学模式，可以培养大学生的创新劳动精神。大学生能够在教师的指导下运用所学知识分析和解决问题，科学合理地对复杂问题进行研究，包括解决方案设计、数据结果综合分析，并对研究结论进行科学论证；可以充分发挥大学生的积极性、主动性、创造性；有利于全面提高大学生的劳动素养，使大学生树立正确的劳动观念。

该项竞赛让大学生协作完成画图、刷板、采购、焊接、拼赛道、调参数等劳动。一辆智能汽车从分散的零件到拼装成整体，从机械结构到电路设计，从底层驱动到上层算法，及模拟电路、数字电路、电力电子、自控原理、嵌入式系统开发等涉及诸多领域，在竞赛项目实践中，大学生将综合运用所学知识，不断优化方案，并强化身体力行，在困难与挑战中完成行动任务。

（3）劳动设计。

① 劳动元素：全国大学生智能汽车竞赛是一个综合多个学科、多门知识的竞赛。虽然常规组每年车模硬件基本一样，但各支队伍之间成绩相差较大，决定每支队伍成绩优劣的不仅仅是程序调试水平，还涉及路径识别算法优劣、特征元素处理算法、整车调教等。这些需要大学生综合运用多门知识，如摄像头、内倾角、左右轮电机差速等，要结合汽车理论的相关知识进行组装调试。在软件上，现有车模采用的单片机并不是针对数字图像处理开发的，因此需要在提高响应速度的基础上更好地优化识别赛道路径，保证整套系统的可靠性。对于参赛学生来说，这是一个探索学习的过程。每支参赛队伍由三人组成，其间大学生需要面对各种困难，不断调整和优化整车性能参数，最终才能完成全方位的竞赛。

② 时间安排：9 月底，发布试题；10 月，培训；11 月，校内考核竞赛；次年 3 月，挑选优秀作品报名参加全国大学生智能汽车竞赛；次年 7 月，省赛；次年 8 月，国赛。

③ 准备：收集历年作品的设计报告和元器件数据手册，设计竞赛赛道，采购耗材，准备仪器设备。

④ 劳动过程记录（图 4-46）。

图 4-46　智能汽车创新制作劳动过程记录

智能汽车创新制作竞赛的劳动过程包括掌握智能汽车入门知识、机械系统整体结构设计、转向系统知识、电子架构知识、单片机系统设计、软件框架、基础算法、经验交流等。

（4）设备及工具使用要求。

① 查阅相关资料，参考单片机原理、C 语言编程、模拟电路、数字系统与逻辑分析、电子实验技术基础等课程中的内容，选择合适的电子设计自动化软件工具完成电路设计与仿真、印制电路板布局与布线等硬件设计。在使用软件的过程中遵守相关法律法规，不滥用软件。在设计过程中注重理论分析与实验测试，不得随意设置工程参数，做好工程资料的备份与归档工作。

② 制作硬件电路时，应尽量选用容易购买的元器件。按照规程使用电子焊接工具。使用经过校准的仪器设备对制作完成的硬件电路进行实验与测试，记录并分析关键参数。

③ 制作智能汽车模型时要懂得运用机械制图、工艺技术、AutoCAD 软件等专业知识或工具，根据机械原理进行绘图设计，会查阅相关设计和工程手册。按照操作规程正确使用工具，保管好车模的零配件。

④ 在对智能汽车进行软件开发的时候，按照需求选用集成开发环境、调试工具和仿真软件。若在开发过程中遇到软件漏洞、算法等复杂问题，应完整描述相关现象并及时进行团队讨论。

⑤ 完成所有设计后，完成所设计智能汽车的设计报告。

（5）考核评价标准。

考核时铺设随机路径的聚氯乙烯耐磨塑胶赛道，赛道中存在直线、曲线、十字交叉路口，断路，环岛和路障等交通元素。大学生需要自行设计智能汽车，并让智能汽车识别赛道路径，尽快从起点出发，到达终点。依照完成时间排名，前20%的作品为优秀作品。优秀作品可以代表本校参加全国大学生智能汽车竞赛。

第五章 大学生服务性劳动实践

第一节 专业服务型

专业服务主要是指贴合专业特定技能开展的劳动实践，产出劳动成果。相对于其他劳动类型来说，专业服务型劳动更能发挥高校大学生群体的创造力和专业优势。专业服务将高校或社区服务与专业知识、专业技能、专业素养相结合，以解决真实情境中的问题为出发点，促进大学生形成正确的劳动价值观，形成良好的劳动素养。苏州城市学院常规开展的专业服务有科技服务、大型赛事礼仪服务、团体心理辅导服务、法律援助服务、爱心义诊服务、档案整理服务、党史宣讲服务等。

一、科技服务

科技服务是应用型本科高校开展专业服务型劳动最重要的方式之一。根据《国家科技服务业统计分类（2018）》标准，科技服务业范围确定为科学研究与试验发展服务、专业化技术服务、科技推广及相关服务、科技信息服务、科技金融服务、科技普及和宣传教育服务、综合科技服务等七大类。结合以上分类标准，依托苏州城市学院专业类别，开展比较多的是专业化技术服务、科技普及和宣传教育服务两大类，如小家电维修、电脑维修、实验室设备维修保养和物理科普教育。

（一）专业化技术服务

1. 小家电维修服务

在物质充裕、经济飞速发展的今天，人们的生活中出现了各式各样的小家电。这些小家电为人们带来方便，同时也会有维修和保养的烦恼。为了帮助人们解决生活中的烦恼，具有专业技能的大学生们学以致用，推出了“家电检测维修，共创美好校园”服务。苏州城市学院依托电子科学与技术、微电子科学与工程、光电信息科学与工程、信息工程、电子信息科学与技术等电子信息类专业学生组成家电维修小分队。家电维修小分队成员运用自己的专业知识查线路、找元件、换零件等，探讨分析问题之所在，再拆卸、检测、维修、安装。维修活动面向全体师生，各成员分工明确，相互配合。小家电维修服务不仅能够为师生们提供帮助，增强大学生的动手能力，提高大学生的技术水平，而且很好地宣传和发扬了高校大学生的服务精神，有助于大学生形成正确的劳动价值观，有助于提升他们的劳动素养。(图 5-1)

图 5-1　小家电维修服务现场

2. 电脑维修服务

当今是一个信息高速发展的时代，电脑早已成为了人们日常学习生活的必需品，对当今大学生来说更是如此。为帮助学生们有效解决电脑问题，增加学生们的电脑知识，提高他们的科学文化素养，苏州城市学院计算科学与人工智能学院团总支团务中心、学生分会联合学生网络中心、数码空间社团开展为期一个月的电脑维修服务活动。此次活动的主要服务内容是软件安装和系统维护两方面，学生们事先进行线上预约，填写信息后将电脑送至维修处，提供技术服务的同学早早地在预约地点等待学生们的到来，为学生们维修电脑，维修内容包括：重装系统、配套装 Office 办公软件、系统优化、软件安装、购机咨询等。其余时间相关技术服务人员耐心解答学生们提出的相关问题，希望能用自己的专业知识给每位学生实质性的帮助。(图 5-2)

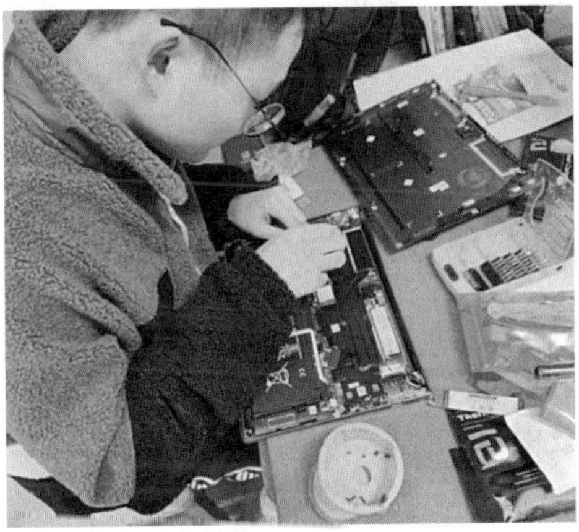

图 5-2　电脑维修服务现场

3. 实验室设备维护保养服务

实验室是应用型本科高校教学和科研工作最重要的基础场所，实验室设备的安全使用和维修保养对于确保实验室工作顺利进行至关重要。实验室设备的正常运行直接关系到实验数据的准确性和实验结果的可靠性。高校在严把设备购置质量、完善设备运行条件的同时，应将大型仪器设备日常维护保养作为一项基础性工程来抓，选拔一批优秀的大学生协助管理实验室，要求助理掌握安全管理制度、熟知各种仪器设备的操作流程及方法，这不仅可以增强实验室技术及管理力量，也为大学生科研创新提供了平台，有助于培育大学生的自主管理能力。(图 5-3)

图 5-3　实验室设备维护保养服务现场

主要内容包括：

（1）环境清洁：每日定期清扫实验室地面，保持无尘、无垃圾。定期对实验室家具进行打扫清洁，清洗实验器材、器皿、用具，确保无残留，实验室整体定期通风，保持环境良好。

（2）设备维护：实验室设备是科研工作的核心，定期检查设备的使用情况，保障其正常良好运行，对设备的耗材、部件定期清洗更换、校准，保障数据的可靠性。

（3）安全管理：实验室的安全管理制度也是非常重要的，保障人员和设备安全，定期对电路、气路、消防等设备进行安全检查，完善实验室危险品、药品的管理制度，对实验人员定期培训，了解实验室安全知识、设备操作、应急处理，提高技能和安全意识。

（4）台账记录：对实验工作定时记录，设置专门记录台账，对实验进展，设备使用，工作记录，维护时间、人员、内容等一系列内容记录在册。

开展这项工作，要将设备的维护纳入大学生专业学习，使大学生养成使用和维护一体化的好习惯。要将设备的故障检修过程及维修过程作为实验内容之一，让大学生根据具体设备故障现象，学会发现问题，并利用所学专业知识维修设备甚至改造设备，充实实验课内容，解决实验室设备的维护、维修问题。要充分利用实验室的仪器设备资源，加强大学生的动手操作能力，发挥实验室仪器集中、人才集中的优势，鼓励开展实验教学科学研究，提升大学生的技能，为学校科研和教学作出贡献。为鼓励实验人员带领大学生开展实验教学和科研创新，可以设置专项基金及优秀奖项，以提高工作积极性，营造争优比先的氛围。在此过程中，培养大学生的自我管理能力、自我学习能力、沟通协调能力、团队合作精神，使他们真正成为具有良好心理素质和进取精神的有用人才。

（二）科学技术普及和宣传教育服务

科学技术普及简称科普，又称大众科学或者普及科学，是指利用各种传媒以浅显的、通俗易懂的方式，让公众接受自然科学和社会科学知识，推广科学技术的应用，倡导科学方法，传播科学思想，弘扬科学精神的活动。科普是一种社会教育，旨在提高公众的科学文化素质，促进社会物质文明和精神文明的发展。科普活动包括但不限于流动科技馆、科学工作室、科普日宣传、科普志愿服务、急救科普活动等。

苏州城市学院科普社“《有趣的光》精品课程团队”的 9 名师生不定期到越溪街道“儿童关爱之家”，开展光学知识的趣味科普活动。2021 级光电信息科学与工程专业学生林梦娴围绕“现象—原理—应用—体验”四个环节展开，以彩虹等常见的有趣光现象，引入光的直线传播、光的折射与反射科普。通过对现象的分析，逐步讲解光的直线传播定律、反射定律和折射定律，并通过日晷与无影灯以及激光测距仪，介绍古代与现代人们基于光的直线传播定律的应用。在林梦娴的讲解下，“儿童关爱之家”的小朋友们都兴奋不已，对奇妙有趣的物理现象充满好奇心。随后他们利用手电模拟“太阳”，使用日晷看时间；使用激光笔与水还原了光的折射与反射实验。（图 5-4）

图 5-4　物理科普活动现场

二、大型赛事礼仪服务

文明礼仪是人类为维系社会正常生活而要求人们共同遵守的最起码的道德规范，它是人们在长期共同生活和相互交往中逐渐形成，并以风俗、习惯和传统等方式固定下来的，不仅是个人素质、教养的体现，也是个人道德和社会公德的体现，更是城市的素养、国家的脸面。中国作为具有五千年文明史的“礼仪之邦”，应该用文明的行为、举止，合理的礼仪来待人接客。这也是弘扬民族文化、展示民族精神的重要途径。我国的文明礼仪可浓缩为“和为贵”思想，以及“养老尊贤，俊杰在位，则有庆”，《周礼・春官宗伯・肆师》强调“凡国之大事，治其礼仪，以佐宗伯”，以上有关文明礼仪的观点对国家和每个个体都非常重要。

大型赛事礼仪服务是确保赛事顺利进行、提升赛事形象、为观众和参赛者创造良好体验的重要环节，主要包括体育类竞赛礼仪服务和科技竞赛礼仪服务。

（一）体育类竞赛礼仪服务

2023 年 5 月 12 日，苏迪曼杯世界羽毛球混合团体锦标赛开幕式在苏州举行，作为世界羽联最高水平混合团体赛事，这是继 2015 年世乒赛、2016 年汤尤杯后第三个落户苏州的国际 A 类赛事。本次赛事共有 16 个国家和地区参与，对于促进国际文化交流、展现中国式现代化苏州新实践具有重大意义。开幕式上的志愿者们是来自苏州城市学院设计与艺术学院航空服务艺术与管理专业的学生，经组委会严格选拔，选出礼仪仪态气质佳、英语口语能力较强的 23 位学生加入服务团队，其中 16 位学生负责引导各国运动员代表登台亮相，7 位学生负责礼仪服务。为了保证开幕式的顺利举行，这 23 位学生反复排练，在活动开始前的 3 个小时他们还在进行礼仪姿态、脚位步伐、人员带领的培训，只为将最好的一面在开幕式活动中展示出来。在紧张的排练时间里，学生们不仅表现出志愿服务的吃苦耐劳，更凸显出“奉献、友爱、互助、进步”的服务精神和劳动面貌（图 5-5、图 5-6）。

图 5-5　开幕式引导服务

图 5-6　礼仪服务瞬间

（二）科技竞赛礼仪服务

2023 年 10 月 16 日至 10 月 20 日，第 29 届智能交通世界大会在苏州成功举办，苏州是继北京之后第二座代表中国举办该大会的城市。本届大会以“智能交通　美好生活”为主题，由交通运输部、江苏省人民政府指导，苏州市人民政府、江苏省交通运输厅、交通运输部公路科学研究院主办。

本次大会上，苏州城市学院 116 位学生负责后勤保障、会务保障、引导咨询、项目展示、接待国外代表团等服务工作。学生们以良好的面貌和饱满的热情，出色地完成各项分工任务，为大会的成功举办提供了有力支持和系统保障，展现了苏州青年无私奉献的精神面貌。刘言晨说，展厅中各类前沿设备，各领域专家对问题的深入探讨，给自己带来了极大的震撼。为学之实，固在践履。本次活动也给自己提供了机会了解更多智慧交通前沿技术，为自己的学习与未来的就业奠定基础。原瑜潞说，少年有梦不应止于心动，更要付诸行动。她觉得作为新时代青年，要主动承担新时代的责任与义务，能为本次大会贡献自己的力量，她非常荣幸。朱文婷说，作为土生土长的苏州人，她很荣幸能够成为此次大会的礼仪队成员，也很高兴能为家乡苏州贡献自己的一份力量，向世界展现苏州青年的良好风貌，助力苏州青年发展型城市建设。邵笑说，在市长级圆桌会议的服务，不仅丰富了她的阅历，也让她对专业服务有了新的理解，即使是为嘉宾提供简单的引导服务，对会议的顺利进行也有重要意义。(图 5-7)

图 5-7　全体专业服务者在大赛现场的合影

三、团体心理辅导服务

团体心理辅导是在团体的情境下进行的一种心理辅导形式，它是通过团体内的人际交互作用，促使个体在交往中观察、学习、体验，认识自我、探索自我、调整改善与他人的关系，学习新的态度与行为方式，促进良好的适应与发展的助人过程。

苏州城市学院心理健康教育中心教师和心理学专业学生组成专业服务团队，面向在校大学生，深入周边的中小学生课堂，通过主题班会的形式展开心理沟通与交流，帮助学生优化心理素质，助推学生成长。班会大多选择对青少年心理成长有帮助的主题，如“认识自己”“学会信任”“宽容”“团结”“坚韧之美、你我同行”“情绪”“在‘不可以’中长大”“心有千千结”“同舟共济”“班级凝聚力”“自我探索”“合作与竞争”等。

在主题班会中，专业服务者使用青少年感兴趣的方法，寓教于乐，通过互动问答让青少年在轻快的氛围中围绕主题，寻找自己存在的问题，在反思中得到心理成长。（图 5-8）

图 5-8　团体心理辅导现场

四、法律援助服务

法律援助是一项扶助贫弱的社会公益事业，也是实践依法治国基本方略、全面建成小康社会的重要举措。法律援助在保障公民合法权益、发展社会公益事业、实现“法律面前人人平等”原则、健全完善社会保障体系、健全社会主义法治、保障人权等方面有着极为重要的作用。人们在学习、工作、生活中难免会遇到上当受骗、权益损害等恶性事件，一旦利益受损，没有专业知识的受害人大多不知道如何通过合法途径解决问题，保护自己。

苏州城市学院大学生法律援助中心是由法学专业大学生组成的专业服务性法律援助团体，团体成员运用所学法律知识为有需要的人提供全方位的维权咨询，接受法律求助，提供法律援助，并根据时事热点进行普法宣传等。大学生法律援助中心一般是受学生处、校团委和社团联合会领导，接受所在区司法局等法律实务部门的指导和监督。它在法学院领导和老师的大力支持与专业指导下，邀请司法局、法院等实务部门领导担任法律顾问，与所在区人民法院、看守所、法律援助中心、消费者协会长期保持工作联系与协作关系。作为一个由大学生组成的专业法律援助团队，开展法律援助服务活动可以让相关专业的大学生充分发挥主观能动性，创造性地提供专业服务，达到劳动教育的目标，同时也可以让需要帮助的人获得有益的法律援助。（图 5-9）

图 5-9　法律援助服务现场

五、爱心义诊服务

爱心义诊服务是一项促进社会整体福祉的公益活动，包括为患者施以简单的治疗和诊查疾病等。

医学类专业的大学生可结合自己的专业知识，走进社区开展义诊服务和疾病预防宣讲，提高居民身体管理能力以及对健康知识的了解程度，例如：测量血压、检查体温、宣讲基础病预防知识，引导居民养成良好健康的生活习惯，树立疾病“早预防、早发现、早治疗”的科学理念。

非医学类专业的大学生可以走进养老院、基层卫生院、公立医院参加志愿服务工作，配合医生开展一些服务工作。例如：宣传爱心问诊信息查询、现场秩序引导。（图 5-10）

图 5-10　大学生参加养老院爱心义诊服务

六、档案整理服务

档案整理是指档案馆（室）对收集来的档案分门别类组成有序体系的一项业务，是档案管理中的一项基础工作。

“兰台筑梦数十载，故纸堆里写芳华。”为提升大众对人事档案的认识，揭开人事档案的神秘“面纱”，苏州城市学院档案学专业学生利用自己的专业知识和技能在校内开展“档案小课堂”活动，围绕人事档案的用途、内容、存放条件等展开讲解，搬卷、拆卷、整卷、重新组卷、制作三表、打印标签等步骤进行演示，提升了对人事档案的重视，提高了档案整理能力。(图 5-11)

图 5-11　档案整理服务现场

七、党史宣讲服务

为贯彻落实习近平总书记在党史学习教育动员大会上的重要讲话精神，做到“学史明理、学史增信、学史崇德、学史力行”，以党史照亮前行之路，各高校都组织了一系列“党史学习教育”专题活动，学生支部正式党员组建“党史宣讲团”，走进各个班级开展宣讲党史服务。例如，苏州城市学院城市文化与传播学院第二党支部开展的党史宣讲课——从《古田会议决议》中感悟中国共产党为什么“能”，党员代表符馨围绕“一根灯芯”的党史故事，介绍了毛泽东在井冈山八角楼工作期间坚持使用一根灯芯，在艰苦的环境中写下《中国的红色政权为什么能够存在?》等著作，以此指导中国共产党的革命实践。党员代表王红瑜则讲述了朱德“一条扁担”的故事：朱德坚持军民同等的思想，挑着扁担和大家一起挑口粮、爬山坡，体现了中国共产党人自始就保持勤俭节约、艰苦奋斗和坚持以人民为中心的作风。(图 5-12、图 5-13)

图 5-12　符馨讲述“一根灯芯”的故事

图 5-13　王红瑜讲述“一条扁担”的故事

第二节　志愿服务型

志愿服务是社会文明进步的重要标志，是培育和践行社会主义核心价值观的有效载体。党的十八大以来，习近平总书记高度重视志愿服务工作，多次强调，要在全社会广泛弘扬奉献、友爱、互助、进步的志愿精神，更好发挥志愿服务的积极作用，促进社会文明进步。中共中央、国务院印发的《关于全面加强新时代大中小学劳动教育的意见》明确提出，支持学生深入城乡社区、福利院和公共场所等参加志愿服务。探索以志愿服务活动推进劳动教育，对于培养德、智、体、美、劳全面发展的社会主义建设者和接班人具有重要意义。

一、志愿服务概述

2017 年 8 月 22 日颁布的《志愿服务条例》指出，志愿服务是指志愿者、志愿服务组织和其他组织自愿、无偿向社会或者他人提供的公益服务。开展志愿服务，应当遵循自愿、无偿、平等、诚信、合法的原则，不得违背社会公德、损害社会公共利益和他人合法权益，不得危害国家安全。志愿服务组织是指依法成立，以开展志愿服务为宗旨的非营利性组织。志愿服务的主要领域包括扶贫济困、助老助残、社区服务、生态建设、公益活动、抢险救灾、社会管理、文化建设、西部开发、海外服务等。

2019 年 7 月 23 日，习近平总书记致中国志愿服务联合会第二届会员代表大会的贺信中强调："希望广大志愿者、志愿服务组织、志愿服务工作者立足新时代、展现新作为，弘扬奉献、友爱、互助、进步的志愿精神，继续以实际行动书写新时代的雷锋故事。"志愿服务是指在不求回报的情况下，为促进社会进步而自愿付出个人的时间与精力所作出的服务工作，奉献精神是志愿服务的精髓。

二、志愿者的权利和义务

志愿者是指以自己的时间、知识、技能、体力等从事志愿服务的自然人。主要权利和义务如下：

（1）志愿者可以参与志愿服务组织开展的志愿服务活动，也可以自行依法开展志愿服务活动。

（2）志愿服务组织可以招募志愿者开展志愿服务活动；招募时，应当说明与志愿服务有关的真实、准确、完整的信息以及在志愿服务过程中可能发生的风险。

（3）需要志愿服务的组织或者个人可以向志愿服务组织提出申请，并提供与志愿服务有关的真实、准确、完整的信息，说明在志愿服务过程中可能发生的风险。志愿服务组织应当对有关信息进行核实，并及时予以答复。

（4）志愿者、志愿服务组织、志愿服务对象可以根据需要签订协议，明确当事人的权利和义务，约定志愿服务的内容、方式、时间、地点、工作条件和安全保障措施等。

（5）志愿服务组织安排志愿者参与志愿服务活动，应当与志愿者的年龄、知识、技能和身体状况相适应，不得要求志愿者提供超出其能力的志愿服务。

（6）志愿服务组织安排志愿者参与的志愿服务活动需要专门知识、技能的，应当对志愿者开展相关培训。开展专业志愿服务活动，应当执行国家或者行业组织制定的标准和规程。法律、行政法规对开展志愿服务活动有职业资格要求的，志愿者应当依法取得相应的资格。

（7）志愿服务组织应当为志愿者参与志愿服务活动提供必要条件，解决志愿者在志愿服务过程中遇到的困难，维护志愿者的合法权益。志愿服务组织安排志愿者参与可能发生人身危险的志愿服务活动前，应当为志愿者购买相应的人身意外伤害保险。

（8）志愿服务组织开展志愿服务活动，可以使用志愿服务标志。

（9）志愿服务组织安排志愿者参与志愿服务活动，应当如实记录志愿者个人基本信息、志愿服务情况、培训情况、表彰奖励情况、评价情况等信息，按照统一的信息数据标准录入国务院民政部门指定的志愿服务信息系统，实现数据互联互通。志愿者需要志愿服务记录证明的，志愿服务组织应当依据志愿服务记录无偿、如实出具。记录志愿服务信息和出具志愿服务记录证明的办法，由国务院民政部门会同有关单位制定。

（10）志愿服务组织、志愿服务对象应当尊重志愿者的人格尊严；未经志愿者本人同意，不得公开或者泄露其有关信息。

（11）志愿服务组织、志愿者应当尊重志愿服务对象的人格尊严，不得侵害志愿服务对象个人隐私，不得向志愿服务对象收取或者变相收取报酬。

（12）志愿者接受志愿服务组织安排参与志愿服务活动的，应当服从管理，接受必要的培训。志愿者应当按照约定提供志愿服务。志愿者因故不能按照约定提供志愿服务的，应当及时告知志愿服务组织或者志愿服务对象。

（13）任何组织和个人不得强行指派志愿者、志愿服务组织提供服务，不得以志愿服务名义进行营利性活动。

（14）任何组织和个人发现志愿服务组织有违法行为，可以向民政部门、其他有关部门或者志愿服务行业组织投诉、举报。民政部门、其他有关部门或者志愿服务行业组织接到投诉、举报，应当及时调查处理；对无权处理的，应当告知投诉人、举报人向有权处理的部门或者行业组织投诉、举报。

三、志愿服务的劳动教育价值与内涵

志愿服务蕴含着丰富的劳动教育价值和劳动教育内涵，两者承载着重要的教育功能，在价值取向、发展方向、实践要求上具有内在统一性和高度契合性。

首先，志愿服务作为劳动实践活动的一种形式，和劳动教育一样具有价值教育的属性。习近平总书记指出："学生支教、送知识下乡、志愿行动等实践活动，都展现了学生的风貌和服务社会、报效祖国的情怀。"大学生正是在志愿服务活动中涵养家国情怀、培养劳动精神、强化实践能力的，也是在参与社会治理中树立起对人民的感情、对社会的责任、对国家的忠诚的。这与劳动教育促进大学生养成良好劳动素养，形成热爱劳动过程、珍惜劳动成果和尊重劳动人民的价值态度，树立马克思主义劳动价值观，在价值取向上具有内在统一性。

其次，中华人民共和国成立以来，志愿服务活动与劳动教育的历史演变高度契合。在新民主主义社会向社会主义社会过渡时期，党和国家号召广大青年积极投身"义务劳动"等重大运动，强调通过劳动教育鼓舞民众从事劳动创造的热情和积极性，蕴含着志愿服务的精髓。在社会主义建设时期，劳动教育的政治意义被提升到前所未有的高度，劳动人民知识化、知识分子劳动化，在实践中"学雷锋、做好事"的志愿服务活动成为一股热潮。改革开放后，劳动教育的重点是为社会主义现代化建设服务，科技服务、公益劳动等服务他人的社会实践活动蓬勃开展。进入 21 世纪，党和国家日益重视唤醒个体劳动意识的内在自觉和综合素质培养，积极推进劳动价值的自主建构。这一时期，国家开始依托"西部计划"等大型志愿服务活动，正式把志愿服务活动纳入了提高公民素质的整体部署。党的十八大以来，党中央倡导"实干兴邦"的劳动实践观，客观上要求强化个体的社会责任意识、规则意识、奉献意识，这与新时代"志愿服务制度化"的发展方向高度一致。

最后，志愿服务活动和劳动教育都强调通过社会实践育人，帮助大学生在实践活动中接受锻炼，获得才干。在实践中，劳动教育形态顺应时代发生变化，与志愿服务活动高度融合，志愿服务活动作为劳动实践形态被充实进了劳动教育内容，纳入了劳动教育的实践体系。校园勤工助学、劳动体验等志愿服务活动常态化开展，在公共场所、基层社区开展公益劳动的社会化程度越来越高。志愿服务类型的劳动教育制度性建设稳步推进，志愿服务和劳动教育的专业性特征进一步强化。志愿服务活动与劳动教育的结合，在实践上形成了整合性、开放性的劳动育人格局。

四、志愿服务校园实践

在当今社会，大学生志愿者活动日益受到广泛关注。越来越多的高校和大学生积极参与志愿者活动，为社会传递正能量。

（一）大学生志愿服务组织

青年志愿者协会是苏州城市学院校团委指导下的公益类学生组织，成立于 2022 年。协会奉行奉献、友爱、互助、进步的志愿服务精神，宗旨是"立足校园、扎根苏州、热心公益、奉献社会"，通过组织和指导全校志愿服务活动，以提高在校大学生社会实践能力和综合素质、增强当代大学生的社会责任意识，进而推动学校精神文明建设。

协会下设办公行政部、社会实践部、青年志愿者管理部、外联部、新宣部五个部门，主要负责学校志愿服务管理系统的正常运行、全校学生志愿服务时长和公益行为学分的审核工作、指导校内志愿服务组织开展志愿服务、组织开展各类志愿服务活动、组织开展社会实践相关工作、评优表彰等工作，打造“绿小纸”、“大爱微行”支教实践团、“益心计划”等别具特色的志愿服务品牌（图 5-14、图 5-15、图 5-16）。

协会立足地方，努力实现区域互动，在越溪街道、横泾街道、上方山风景区、科沃斯创想科技馆、明德社工机构、莫舍社区等多地建立长期志愿服务基地，推动志愿服务活动多元化发展；组织开展苏州马拉松等赛事志愿服务和无偿献血等各类公益活动；在抗疫抗灾、社会治理、基层服务、支教支农等领域发挥着重要作用；以微信公众号“SZCU 青声入微”为平台，组织和引领在校大学生志愿者，用实际行动传播志愿服务精神，弘扬青春正能量。

图 5-14　苏州城市学院“绿小纸”绿色环保志愿服务团队

图 5-15　苏州城市学院“大爱微行”支教小分队

图 5-16　苏州城市学院“益心计划”关爱精神残障人群志愿服务团队

（二）大学生志愿服务类型

1. 环保类志愿者活动

（1）垃圾分类宣传：通过组织校园垃圾分类活动，提高大学生的环保意识，推动绿色校园建设。

（2）植树造林行动：参与植树活动，绿化校园和社区，为地球生态环境作出贡献。

（3）环保理念倡导：开展环保知识讲座，宣传环保法律法规，提高公众环保意识。

2. 公益类志愿者活动

（1）教育帮困：组织大学生志愿者前往贫困地区的学校，为当地孩子传授知识，助力教育扶贫。

（2）扶贫帮困：参与扶贫行动，为贫困家庭提供物资援助、技术支持等。

（3）关爱老弱：探访孤儿院、养老院等，为特殊群体带去关爱和温暖。

3. 文化类志愿者活动

（1）文化交流：组织留学生与中国学生之间的文化交流活动，促进中外文化互鉴。（图 5-17）

（2）非遗保护：参与非物质文化遗产的调查、保护和传承工作，弘扬优秀传统文化。

（3）公益演出：举办公益演出，丰富社区居民的业余生活，传播正能量。（图 5-18）

图 5-17　2024 年苏州城市学院“翠微吴韵”文化研修冬令营

图 5-18　苏州城市学院艺术团《权御天下》展演现场

4. 体育类志愿者活动

（1）体育赛事服务：为各类体育赛事提供志愿服务，如奥运会、亚运会等。

（2）校园体育活动：组织校园体育赛事，推广体育运动，增强学生们的体质。

（3）马拉松服务：参与马拉松等大型户外运动赛事的志愿服务，为运动员提供保障。（图 5-19）

图 5-19　苏州城市学院 621 位青年志愿者用心护航 2024 苏州马拉松

拓展阅读

大学生志愿服务优秀团队——党旗飘飘拳拳意，多彩志愿助盲行

2022 年的夏日，苏州城市学院“睛彩瞳行”暑期志愿服务社会实践团队积极学习党史，汲取精神力量，开展了多样化的志愿服务活动。

庆党华诞赓续红色精神，志愿助盲“睛”彩“瞳”行

“睛彩瞳行”暑期志愿服务社会实践团队积极策划、苏州市博爱居公益服务中心的广大盲人朋友们踊跃参与，于建党节当天开展了以“庆党华诞赓续红色精神，助盲‘瞳’行与你一路‘睛’彩”为主题的线上文艺晚会。

据悉，在此之前，“睛彩瞳行”社会实践团队和苏州市博爱居公益服务中心——苏州市首家由盲人群体自发组建、志愿者协同的公益组织就已开展过多次合作。苏州大运河的故事助盲活动、“文化助盲，共品书香”助盲活动、中医按摩知识朗读、构建“慈爱有声图书馆”等，团队成员通过各种方式，将助盲融入日常。

以支教促文化下乡，用汗水浇灌童心向党

2022 年 7 月下旬，团队赴江苏省泰州市开展公益暑托班活动。团队成员因地制

宜，因材施教，结合泰州享有“全国双拥模范城”“海军诞生地、水兵母亲城”“东线第一帆”等荣誉称号以及声名远播的“三个不相信”城市精神特质等，自创趣味小故事，将向党爱党的真情传递给儿童，并鼓励他们树立远大理想，立志报效祖国。

党史熠熠生辉，你我“睛”彩“瞳”行

2022年8月7日，团队携手苏州市博爱居公益服务中心的广大盲人朋友们，在苏州工业园区中央公园开展了一场以“党史熠熠生辉，你我‘睛’彩‘瞳’行”为主题的线上线下相融合的纳凉晚会活动。团队成员们在各自节目表演之余承担着晚会后勤保障、舞台、视障观众服务、应急预案等多个组别的志愿服务工作，为确保活动圆满开办勠力同心，同向发力。

苏州城市学院“睛彩瞳行”暑期志愿服务社会实践团队立足党史学习教育，扎根基层，紧扣时代命题，深入具体的志愿服务身体力行。系列活动通过线上线下多途径推进展开，着眼实际，形式多样，取得了一定的成效。

大学生志愿服务优秀个人——青年志愿模范代表

在这美好的大学校园中，每天都发生着点点滴滴的小事。2023年12月，苏州城市学院两名学生获得苏州市十佳青年志愿者和苏州市大型赛会优秀青年志愿者表彰。

王玥晗是城市文化与传播学院2022级汉语言文学专业学生。自2013年起，她连续十年担任四川博物院志愿讲解员，连续荣获四届“四川博物院十佳讲解员”称号，4次受到地方电视台采访。步入大学，以姑苏文化为根，发起创建志愿公益类社团“博悟社”，加强志愿与科研的相促相融，依托苏州状元博物馆平台开展调研，相关项目荣获第十八届“挑战杯”全国大学生课外学术科技作品竞赛“红色专项”活动江苏省三等奖。她坚持传播中国传统文化，曾参加中国侨联举办的“中国寻根之旅”夏令营，受到央视国际频道《华人故事》报道；她曾担任第五届大运河文化旅游博览会·运河行活动志愿者，接待国外嘉宾，向国际友人传播江南文化，传递志愿之光。

张勇俊是数字经济与管理学院2022级市场营销专业学生。从高中起，他坚持参加流水琴川义工协会志愿活动，深度参与社区治理。大学以来，作为校青协的一员，他积极参加第五届大运河文化旅游博览会、2023苏州马拉松、苏州首届青少年户外障碍挑战赛、苏州“环太湖1号公路”马拉松等多场大型赛会，并获评2023苏州马拉松“优秀青年志愿者”，累计志愿服务169.5小时。参加第五届大运河文化旅游博览会志愿服务期间，他作为组长负责主服务台的志愿服务工作，除了正常使用双语为展商和参观者答疑解惑外，他还成功处理了一起小孩走失的突发事件，受到了主办方和家属的一致好评。

五、大学生志愿服务西部计划

（一）大学生志愿服务西部计划概述

2003 年，团中央、教育部、财政部、人力资源和社会保障部根据国务院常务会议和全国高校毕业生就业工作会议精神，联合实施大学生志愿服务西部计划，招募一定数量的普通高等学校应届毕业生或在读研究生，到西部基层开展为期 1～3 年的志愿服务工作，鼓励志愿者服务期满后扎根当地就业创业。大学生志愿服务西部计划志愿者，从广义上来说，是指政府相关部门通过考试或考核的方式选派到西部地区从事教育、卫生、农技、扶贫以及青年中心建设和管理等志愿服务工作的大学毕业生；从狭义上来说，是指为促进大学生就业与加快西部大开发、促进西部地区的发展，由当地政府相关部门发布需求信息，通过一系列公开、公正、竞争、择优的考试考察程序，面向广大优秀高校毕业生组织选拔，并选派到西部地区从事志愿服务工作的大学毕业生。

（二）大学生志愿服务西部计划项目

大学生志愿服务西部计划按照服务内容分为基础教育、服务“三农”、医疗卫生、基层青年工作、基层社会管理、服务新疆、服务西藏 7 个专项。

（1）基础教育：在县乡中小学从事教学及教学管理工作。本专项包括研究生支教团。

（2）服务“三农”：在县乡农业（林业、牧业、水利）技术单位从事农业科技工作。

（3）医疗卫生：在乡镇卫生院以及部分县级医院、防疫站从事医疗卫生工作。

（4）基层青年工作：在县级团委从事加强团的基层组织建设、促进青年就业创业、预防青少年违法犯罪、维护青少年合法权益等工作。

（5）基层社会管理：围绕西部基层社会公益、社会保障、社会福利、法律援助、扶贫开发、金融开发等公共服务需求及党政、司法、综治等工作需要开展服务。

（6）服务新疆：围绕新疆和兵团经济社会发展的需要在基层单位从事基础教育、农业科技、医疗卫生等服务。

（7）服务西藏：围绕西藏经济社会发展需要在基层单位从事基础教育、农业科技、医疗卫生等服务。

（三）大学生志愿服务西部计划主要服务地

大学生志愿服务西部计划自 2003 年实施以来，已累计招募超过 50 万名高校毕业生和在读研究生，在 2 000 多个县（市、区、旗）基层服务，在全社会尤其是青年中唱响了“到西部去、到基层去、到祖国和人民最需要的地方去”的时代旋律。

拓展阅读

志愿者王军扬：扎根兵团十二年追逐沙棘梦

2009 年，王军扬大学毕业后便报名参加大学生志愿服务西部计划，被分到了九师一七〇团。在这个坐落于山地丘陵、荒漠戈壁之上，地处风头水尾，耕地稀缺、土壤贫瘠的团场，王军扬埋头苦干，一干便是十余年。他与一七〇团人一起见证着戈壁荒滩上的生命奇迹——沙棘，也与一七〇团人一起追逐着沙棘梦。

进行大学生志愿服务西部计划不到一年，王军扬就主动向团场申请留下工作。2010 年，王军扬被任命为一七〇团林业站副站长，主要工作是沙棘育苗、沙棘种植、沙棘新技术新品种的推广应用；两年时间里，他圆满完成了 14 000 亩沙棘林的种植任务，成活率达 90%以上；成功推广了沙棘硬枝扦插技术，实现了当年出圃 60 万株沙棘苗的目标。

2012 年，年仅 25 岁的王军扬，走马上任一七〇团六连党支部书记。不熟悉的环境、不熟悉的工作意味着一切都要从头做起。那段时间里，他与一线的职工进行了有效的沟通和交流，真实地感受到了他们的纯朴和艰辛。他们渴求脱贫致富的眼神，深深印在了他的脑海中，也触动了他徘徊不定的心，他暗下决心，一定要不遗余力地为发展团场、建设团场、致富职工群众不懈工作。王军扬刚到任就发现职工种植大棚产量低、销售难、效益低的问题，每座大棚一年收入最好的只有五六千元，少的只有一两千元，职工的心思都放在外出打工上。面对这种情况，他挨家挨户走访职工，给职工讲党的富民政策，分析设施农业的前景，并带领职工走出去看先进地区的设施农业，开阔了职工的眼界，增加了职工的信心。任一七〇团六连党支部书记的 8 年时间里，在他的带领下，六连温棚从 122 座增加到 298 座，一线承包职工从 56 人增加到 142 人，承包大棚的职工占全连的 95%。职工人均收入从 2012 年的 16 000 元增加到 2017 年的 38 000 元。

2019 年 6 月，王军扬带着他的沙棘梦毅然辞去了一七〇团六连党支部书记的职务，全身心投入沙棘产业，他牵头成立的新疆金圣果农业专业合作社吸纳社员 140 余名，服务沙棘种植户占全团总数的 90%。2019 年、2020 年销售沙棘果 5 700 余吨，社员人均收入突破 70 000 元，成为全国最大的沙棘原料供应商。一七〇团沙棘走向了全国，并实现了出口“零”的突破。

王军扬说，在他心里，一直从未动摇的初心就是不遗余力地扎根基层，不遗余力地奉献基层，始终坚持全心全意为人民服务的宗旨，保持一名共产党员的初心。在王军扬眼里，沙棘已经成为一种精神的引领、一种力量的图腾。

第三节 社会实践型

社会实践是高校有目的、有计划地组织大学生走出校门，了解社会、服务社会的教育方式，是大学生服务性劳动实践的另一种形式。通过社会实践有利于提高大学生的思想政治素质，有利于增长大学生的实践本领，有利于增强大学生的责任感和使命感。大学生常见的社会实践型劳动主要有社会调查、“青年红色筑梦之旅”“三支一扶”“三下乡”和外出写生等。

一、社会调查

（一）社会调查概述

社会调查是一种科学研究方法，它通过对特定社会现象、问题或群体进行系统的、有计划的、深入的实地调查，收集相关资料和数据，并对这些资料和数据进行分析和解释，以揭示社会现象的本质、规律和发展趋势。社会调查在社会科学研究中具有重要地位，它不仅是获取第一手资料的重要途径，也是检验理论假设、推动学科发展的重要手段。

（二）社会调查范围

社会调查的范围非常广泛，可以涉及各个领域，如教育、经济、政治、文化、环境等。在教育领域，社会调查可以用于了解学生的学习情况、教师的教学质量、学校的管理水平等；在经济领域，社会调查可以用于了解市场需求、产业发展、就业情况等；在政治领域，社会调查可以用于了解民意、政策执行效果等；在文化领域，社会调查可以用于了解文化传承、文化消费等；在环境领域，社会调查可以用于了解环境污染、生态保护等。

（三）社会调查方法

社会调查的方法有很多种，如问卷调查、访谈调查、观察调查、实验调查等。在进行社会调查时，需要明确调查目的、调查对象、调查内容、调查方法等，并遵循科学的研究规范和伦理原则，确保调查结果的客观性和准确性。

（四）社会调查的劳动教育意义

社会调查的意义在于，它可以帮助我们更加深入地了解社会现象和问题，发现其中的规律和趋势，为解决社会问题提供科学依据。同时，社会调查也可以提高我们的观察力和思考能力，培养我们的实践能力和创新精神。通过社会调查，我们可以更好地认识社会、服务社会、推动社会发展。而在这一过程中所付出的劳动是必不可少的。社会调查是一种获取信息和数据的手段，通过实地调查、访谈、问卷等方式收集数据，可以为研究提供重要依据。同时劳动也是锻炼和提高自己的能力、技能和经验的过程。在社会调查中，劳动主要涉及各种技能的应用，如沟通技巧、组织协调能力、分析能力等，这些技能的锻炼和提高将有助于调查者更好地完成调查任务。

拓展阅读

“苹心”团队开展现代化农业庄园调研劳动实践活动

为深入了解现代果园的发展现状，要实地走访调研云南当地乡村产业提质增效和农民致富增收的中国方案与中国智慧。2023 年 7 月 12 日，“共建苹果生态园，同助乡村发展梦”——昆明“苹心”公益乡村实践团队成员来到“团结鑫”苹果庄园果蔬种植区调研，以劳动实践切身感受现代农业产业示范园的发展特色。

蔬果绿色种植，饮水思源走好可持续道路

团队成员走进“团结鑫”苹果庄园果蔬种植区时，菜农们正忙碌地进行白菜的采收，来访的游客们可以亲自体验采摘并且向菜农购买原生态绿色种植的白菜。一位菜农阿姨说道，自己就是团结乡本地人。一来是生活的需要，正逢种植区招工；二来，虽然年纪大了，但也想锻炼一下。在这里种菜，薪资待遇各方面都还可以。庄园对于菜农、果农进行了人性化帮扶，在培育苹果的同时积极发展蔬菜种植业，在苹果还未成熟的收成淡季，通过售卖绿色蔬菜平衡稳定庄园工作人员的收入。

建设冷链物流，降本增效赋能产业发展

团队成员来到“团结鑫”苹果冷藏库中，了解到当今的冷链物流行业贯通第一、二、三产业，是巩固助力城镇发展成果、有效衔接乡村振兴、促进消费升级的重要产业，更是物流领域的一片蓝海。小型简易果品冷藏库建设将给苹果庄园和果农带来更大的经济效益，让他们更有信心加入果业生产的投入，从而生产出品质更高的苹果。

工作人员告诉成员们，纸箱加气柱包装的情况下摔坏苹果的可能性非常小，同时用户反馈也是最好的，包装的成本也不算太高。在苹果的包装上，重点做到“降成本，强品质”，保证消费者权益的同时，也保证了果农们从中获得的经济效益，真正实现降低产品消耗、带动果农增收、推动产业发展的先进苹果庄园示范引领作用。

培育高端品种，科技协同打造云养新模式

团队成员来到了“团结鑫”苹果庄园的果树种植认养区域，同时跟随庄园董事长与中国农业大学教授一起上山体验采摘。果园董事向成员介绍，瑞雪果市场价格大概 68 元/斤，前年在西北农林科技大学苹果研究中心承办的第四届全国瑞雪瑞阳瑞香红苹果鉴评暨发展前景交流会上，它的口感和品质获得一致好评。同时，2023 年认养果树的人也比去年同比上涨了 40% 左右。在果园开发的认养新模式——云养果树下，用户可以实时通过高清摄像头了解到果树的情况，让越来越多的客户感到放心、安心，更多人愿意去认养。好的品种、好的技术两者相结合，才能真正带动乡村产业的发展。

实施矿山治理，生态修复守护绿水青山

团队成员来到“团结鑫”苹果庄园的水源地水库，水库边的陡坡上，许多工作人员在种植迷迭香，团队成员也跟随工作人员一起种植，进一步了解到种植迷迭香的原因。通过在陡坡种植迷迭香，可以巩固水土、维护生态，并实现陡坡的合理利用。一位工作人员提到他们这一代人靠山吃山，现在到了保护山的时候了。在种植过程中，土壤疏松，但需要大量土壤来稳固植物。团队成员深刻感受到环境破坏的影响，一位工作人员提醒团队成员们要好好保护自然，不要随意挖采而造成难以修复的景象。乡村振兴离不开绿水青山，保护环境也是乡村振兴的重要任务。“团结鑫”苹果庄园的实地考察调研学习让团队成员学习了丰富的蔬果种植农业知识，了解了“云”端果树种植认养的新发展模式，见证了冷链物流全面发展完善对乡村振兴的助力。作为新时代大学生，更要用心去体验感悟，肩负起作为青年人的责任，在乡村振兴的大舞台上挺膺担当、奋发有为，为加快推进农业农村现代化、全面建设社会主义现代化国家贡献青春力量。

二、“青年红色筑梦之旅”

（一）“青年红色筑梦之旅”概述

“青年红色筑梦之旅”是第三届中国“互联网+”大学生创新创业大赛（现为中国国际“互联网+”大学生创新创业大赛）举办的同期实践活动。此次活动由教育部组织，西安电子科技大学承办。两批参赛团队分赴延安，通过大学生创新创业项目对接革命老区经济社会发展需求，助力精准扶贫脱贫。

2017 年 7 月活动期间，由西安电子科技大学创业团队“小满良仓”负责人张旺发起，并联合其他创业团队一起给习近平总书记汇报了“青年红色筑梦之旅”实践活动的感受，大学生们表示要像青年时代的习近平那样，立下为祖国、为人民奉献自己的信念和志向，把创新创业梦融入伟大中国梦，用青春和理想谱写信仰和奋斗之歌。8 月 15 日，习近平给参加“青年红色筑梦之旅”的大学生发去了回信，信中写道：“得知全国 150 万大学生参加本届大赛，其中上百支大学生创新创业团队参加了走进延安、服务革命老区的‘青年红色筑梦之旅’活动，帮助老区人民脱贫致富奔小康，既取得了积极成效，又受到了思想洗礼，我感到十分高兴。”

为了学习贯彻习近平新时代中国特色社会主义思想，贯彻落实习近平总书记给“青年红色筑梦之旅”大学生的回信精神，教育部决定自第四届中国“互联网+”大学生创新创业大赛起，增设“青年红色筑梦之旅”赛道，广泛实施“青年红色筑梦之旅”活动。“青年红色筑梦之旅”活动旨在推动创新创业教育与思想政治教育相融合，创新创业实践与乡村振兴战略、精准扶贫脱贫相结合，要求各高校组织大学生创新创业团队到各自对接的县、乡、村和农户，从质量兴农、绿色兴农、科技兴农、电商兴农、教育兴农等方面开展帮扶工作，推动当地社会经济建设，助力精准扶贫和乡村振兴。

（二）“青年红色筑梦之旅”的时代价值

“青年红色筑梦之旅”不仅是大学生创新创业的实践课，也是形式生动的思政课。各地大学生创新创业团队走进延安、井冈山、西柏坡、古田等革命老区，缅怀革命前辈伟大而艰辛的创业史；走进安徽小岗村、黑龙江大庆、宁夏闽宁等地，感受不畏艰辛、敢为人先的奋斗精神，构建了高校育人的新模式。

“青年红色筑梦之旅”紧扣国家创新驱动发展、乡村振兴等战略，将高校的智力资源、社会优质资源辐射到广大乡村，深入推动创新创业教育与思想政治教育相融合，创新创业实践与乡村振兴战略、精准扶贫脱贫相融合，为乡村振兴注入了新动能，推动了当地经济社会的发展。

各地各高校以“青年红色筑梦之旅”活动为抓手，推动科教结合、产教融合、校企合作，加强了教育界与科技界、产业界、投资界的合作，将更多的优质社会资源转化为育人资源，为大学生提供实践平台、指导服务和融资支持，完善了产、学、研、用结合的新机制。

拓展阅读

“青年红色筑梦之旅”金奖得主吕永阳：用“小夜灯”照亮大山深处的致富路

黔中大地山好水美，风物宜人。贵州正培育特色旅游乡村，促进群众增收致富，然而一些村寨留守妇女、老人居多，缺乏开展旅游服务的经验和技能，这成了当地开发旅游业的一大阻碍。

2017 年，吕永阳来到了石阡县支教。有一次他到国荣乡楼上古寨调研，发现古寨旅游资源丰富，基础设施完善，但由于村民文化水平不高，不知如何招待游客，古寨面临着客源流失严重的问题。

他和团队经过调研后发现，游客不愿意去，不是因为山不够青、水不够绿，而是因为服务不够到位。究其根本原因，是老百姓的教育水平与就业技能不够，没有思路就没有出路。那时的他日夜苦想，面对这种状况，身为大学生的他能做什么呢？

于是，他和团队开始紧锣密鼓筹办“夜校”。村民不识字，就教村民识字；村民不会说普通话，他们就带着村民练普通话。他们只有一个目标，就是让村民成为旅游从业者。

当时村民们都不愿来上课，觉得上课耽误时间，没有多大用处，还不如多耕一亩地。于是他和团队想出了兑换小礼品、送生活用品等方式来吸引更多的村民走进课堂，把村民请进“夜校”。同时，他们也会为村民“量体裁衣”，有针对性地开设课程，建设村民“课上愿意听，课下还想听”的优质“夜校”。

就这样，他带领团队在贵州乡村旅游小镇办起了“夜校”，帮助村民提升旅游从业技能。同时，团队自主开发了面对乡村旅游的一站式平台，帮助乡村旅游走出大山，将绿水青山变成金山银山。

三、“三支一扶”

（一）“三支一扶”概述

三支一扶，是中华人民共和国人力资源和社会保障部会同有关部门组织实施的高校毕业生基层服务项目，重点选派高校毕业生到基层从事支教、支农、支医和帮扶乡村振兴（2006 年至 2020 年为扶贫）等服务，于 2006 年起正式实施。

2006 年中央组织部、人事部、教育部、财政部、农业部、卫生部、国务院扶贫办、共青团中央等部门联合下发了《关于组织开展高校毕业生到农村基层从事支教、支农、支医和扶贫工作的通知》。每年各地组织、人事、教育、财政、农业、卫生、扶贫、团委等部门，按照公开招募、自愿报名、组织选拔、统一派遣的方式，招募近万名高校毕业生，到农村基层乡镇从事支教、支农、支医和扶贫工作，简称“三支一扶”。“三支一扶”引导和鼓励高校毕业生到西部去、到基层去、到祖国最需要的地方去，经受锻炼，健康成长，为促进农村基层教育、农业、卫生、扶贫等社会事业的发展、建设社会主义新农村和构建和谐社会作出贡献。对大学生来说，“三支一扶”不仅可以缓解就业压力，而且提供了一个施展才华的舞台，让他们能够通过基层工作积累经验，并在实践中锻炼坚强意志。

截至 2023 年 4 月，“三支一扶”计划已累计选派 51 万名高校毕业生到基层服务。

（二）大学生“三支一扶”的成效与意义

高校毕业生“三支一扶”计划是引导高校毕业生向基层一线流动、助力推进乡村振兴的民生工程，是为基层输送和培养青年人才、改善基层人才队伍结构的人才工程，是引领高校毕业生树立科学就业观、积极面向基层就业的就业工程。

实施“三支一扶”计划，有利于培养造就经过基层实践艰苦磨炼、对人民群众怀有深厚感情的党和国家需要的多方面人才，巩固党的执政基础；有利于缓解基层人才匮乏的状况，有力推动乡村振兴战略的实施；有利于帮助高校毕业生树立正确的择业观念，拓宽高校毕业生就业渠道。

拓展阅读

苏州城市学院学子“支教”“支农”“支医”献爱心

为培养具有社会责任感、实践能力和创新精神的优秀青年，为社会和国家的发展培养有力的接班人才，苏州城市学院积极组织大学生参加“三支一扶”活动，激发大学生的社会责任感和志愿服务精神，促进青年学生深入基层，了解农村现实，提升实践能力和团队合作意识。通过参与活动，大学生们得到成长与收获，拓宽视野，培养情怀，为未来的社会奉献力量，彰显出大学生的爱心和担当。

大学生甲：“我是苏州城市学院通信工程专业的一名大学生，2023 年参加了学校组织的‘支教’活动，实践团队前往杭州市临安区太阳镇横路小学，为当地学生提供线上线下一体化的支教服务、一对一困难帮扶行动、弱势群体慰问等活动。这段经历让我深刻认识到了乡村地区的现实与挑战。贫困、教育匮乏等问题让我意识到我们身处的幸福生活并非每个人都能享有。我深刻感受到了这段经历给我的人生带来的改变和启迪。在项目中，我不仅仅是一名志愿者，更是一个倾听者、帮助者和见证者。此次劳动实践，首先让我感受和珍惜城市里优越的学习条件，也让我意识到教育资源均衡的重要性。其次，支教让我充分感受到了学生们对知识的渴望和对未来的憧憬。作为支教老师的我，看到学生们勤奋好学、乐观向上，深受鼓舞，也被他们的努力精神所感染。这种感受让我更加坚定了支教的意义：教育不仅是传授知识，更是点燃希望、改变命运的力量。此次支教经历也让我感受到了服务他人的快乐和自豪。每一次帮助他人、解决问题的经历，都让我倍感满足和幸福。每当看到那些笑容灿烂的孩子，我的心也变得更加宽广和温暖。”（图 5-20）

图 5-20　大学生下乡“支教”

大学生乙：“我是苏州城市学院新闻学专业的一名大学生，2023 年参加了学校组织的‘支农’活动，学校组织我们来到江苏苏州吴中区太湖洞庭山，参加‘支农’——碧螺春茶叶采摘、制茶等体验。碧螺春茶叶早在隋唐时期即负盛名，有千余年历史。传说清康熙皇帝南巡苏州，为此茶叶赐名为‘碧螺春’。其制作主要是经过杀青、揉捻、搓团显毫、烘干几个步骤，且每个步骤都具有严格的要求。通过此次劳动实践，我深刻体会到了农民的辛勤劳动。在‘支农’过程中，我亲身参与了碧螺春茶叶采摘、制茶等工作，这让我更加珍惜食物的来之不易。此外，与农民的交流和相处也让我了解到了他们的智慧和坚韧不拔的精神，他们对土地的热爱和执着让我深受感动。同时，我希望通过我所学的知识和技能，能够为农村地区的发展做出一份努力，帮助农民改善生活条件，推动农业现代化进程。”（图 5-21）

图 5-21　大学生下乡“支农”

大学生丙：“我是苏州城市学院健康服务与管理专业的一名大学生，2023 年参加了学校组织的‘支医’活动，我深刻体会到医疗资源不均的现实，同时也感受到了对患者的关怀和责任。在‘支医’过程中，我不仅提升了专业技能，还培养了团队合作意识和交流能力。这次经历让我更加珍惜所学专业知识，激发了我投身康养事业的决心，同时也让我认识到医疗工作的辛劳与意义，这将是我人生的宝贵财富与经历。面对各种困难和挑战，我不再畏惧，而是勇敢应对，寻找解决方案。这样的成长不仅体现在专业技能上，更体现在心智和意志力的提升上。”（图 5-22）

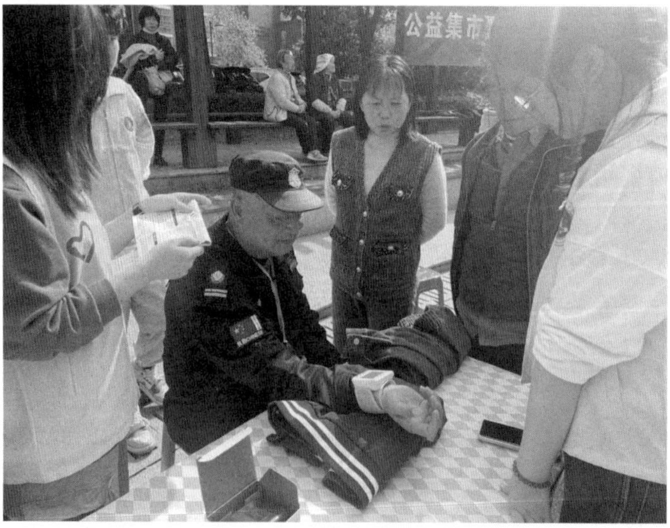

图 5-22　大学生下乡“支医”

“三支一扶”项目，不仅是志愿活动，更是心灵的洗礼和成长的历练，大学生们将永远珍藏这段宝贵的经历，在未来的道路上，希望自己继续传递爱心、奉献友爱，让生活因自己而更加美好。

四、“三下乡”

（一）“三下乡”概述

1997年，中宣部、国家教委、共青团中央、全国学联联合下发了《关于开展大中学生志愿者暑期文化科技卫生“三下乡”活动的通知》。这项活动旨在组织大中学生志愿者，利用暑假深入农村和乡镇企业，发挥知识技能的优势，为农村脱贫致富和农民基本生产生活需要服务，促进广大学生在实践中全面提高自身素质。“三下乡”，即让文化、科技、卫生方面的知识在农村普及，促进农村文化、科技、卫生的发展。大力开展文化、科技、卫生“三下乡”活动，是我们党全心全意为人民服务宗旨的具体体现。大学生“三下乡”社会实践是高校实践育人工作的主要手段，是加强和改进大学生思想政治教育的有效途径，对于增强大学生的社会责任感、提高大学生的综合素质都有十分重要的现实意义。

（二）大学生“三下乡”社会实践的功能

首先，促进高等教育内涵式提升与发展。通过大学生“三下乡”社会实践，高校加强了与社会的联系，有利于突破传统学院封闭式的教学模式，拓宽校内思想政治教育的渠道，深化和改进高校德育工作；通过大学生“三下乡”社会实践，高校能够了解培养目标、专业设置、教学管理是否与社会要求相适应，从而主动进行调整或变革，有利于高校端正办学方向，发挥专业培养优势，提升知名度；通过大学生“三下乡”社会实践，高校将理论应用于实践，充实了教学内容，有利于高校巩固和提高教学、科研、社会服务的成果。

其次，在社会经济发展中充分发挥“高校担当”。大学生“三下乡”社会实践以农村乡镇、基层企业和中小学校为服务点，开展文化、科技、卫生领域的社会实践活动，有利于发挥教育的政治功能，这表现在两个方面：一是对广大学生进行政治和意识形态教育，可以促进大学生的政治社会化，使之成为社会所需要的合格公民；二是培养政治人才，以补充社会管理层的需要。同时，大学生“三下乡”社会实践也有利于全社会科学文化知识的普及和先进思想的传播，有利于推动落后地区的精神文明建设。

最后，通过社会实践，有效提升大学生综合素质；通过开展文化、科技、卫生领域的社会实践活动，帮助大学生深入社会，感知社会，了解我国在改革开放和现代化建设中取得的伟大成就，及时把握国情政策。大学生能够从实际工作中获取直接经验，特别是与所学专业相关的技术经验，也有利于其专业文化素质的巩固和完善。

拓展阅读

不忘初心，砥砺“黔”行

苏州城市学院“爱·黔行”支教团队成立于2011年，是一支由大学生组建的年轻支教团体。支教对象是贵州省黔东南苗族侗族自治州天柱县竹林镇小学的孩子们。

支教地区大山连绵，本地大多是山区里的留守儿童，他们兴趣爱好匮乏，性格内向，缺乏自信。支教团队每年暑期都会开设手工、陶笛、历史等特色课程，培养孩子们的兴趣，拓展他们的知识面，开阔他们的视野，帮助孩子们建立自信，帮助他们大胆积极地表达自我。

初次相遇，师生共融

经过前期的备课、排班、策划，团队到达竹林镇小学的第二天便开始了宣传、招生、登记、分班等工作。在开班典礼上，支教队员们详细地做了自我介绍，期待和孩子们相处的时光。支教课程安排开始步入正轨，从科学世界到缤纷地理，从影视艺术到民俗文化，多彩的课程让孩子们应接不暇，一下课，他们便追着问：“老师老师，你知道兔子是怎么叫的吗?”“你家在哪里呀?”各种千奇百怪的问题让孩子们和支教队员迅速打成了一片。

特色活动，精彩纷呈

心理团辅、趣味运动会、心理健康话剧、模拟法庭让孩子们摆脱了课堂上“我说你记”的教学模式。趣味运动会有“背对背夹球运送”“两人三足接力”“爱的抱抱”“摸石头过河”“水杯传递”“师生接力”6个项目。尽管天气炎热，孩子们个个满头大汗，但他们激情飞扬，充满活力。他们在特色活动中认识自我、释放自我、积极大胆地表达自我，在游戏过程中增进了彼此之间的友谊，懂得了团结友爱在团队中的重要性。

师生分别，依依不舍

支教活动的最后一天是文艺汇演，精彩的表演引得台下笑声连连。汇演过后，支教队员与孩子们合影，时间定格在大家的笑容里，所有的依依不舍都化作了一张张写满祝福的小卡片。

支教带队教师说道：“爱·黔行”贵州支教活动经过十年的发展与成长，已成为江苏省内大学生志愿服务活动的品牌和标杆。本次活动给竹林镇小学的孩子们带去了温暖的陪伴，通过教育实践活动助力大学生成长，使教学活动更有深度、更有温度、更有情怀。支教活动引导大学生树立正确健康的生活理念，给了大学生青春正能量。(图5-23)

图 5-23 “爱·黔行”支教团队

五、外出写生

（一）外出写生概述

外出写生课程是艺术类专业的一门室外实践课程。通过该门课程的学习与实践，大学生可以更加直接地掌握色彩媒材、色彩规律和绘画技巧；通过亲近自然，大学生可以更好地激发和调动个人主观能动性，提高自我色彩修养、画面整体意识，建立和培养绘画语言；身处自然，有着新鲜的视觉刺激和感受，可以摆脱日常学习中的“模式化”“概念化”，通过个人的情感表达，传达出画面的关注焦点和趣味性，更为日后的设计创作积累素材。

（二）外出写生的劳动教育意义

外出写生不仅能够培养大学生的艺术修养和审美能力，更能够让他们在实践中体验劳动的价值，培养劳动精神，增强团队合作精神和沟通能力。

首先，外出写生让大学生走出教室，身临其境地感受大自然的美妙与神奇。在写生的过程中，他们需要仔细观察、认真思考，用画笔捕捉自然景色的细节和神韵。这种亲身体验的学习方式，不仅能够激发大学生对大自然的热爱和敬畏之情，还能够培养他们的观察力和创造力。

其次，外出写生也是一种劳动实践。在写生的过程中，大学生需要自己动手准备画具、寻找合适的写生地点、调整画面构图等。这些都需要他们付出辛勤的劳动和汗水。通过这种劳动实践，大学生能够深刻体会到劳动的价值和意义，培养劳动精神，增强自我管理和自我约束的能力。

最后，外出写生还能够培养大学生的团队合作精神和沟通能力。在写生的过程中，大学生需要相互协作、互相帮助，共同完成一幅幅美丽的画作。这种团队合作的经历，不仅能够让大学生感受到集体的力量和温暖，还能够培养他们的沟通能力和协作精神。

拓展阅读

写生实践，亲近自然，感受中华文化

为开拓艺术设计类专业大学生的艺术视野，提升学院教育教学和人才培养质量，2023 年 10 月环境设计等专业分别前往江西婺源、景德镇等地开展写生。

这次外出写生课程不仅是一次艺术学习的机会，更是一次对中华文化的深度体验。在为期 7 天的外出写生实践活动中，师生们不仅要了解各地的园林和建筑设计、家居建材的运用，更需要借助画布，用独特的艺术眼光记录下被历史封存的点点滴滴。（图 5-24）

图 5-24　艺术设计类专业大学生外出写生合影

在沱川、理坑、篁岭等地，当地生态各显江南样式风格，具有江西特色。师生们用素描、速写、水粉多种形式，通过劳动实践，将具有地方特色、神态生动的石狮子、门上雕刻的纹样、宗祠前的石雕等“定格”在画布上。（图 5-25）

在篁岭地区，师生们参观梯田、林地、古建筑等景观，体验当地特色晒秋习俗，见识过往大户人家的亭台楼阁等。来到皇窑，师生们通过劳动实践，亲自体验陶瓷制作的每一个步骤，欣赏陶瓷名家的作品，提升自身对设计美学的理解。（图 5-26）

图 5-25　大学生写生作品

图 5-26　大学生体验陶瓷制作

这次外出写生课程不仅让师生们收获了丰富的艺术素材和专业知识，更让他们深刻认识到了中华文化的博大精深和独特魅力。通过亲身劳动、体验和感受，师生们更加坚定了文化自信和传承中华文化的责任感，为今后的学习和工作奠定了坚实的基础。

社会实践型劳动教育具有承载劳动教育使命的条件因素。开展社会实践，能培养大学生的合作意识，激励大学生奋发向上的精神，对大学生健全人格和核心素养的培育有着重要的作用。社会实践型劳动教育使得高校教育从校内拓展至校外，能够为大学生提供更为广阔的实践空间，使之掌握更多的劳动知识，端正劳动态度，养成良好的劳动习惯。

第六章 劳动实践的安全防范与应急处置

劳动安全保障是开展劳动教育的前提和基础，劳动安全教育与管理是组织实施劳动教育的必要内容。高校应排查劳动实践中的风险隐患，建立健全劳动安全保障体系，完善劳动教育应急处置机制。

第一节　劳动教育活动中的主要风险因素

劳动教育活动作为劳动的一种，存在一定程度的劳动安全风险，风险因素主要分布在组织管理、人员素质、交通条件和环境条件四个方面。

一、组织管理风险

组织管理的风险因素主要存在于规章制度、组织协调、应急预案和应急救援四个方面。

（一）规章制度

规章制度的风险点主要集中在以下两个方面：第一，劳动教育活动开展前没有制定系统的活动方案、实施手册或规范，没有深入研究劳动教育理论，在熟悉劳动教育特点的情况下照搬照抄一般教学活动的方案，流于形式。第二，劳动教育活动的规章制度缺失，没有针对劳动教育活动制定详细、完善的管理规章制度，规章制度缺乏可执行性或执行不到位。

（二）组织协调

组织协调机制不完善、责任机制不健全，在开展活动及遇到突发情况时无章可循、无规可守，或有章难循、有规难守。

（三）应急预案

劳动教育活动突发事件应急预案缺失或缺乏针对性与可操作性，安全保障机制不完善；应急预案没有定期更新，没有针对应急预案开展专项安全教育和应急演练。

(四) 应急救援

由于缺乏事前的准备与培训，事故救援能力不足，缺乏必备的事故救援物资，未配备经过专业救援训练的安全员；在遭遇突发事件时，事故救援不及时，救援资源（人员、物资等）不到位。

二、人员素质风险

人员素质风险主要存在于学生、带队老师或劳动实践基地指导教师中。

(一) 学生

学生方面的风险点在于主观因素和客观因素两个方面。前者包括意识、素养、行为等，后者包括疾病、体质等。

(二) 教师

劳动教育活动中的教师一般指带队老师或者劳动实践基地指导教师，风险点主要是，第一，教师在劳动教育活动期间存在身体或心理不适，不能正常履行安全管理职责；第二，教师本身缺乏职业道德，思想认识不到位，安全意识不强，不认真执行规章制度，对学生疏于管理，没有尽到管理责任；第三，教师应急能力差，对劳动教育活动内容和全过程不熟悉，未能提前了解活动内容是否存在不适合学生身心特点或威胁其健康与安全的情形，在面对突发事件时束手无策。

三、交通条件风险

交通条件风险主要存在于交通工具、交通路线以及司机素质方面。

(一) 交通工具

劳动教育活动应优先选择公共交通。选择汽车作为公共交通工具时，如果师生乘坐的车辆本身存在安全隐患，出行前未做全面的车辆故障排查，会增加交通安全风险。

(二) 交通路线

如果劳动教育活动的路线选择不当，遭遇道路维修、封路、路面崎岖不平、城乡接合部或乡村道路缺少交通信号灯等情况，会增加交通安全风险。

(三) 司机素质

这主要体现在两个方面：一是司机在出发前就存在身体、心理不适等健康问题，影响正常驾驶；二是司机存在疲劳驾驶、酒后驾驶、超速、抢道等违法违规行为。

四、环境条件风险

环境条件风险主要存在于劳动目的地的自然环境、人文环境和生活环境方面。

(一) 自然环境

对特殊环境缺乏了解，未穿戴必备的防护装备；由于未提前了解天气情况，驻留营地期间遭遇雨雪、雷电、大风等恶劣天气，或在酷热、寒冷等极端天气及夜间出行等。

（二）人文环境

劳动教育目的地举办大型公共活动导致人群密集；劳动教育目的地治安较差，偷盗抢劫案件多发或正发生群体性事件；方言造成的语言交流障碍，导致言语冲突；不了解地方风俗习惯，导致文化冲突。

（三）生活环境

劳动教育基地住宿环境不符合卫生条件，如被褥、床单等清洗不干净，导致学生出现过敏反应；活动期间用餐环境不卫生、食材不新鲜、饮用水水质不达标等，导致学生食物中毒、水土不服；劳动教育目的地正流行某种传染性疾病，导致学生被感染。

劳动教育活动中存在的风险分布、风险点、主要风险因素、风险产生的主要原因、可能导致的后果如表 6-1 所示。

表 6-1　劳动教育活动中的主要风险因素等一览表

<table>
<tr><th>风险分布</th><th>风险点</th><th>主要风险因素</th><th>风险产生的主要原因</th><th>可能导致的后果</th></tr>
<tr><td rowspan="4">组织管理</td><td>规章制度</td><td>1. 规章制度缺失；
2. 规章制度不详细、不完善；
3. 规章制度缺乏可执行性；
4. 没有制定劳动教育活动方案、实施手册或规范</td><td rowspan="3">1. 安全意识淡薄，制定政策照搬照抄书本、流于形式；
2. 管理能力、选人用人能力不足，缺乏相关管理经验和应急处置经验</td><td>在开展活动及遇到突发情况时无章可循、无规可守，或有章难循、有规难守</td></tr>
<tr><td>组织协调</td><td>1. 组织协调机制不完善；
2. 责任机制不健全；
3. 组织协调人员能力不足</td><td>活动组织混乱，影响活动效果，容易造成安全事故</td></tr>
<tr><td>应急预案</td><td>1. 应急预案缺失；
2. 应急预案缺乏针对性与可操作性；
3. 应急预案没有定期更新；
4. 没有针对应急预案开展专项安全教育和应急演练</td><td>安全保障机制不完善，遇到突发情况时束手无策或无法有效组织救援</td></tr>
<tr><td>应急救援</td><td>1. 事故救援能力不足，缺乏必备的事故救援物资；
2. 未配备经过专业救援训练的安全人员</td><td>缺乏针对事故的事前准备与培训</td><td>在遭遇突发事件时，事故救援不及时，救援资源（人员、物资等）不到位</td></tr>
<tr><td>人员素质</td><td>学生</td><td>1. 劳动过程中违规操作、擅自行动等；
2. 劳动强度过大，劳动时间过长，产生疲劳，注意力不集中；
3. 本身存在过敏体质或既往病史等健康问题</td><td>1. 安全意识不强，劳动素养、行为规范有待提高；
2. 组织者未充分考虑本次劳动的强度及学生的体能；
3. 自身疾病、体质等客观因素</td><td>1. 在劳动过程中易造成安全事故；
2. 因疾病、体质问题，在遇到一定诱因后，导致突发疾病、意外伤亡</td></tr>
</table>

续表

风险分布	风险点	主要风险因素	风险产生的主要原因	可能导致的后果
人员素质	教师	1. 因身体、心理等自身原因不能正常履行安全管理职责； 2. 不认真执行规章制度，对学生疏于管理，没有尽到管理责任； 3. 应急能力差，缺乏应对突发事件的能力	1. 在劳动教育活动期间存在身体或心理不适； 2. 缺乏职业道德，存在负面情绪，思想认识不到位、安全意识不强等； 3. 对劳动教育活动内容和全过程不熟悉，事前未做充足的风险评估和突发事件应急预案及演练	1. 容易导致劳动安全事故的发生； 2. 面对突发事件时束手无策
交通条件	交通工具	车辆本身存在安全隐患	出行前未做全面的车辆故障排查	增加交通安全风险
	交通路线	1. 劳动教育活动的路线选择不当； 2. 遭遇道路维修、封路、路面崎岖不平； 3. 城乡接合部或乡村道路缺少交通信号灯等	出行前未做好充分的交通路线调研	
	司机素质	1. 对路线不熟悉； 2. 在出发前存在身体、心理不适等健康问题，影响正常驾驶； 3. 存在疲劳驾驶、酒后驾驶、超速、抢道等违法违规行为等	承运单位未做好驾乘人员安全教育和管理工作	
环境条件	自然环境	1. 劳动目的地自然环境恶劣； 2. 劳动场所硬件条件中存在辐射、有毒、疾病传染的风险等	出行前对劳动目的地的自然环境、硬件条件未做好充分调研，相关劳动防护装备措施准备不充分	学生健康甚至生命受到威胁
	人文环境	学生与劳动服务对象因方言交流障碍、地方风俗习惯的不同而导致文化冲突	出行前对劳动目的地的人文环境未做好充分调研	影响活动效果，严重的可能无法完成活动
	生活环境	劳动教育基地的住宿、用餐卫生达不到要求而导致学生出现过敏、食物中毒等	劳动教育基地相关安全管理不善	学生健康受到威胁

第二节 建立健全劳动教育安全保障体系

劳动教育安全保障体系是指充分调动各种要素，对劳动教育活动中可能出现的安全问题提前防范，对安全事故进行一定的预防、监管和处理的功能系统。高校建立健全劳动教育安全保障体系应该在风险意识教育、规范操作和强化管理、排查隐患和评估风险方面下功夫，同时建立政府、学校、家庭、社会共同参与的劳动教育风险分散机制，以保障劳动教育正常开展。

一、加强劳动安全教育，强化劳动风险意识

加强劳动安全教育，强化劳动安全意识，是提高师生安全能力的主要途径。

高校应在第一课堂和第二课堂中多渠道、全方位地加强对大学生的劳动安全教育。第一课堂方面：在劳动教育必修课程中应增加劳动安全法律规章制度的内容，在专业课程中应增加相关专业安全知识的内容，在实习实训课程中应增加相关安全操作规范的内容。第二课堂方面：在社团活动、社会实践与志愿服务等活动中可开展大学生劳动安全教育宣传、劳动安全教育知识讲座、劳动安全教育知识竞赛等形式多样、丰富多彩的安全教育活动。

高校不仅要对大学生开展劳动安全教育，还要对教师开展劳动安全教育；要对辅导员、班主任以及劳动实践基地指导教师加强有关法律意识、责任意识、组织意识的安全教育，强化安全风险意识；要加强相关业务培训，熟悉劳动安全规范的操作流程；要加强相关安全应急演练，提升应对突发事件的能力。在开展劳动教育实践时，教师要依据大学生身心发育情况，适度安排劳动强度、时长，切实关注劳动任务及场所的适宜性，不可因贪图劳动效果而盲目开展劳动强度大、安全风险高、易对人体造成危害和危险的劳动活动。

二、制定科学操作规范，强化岗位职责管理

制定科学操作规范，强化岗位职责管理，是安全开展劳动教育的有力保障。

高校应在场所设施选择、材料选用、工具设备和防护用品使用、活动流程等方面制定安全、科学的操作规范，强化劳动过程每个岗位的管理，明确各方责任，防患于未然。此外，专业的劳动实践基地如实验室、机房和企业车间等，均应制定相关的安全操作规程，安排专人负责基地的日常安全管理与维护，定期排查清除设备的安全隐患。（图 6-1）

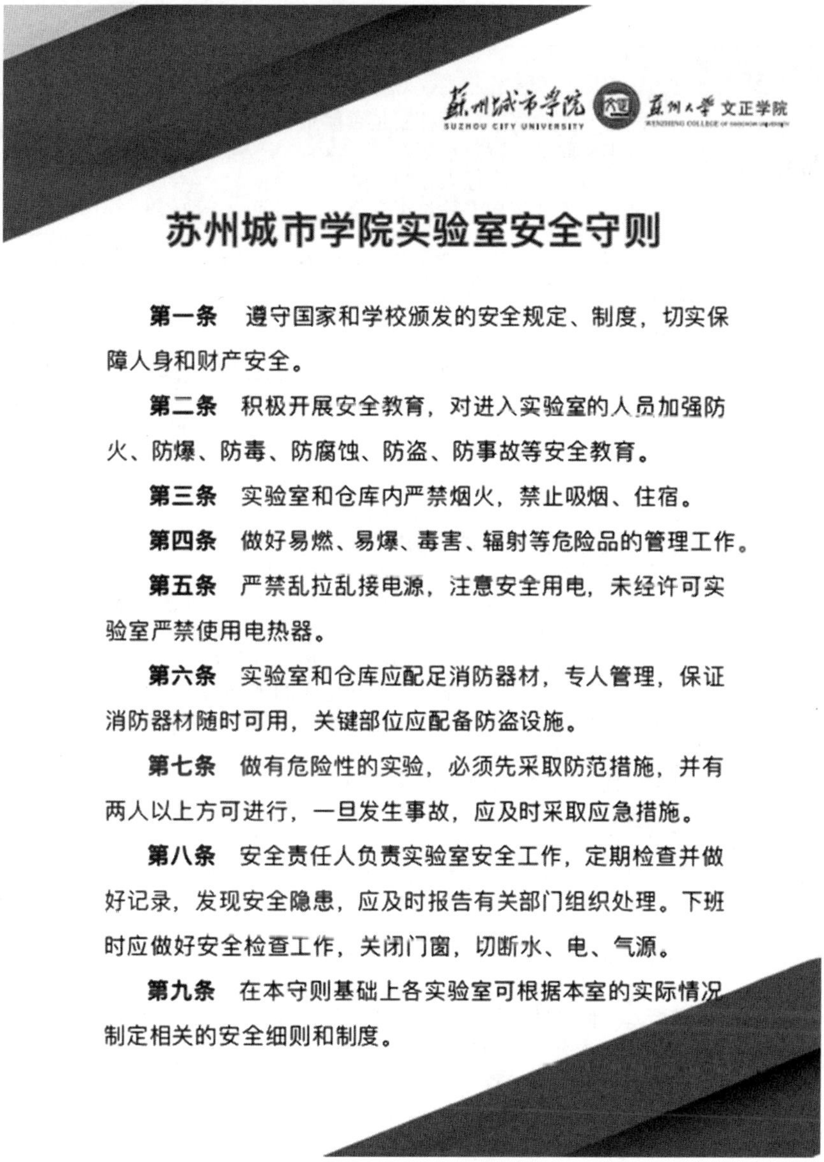

苏州城市学院 SUZHOU CITY UNIVERSITY 苏州大学文正学院

苏州城市学院实验室安全守则

第一条 遵守国家和学校颁发的安全规定、制度，切实保障人身和财产安全。

第二条 积极开展安全教育，对进入实验室的人员加强防火、防爆、防毒、防腐蚀、防盗、防事故等安全教育。

第三条 实验室和仓库内严禁烟火，禁止吸烟、住宿。

第四条 做好易燃、易爆、毒害、辐射等危险品的管理工作。

第五条 严禁乱拉乱接电源，注意安全用电，未经许可实验室严禁使用电热器。

第六条 实验室和仓库应配足消防器材，专人管理，保证消防器材随时可用，关键部位应配备防盗设施。

第七条 做有危险性的实验，必须先采取防范措施，并有两人以上方可进行，一旦发生事故，应及时采取应急措施。

第八条 安全责任人负责实验室安全工作，定期检查并做好记录，发现安全隐患，应及时报告有关部门组织处理。下班时应做好安全检查工作，关闭门窗，切断水、电、气源。

第九条 在本守则基础上各实验室可根据本室的实际情况制定相关的安全细则和制度。

图 6-1　苏州城市学院实验室安全守则

三、排查清除安全隐患，科学评估安全风险

排查清除安全隐患，科学评估安全风险，是避免发生劳动安全事故的重要手段。

高校和社会劳动实践基地要科学评估劳动实践活动的安全风险，安排专人定期认真排查、清除大学生劳动实践中的各种安全隐患并做好日常台账记录；要特别关注劳动过程中的卫生隐患，按照疾控、卫生健康部门及行业有关规定，采取相应措施，切实保护大学生的身心健康。（表 6-2）

表 6-2　实验室安全检查的主要内容

序号	分类	重点检查内容
1	制度建设	规章制度及实验室安全责任制是否健全？ 是否有本实验室的应急预案？ 实验室门口是否有责任人挂牌？ 操作规程、工艺指导书等是否齐全、上墙或便于取阅？
2	安全责任体系	是否与课题组签订了实验室安全责任书？ 是否定期进行安全教育培训？
3	台账记录	实验室安全检查台账（一日三查）是否完整？ 化学品的购买、存储、使用记录是否完善？
4	消防安全	消防器材（灭火器、灭火毯、沙桶）配置是否合理？ 消防通道是否通畅？ 实验室是否存在未经批准使用明火电炉现象？
5	电气安全	实验室电容量、插头插座与用电设备功率是否匹配？ 电气设备是否配备空气开关和漏电保护器？ 是否存在乱拉乱接电线电缆，使用老化的线缆、花线和木质配电板的现象？ 是否存在接线板串接供电，直接置于地面的现象？ 是否存在老标准的插线板及破损插线板的现象？ 是否存在仪器使用完后未及时关闭电源的现象？ 电源插座是否固定？电线接头是否绝缘可靠、无裸露连接线？地面上的线缆是否有盖板或护套？ 电吹风使用完后，是否及时拔下插头？
6	高温设备	烘箱、干燥箱等是否和气体钢瓶、易燃易爆化学品保持安全距离？ 是否有影响烘箱、干燥箱等散热的现象（如在周围堆放杂物）？ 是否在使用高温设备时存在无人值守现象？
7	试剂药品	是否建立本实验室危险化学品目录，并有危险化学品安全技术说明书（MSDS）或安全周知卡，方便查阅？是否定期清理过期药品，无累积现象？ 储藏室、储藏区、储存柜等是否通风、隔热、避光、安全？ 化学品是否有序分类存放？ 化学品标签是否显著完整清晰？ 存放地点是否安全？放置位置是否合理安全？ 是否在试剂容器上张贴标签（名称、浓度、责任人、日期、储存条件等）？ 是否存在大桶试剂堆放？ 是否存在大量化学药品、有机溶剂混放？ 是否存在标签不明的化学试剂？ 是否存在试剂瓶盖打开放置的现象？
8	管控类化学品	易制毒化学品、易制爆化学品是否分类安全存放在柜子中？ 第一类易制毒化学品是否做到“五双”管理？ 易制爆化学品是否安装摄像头，并保存 30 天的录像？ 领取、使用、处置记录是否完善？
9	化学废弃物	是否配备化学废弃物分类容器？ 是否有统一的化学废弃物标签？ 是否存在向下水道倾倒废旧化学试剂和废液的问题？

续表

序号	分类	重点检查内容
10	实验气体	是否从合格供应商处采购实验气体？气体钢瓶台账是否完善？ 危险气体钢瓶存放点是否通风、远离热源、避免暴晒？ 可燃性气体与氧气等助燃气体是否混放？ 是否张贴必要的安全警示标识？ 存有易燃易爆气体的场所，是否配有通风设施和合适的监控报警装置等？ 存有惰性气体或液氮、二氧化碳的，是否加装氧气含量报警表？ 未使用的钢瓶有无钢瓶帽？ 钢瓶是否悬挂“满”“使用中”“用完”三种状态的状态牌？
11	激光安全	激光实验室是否配有完备的安全屏蔽设施？ 进行激光实验时是否佩戴合适的个人防护用具？
12	特种设备	操作人员是否取得特种设备作业人员证并持证上岗？ 压力容器的存放区域是否有安全警示标识？ 压力容器及附件（压力表、安全阀）是否在有效期内？ 使用台账是否完善？
13	环境卫生	是否有废弃物品不及时清理现象？ 实验室内是否有停放电动车、自行车等现象？ 实验室内是否有烧煮食物、用餐现象？ 实验室内是否有堆放私人物品现象？ 是否有在实验室睡觉过夜现象？
14	个人防护	进入实验室人员是否穿着长袖实验服或防护服？ 是否按需要佩戴防护眼镜、防护手套、安全帽、防护帽、呼吸器或面罩（呼吸器或面罩在有效期内，不用时须密封放置）等？ 各类个人防护器具的使用是否有培训及定期检查维护记录？

拓展阅读

重庆大学扎实做好校园安全工作

重庆大学认真贯彻落实教育部关于做好学校安全工作的部署要求，把握学校安全工作面临的新形势、新情况、新动向，在组织保障、技防建设、宣传教育、隐患排查等方面下功夫，全力筑牢校园安全防线，努力为学校改革发展提供有力保障。

健全制度体系，确保组织保障到位。学校成立了五个安全管理专项领导机构，实施安全稳定“一把手”工程。建立工作例会制度，集中研讨亟待解决的校园安全问题，推进工作措施落实到位。完善各类安全管理制度和应急预案，组织二级单位每年签订社会治安综合治理、消防安全等目标管理责任书，构建“一级抓一级、层层抓落实”的工作体系。联合公安机关建立“校警协同机制”，实现重大事项共研究、共部署、共落实。建立“精细化”管理机制，制订业务流程图，切实提升校园安全管理效益。实行安全管理“片区责任制”，将80%以上的校园安保力量下沉到一线，构建责任到人、响应及时、举措落地的防范体系，不断增强师生安全感。

整合安防资源，确保技防建设到位。依托学校学科优势，综合应用人工智能、物联网、大数据技术，自主研发建设消防可视化综合管理平台，从监测与管理两个维度解决“有没有问题”“哪里有问题”“有什么问题”“有无人解决”“谁在解决”“解决到何程度”等“六个问题”，实现对校区主要建筑的消防管网、消防设施、户籍资料、消防巡查等的智能化管理。建设“平安重大”综合安防系统管理平台，将视频监控、智慧消防、交通电子警察、车辆管理等系统整合起来，将所有技防资源集成到“一张地图”，同时通过3D建模直观显示，实现统一调度、统一管理。

提升安全意识，确保宣传教育到位。将安全教育作为形势与政策课的重要内容，推动安全教育进讲义、进课堂，贯穿学生在校学习全过程。结合“4·15”国家安全日、“5·12”全国防灾减灾日、“11·9”全国消防安全日、“12·2”全国交通安全日等节点，组织集中性的安全法治教育活动，广泛开展国家安全、消防安全、交通安全、实验室安全、财产安全、人身安全、食品卫生安全等不同类型的安全教育，推进全覆盖。从2012年起，将每年11月确定为安全教育月，校内各单位组织开展讲座、征文、演讲、辩论、演练等安全教育宣传活动，打造出“安全文化节”“平安重大讲坛”“安全嘉年华”“消防运动会”“安全文学征文大赛”等一系列特色品牌活动，师生参与率达80%以上，营造了浓厚的文化氛围。同时，综合运用“互联网+”模式做好宣传教育，建设平安重大网、平安重大微博、平安重大微信公众号、易班等新媒体，打造“安全学习线上平台”，切实增强安全教育实效。

强化源头防范，确保隐患排查到位。将“安全服务”理念融入隐患排查工作，由学校综合治理办公室牵头，协调联动相关职能部门进行第三方风险评估，帮助二级单位清理隐患问题。推进实施社会稳定风险评估，组建20人评估专家库，根据需要组织专家对校园安全进行评估，从源头上预防和化解矛盾。对矛盾纠纷实行“一个问题、一套班子、一套方案、一包到底”的“四个一”制度，层层分解任务，层层落实责任，确保矛盾纠纷及时妥善化解，做到“小事不出本部门、大事不出学校门、矛盾不交上级部门”。

四、建立风险分散机制，鼓励购买劳动保险

建立政府、学校、家庭、社会共同参与的劳动教育风险分散机制是保障劳动教育开展的长效之策。

政府应建立并完善学生劳动教育意外伤害保险制度，鼓励学校和家庭为参加劳动教育的学生购买劳动教育相关保险，进一步完善学生劳动教育意外伤害保险制度，保障劳动教育正常开展。

学校应建立健全安全教育与管理并重的劳动安全保障体系，有条件的学校要购买校方责任险。

家庭是劳动安全教育的第一课堂，家长或监护人要通过日常生活的言传身教、潜移默化，让学生养成从小爱劳动的好习惯，掌握必要的生活技能、安全技能和应急技能，减少甚至消除各类劳动教育意外伤害风险，同时鼓励具备相应条件的家庭自愿投

保学生意外伤害险。

社会应充分履行劳动教育风险分散管理中的社会责任，充分利用社会各方面资源，为劳动教育提供必要的安全保障。企业、公司、工厂、农场等组织要充分履行社会责任，积极开展学生劳动安全教育科普宣传，切实保障开展劳动教育活动和场所安全。

扩展知识：某保险公司短期意外保险相关条款（表 6-3）。

表 6-3　某保险公司短期意外保险相关条款

<table>
<tr><th>保障类型</th><th>保障项目</th><th>保障解读</th></tr>
<tr><td rowspan="2">意外保障</td><td>意外伤害身故/伤残</td><td>在保险期间，被保险人因遭受意外伤害事故导致身故/伤残，我们将赔偿意外身故/伤残保险金。
注：综合意外身故/伤残与公共交通意外身故/伤残保额累计赔付</td></tr>
<tr><td>意外伤害医疗</td><td>在保险期间，被保险人因遭受意外伤害事故需门诊或住院治疗发生的医疗费用，我们将就其事故发生之日起 180 日内的实际支出按照当地社会医疗保险主管部门规定可报销的、必要的、合理的医疗费用超过人民币 100 元的部分给付医疗保险金</td></tr>
<tr><td rowspan="4">交通意外</td><td>飞机意外伤害身故/伤残</td><td>在保险期间内，被保险人以乘客身份乘坐民航客机期间因意外伤害事故身故/伤残，我们将按飞机意外伤害保险金额给付保险金</td></tr>
<tr><td>火车意外伤害身故/伤残</td><td>在保险期间内，被保险人以乘客身份乘坐商业运营的火车、高铁列车、地铁、轻轨期间因意外伤害事故身故/伤残，我们将按“火车意外伤害保险金额”给付保险金。
注：未成年人除航空意外以外的身故保险金额最高不超过 20 万元</td></tr>
<tr><td>轮船意外伤害身故/伤残</td><td>在保险期间内，被保险人以乘客身份乘坐商业运营的轮船期间因意外伤害事故身故/伤残，我们将按轮船意外伤害保险金额给付保险金。
注：未成年人除航空意外以外的身故保险金额最高不超过 20 万元</td></tr>
<tr><td>汽车意外伤害身故/伤残</td><td>在保险期间内，被保险人以乘客身份乘坐商业运营的汽车期间因意外伤害事故身故/伤残，我们将按汽车意外伤害保险金额给付保险金。
注：未成年人除航空意外以外的身故保险金额最高不超过 20 万元</td></tr>
<tr><td rowspan="5">附加保障</td><td>高风险运动意外身故/伤残</td><td>在保险期间内，被保险人因参加高风险运动导致意外身故/伤残，我们将赔偿高风险运动意外身故/伤残保险金</td></tr>
<tr><td>高风险运动意外医疗</td><td>在保险期间内，被保险人因参加高风险运动导致意外伤害事故需门诊或住院治疗发生的医疗费用，我们将就其事故发生之日起 180 日内的实际支出按照当地社会医疗保险主管部门规定可报销的、必要的、合理的医疗费用超过人民币 100 元的部分给付高风险运动意外医疗保险金</td></tr>
<tr><td>意外住院津贴</td><td>在保险期间内，被保险人因遭受意外伤害事故住院治疗，我们按照保险单载明的住院误工津贴日额给付，累计给付天数以 180 天为限</td></tr>
<tr><td>猝死</td><td>在保险期间内，若被保险人不幸猝死，我们将按照约定赔付猝死保险金</td></tr>
<tr><td>救护车费用</td><td>在保险期间内，被保险人因发生意外伤害事故实际支付的救护车车费，我们将按照约定给付救护车车费保险金，累计金额不超过 2 000 元</td></tr>
</table>

续表

保障类型	保障项目	保障解读
专享服务	意外住院担保/垫付服务	当被保险人发生保险条款约定的保险事故时，救援公司可协助安排： 1. 协助安排住院：救援公司可协助被保险人推荐当地尽可能符合治疗要求的、经救援公司审查认证或与救援公司有合作关系的医疗机构，供被保险人选择就医，并进行办理住院手续的指导。 2. 住院医疗费用担保/垫付：被保险人发生保险条款约定的保险事故时，暂未有足够费用支付医院救治费用，可为被保险人提供住院期间医疗费用的担保/垫付服务。 垫付结束后，由救援公司代被保险人申请理赔。 * 担保垫付金额需在保险方案规定的保障额度内

拓展阅读

全员购置劳动保险　健全劳动安全保障机制

为了确保学生在参与校外劳动实践过程中的安全，苏州城市学院积极与中国人民财产保险股份有限公司合作，为所有参与劳动实践的学生提供了全面的意外保险。这一举措不仅体现了学院对学生劳动安全的关心，更为劳动课程的顺利开展提供了坚实的保障。所购置的意外保险涵盖了多个种类，包括意外伤害保险、交通工具乘客意外伤害保险、意外伤害住院津贴保险、意外伤害医疗保险、救护车费用保险及急性病身故保险等。这些保险种类的设置，旨在全方位、多角度地保障学生在劳动实践过程中的安全。

具体来说，意外伤害保险能够在学生因意外事故受伤时提供一定的经济赔偿，减轻学生及其家庭的经济负担。交通工具乘客意外伤害保险则针对学生在乘坐交通工具时可能遭遇的风险提供了额外的保障。而意外伤害住院津贴保险和意外伤害医疗保险则能够在学生因意外受伤需要住院治疗时，给予一定的经济补助和医疗费用报销。此外，救护车费用保险及急性病身故保险也是对学生安全的全面保障。前者能够在学生需要紧急救护车服务时，为其减轻费用压力；后者则针对学生在劳动期间可能发生的急性病身故情况，为其提供了一定的经济赔偿。

在劳动期间，一旦学生发生意外，可以依据保险条款进行理赔。报案人只需拨打保险公司电话报案，保险公司会迅速响应，参照人身保险伤残评定标准确认事故情况后，及时进行理赔。

总的来说，苏州城市学院全员购置劳动保险、健全劳动安全保障机制的举措，为学生参与校外劳动实践提供了全面的安全保障。这一措施的实施，不仅增强了学生的劳动安全意识，也促进了劳动课程的顺利开展。

学生发生意外后理赔具体流程如图 6-2 所示。

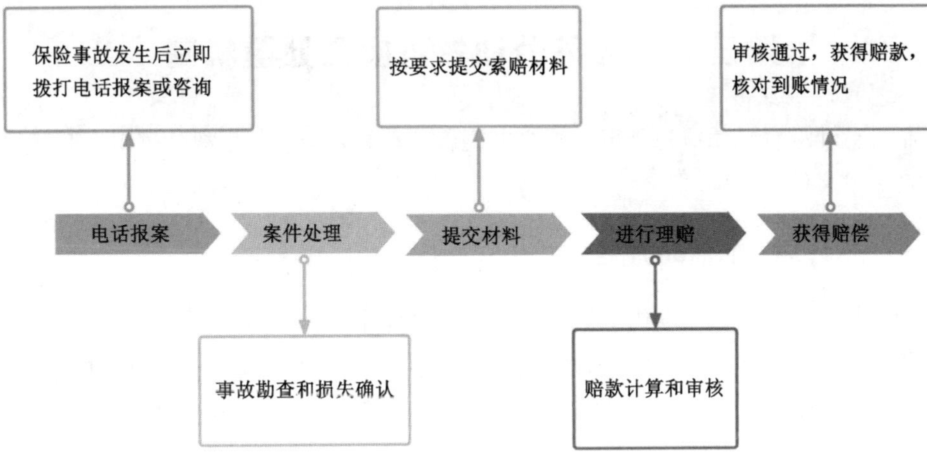

图 6-2　意外出险后理赔流程

第三节　完善劳动教育应急处置机制

制订劳动教育活动应急预案、建立并完善劳动教育应急与事故处理机制是应对劳动教育突发事件的关键。

一、拟订翔实的活动方案

劳动教育活动前，活动组织者要按照课程设计原则，根据学校和学生的实际情况拟订翔实的活动方案。活动方案要明确本次劳动教育活动的教学目标、参加对象、时间地点、劳动工具的选择、具体组织形式、负责人职责以及其他必要的信息。如果是校外劳动应设计科学的行进路线，选择合适的交通工具；如果是校外多天的劳动教育活动，还应做好住宿、餐饮等相关准备工作。有条件的学校可以与具备资质的服务公司签订合同并购买相关保险，由服务公司为劳动教育实践活动提供专业服务和专门保障。组织者或负责人应熟悉本次劳动教育活动的内容和全过程。

二、制订规范的应急预案

拟订好活动方案并且已熟悉活动内容和全过程后，组织者应制订相关应急预案，以便应对活动中可能遇到的突发状况。劳动地点在校外的，学校要安排专人到目的地进行现场调查，判定是否符合开展活动的条件。针对劳动地点在实验室、企业车间等劳动技术要求较高的活动，组织者或技术指导教师自身应熟练掌握规范的操作要求及应对突发事件的处置预案，同时应对学生做好相关培训及安全教育工作。针对劳动地点在食堂、农场、林场的劳动要特别做好防火、防自然灾害的应急预案。

样例：

某大学学生劳动教学活动安全事故应急预案

为保障学校劳动教学活动的顺利开展，提高处理突发事件的能力和办事效率，最大限度地降低突发事件造成的危害和不良影响，确保教学管理秩序的稳定，特制订本预案。

一、安全事故应急处理工作组

组　长：

副组长：

成　员：

二、工作组职责

负责检查劳动实践场所日常安全，关注劳动教学安全运行情况，提出处理各项安全突发事件的意见和消除安全隐患的具体措施；负责指挥、处理劳动实践期间各类安全突发事件，并根据具体情况做好安抚、商议等工作；负责向上级及有关部门报告情况，积极配合有关部门开展应急救助工作；配合有关部门确定事件的性质并对有关责任人进行责任追究。

三、突发事件的预防措施

1. 加强安全警示教育工作。每位劳动实践指导教师都要增强安全防范意识，结合实践内容、场地、交通条件等具体情况做好学生安全教育工作。其中，学生必须签订劳动实践安全协议书和安全承诺书，提高学生的自我防范意识。

2. 将安全管理贯穿整个实践教学工作始终，劳动实践指导教师在劳动实践开始前要强调安全注意事项和纪律要求，并在实习过程中做好前、中、后期的安全检查工作。

3. 劳动实践指导教师及劳动实践单位负责人要定期对学生劳动实践小组开展安全教育、检查工作，对可能存在的人身安全和设备安全隐患及时进行排查解决。

4. 劳动实践指导教师要牢固树立安全责任意识，发现学生劳动实践过程中存在不安全、不规范、不遵守纪律的行为时，要及时制止。

5. 劳动实践指导教师要坚守工作岗位，不得出现脱岗现象。

6. 学生劳动实践小组负责人要密切联系本组学生，关心组员的学习、生活及情绪等问题，发现异常要及时报告给劳动实践指导教师。

四、突发事件应急预案启动程序

步骤一：突发事件发生后，学生劳动实践小组负责人或知情学生应及时拨打报警电话并采取适当的救助措施，向指导教师及劳动实践单位负责人如实反映现场情况：

（1）告知突发事件学生姓名，人身、财产损失等现场情况；

（2）告知突发事件发生的准确位置（单位名称、地址、楼号、楼层、房号等）；

（3）说明突发事件的基本情况，如发生时间、原因等。

步骤二：劳动实践指导教师在准确了解突发事件的基本情况后，及时向学院主管领导汇报，并争取在第一时间前往事发现场。

步骤三：学院主管领导及时联系当事学生家长并上报主管校长及相关部门，由安全事故应急处理工作小组对事件进行妥善处理。

五、调查与责任追究

突发事件处置过程中，参与突发事件处置人员应如实向公安机关或有关部门陈述所知事实，并配合调查处理。故意隐瞒、歪曲事实真相，触犯刑律的，要依法追究刑事责任。

六、突发事件调查材料

突发事件调查处理后，学院应形成书面材料报送相关部门。报告应包括突发事件性质、发生原因分析、现场处置措施或方法、突发事件责任、纠正预防措施等。

三、强化安全应急演练

高校应经常开展消防安全、防灾、卫生防疫和食品安全、交通安全及应急救护训练等相关安全教育及演练培训，增强大学生面对突发事件的避险及逃生技能。

一是消防安全教育。高校应指导大学生如何预防火灾、发生火灾如何扑救、如何自救等。二是防灾教育。高校应指导大学生在地震、洪水等自然灾害发生时如何逃生、自救。三是卫生防疫和食品安全教育。高校应教育大学生平时加强体育锻炼，增强体质；做好个人及宿舍卫生；不在卫生条件差的场所就餐，不食不清洁的食物；发现传染病患者立即采取相应的隔离措施并及时向学校汇报。四是交通安全教育。高校应教育大学生提高交通安全意识，自觉遵守交通法规；指导大学生发生交通事故的处理办法，以及掌握交通事故自救、逃生技能。五是应急救护训练。相较于中小学生，大学生作为成年人在面对突发灾害时，除应具备必要的自救逃生技能外，还应掌握基本的应急救护本领，以便在发生人员受伤的情况下第一时间开展互救，减少人员伤亡，避免事故造成严重后果。高校应指导大学生如何开展应急救护，如指导大学生进行心肺复苏、使用除颤仪等救护技能与设施。（图 6-3、图 6-4）

图 6-3　高校组织消防演习

图 6-4　高校组织大学生进消防站学习体验

四、规范处置突发情况

劳动实践活动，尤其是外出实践活动难免遇到各类突发情况，这就要求高校及时启动应急预案，科学应对。如遇火情，高校首先要逆风疏散学生，及时拨打 119 火警电话，在保证自身安全的情况下组织科学的扑救。遇到地震、洪水等自然灾害，应组织科学的避险和逃生并及时拨打 110 报警电话等待救援。遇到翻车等重大交通事故时，应根据实际情况正确使用救生锤砸碎车窗玻璃逃生，逃生过程中要注意安全，避免二次伤害，并及时拨打报警电话。事故中遇有人员受伤的，能够及时处理小伤（病）；遇有受伤严重的，及时拨打 120 急救电话，在急救人员到来之前应根据实际情况组织必要的应急救护。

五、活动现场应急保障

高校要充分了解活动目的地周边医院的分布情况，校医要备足野外救护药品、器械，辅导员或班主任可随身携带风油精、止泻药、抗过敏药等常见应急物品。

每次突发事件处置结束后均应总结经验，吸取教训，逐步完善相关应急预案，为今后的相关活动提供充足的安全保障。

拓展阅读

警钟长鸣

2021 年 7 月 13 日下午，深圳某高校化学实验室在实验过程中发生火情，消防中控室消防主机立即烟感报警，现场一名博士后实验人员头发着火，被第一时间送往医院检查，诊断为轻微烧伤，经处置无大碍。

2021 年 10 月 24 日下午，南京某高校实验室发生爆燃，引发火情，造成 2 人死亡，9 人受伤。

这些高校火灾案例历历在目，让校园消防安全警钟长鸣，时刻警醒着高校师生提高安全意识，保障人民生命安全和健康。为加强全体师生的消防安全意识，提高自救能力，2023 年的一天下午，苏州城市学院开展了一场消防安全应急疏散演练（图 6-5）。学校邀请苏州市消防救援支队的消防员们为全校师生讲解消防疏散演习的常识，以及一般消防工具的使用方法。一般消防工具包括隔热服，即用于在猛烈大火中进行营救的特殊服装；常见的消防服；附带氧气瓶的防毒面具；常规灭火水枪；用于扑灭大火或高层建筑火灾的高压水枪；两种不同类型的破拆工具，一种是圆形锯片，另一种是带有传动齿轮的长锯片。

下午第一节课后，演练正式开始。当窗外消防警笛响起，学生们立刻拿出自己准备的湿毛巾，捂住口鼻，迅速地在室外走廊排队，弯腰奔向操场。学生们到了操场后，原地坐下，由消防员指挥官为大家讲解该如何扑灭明火、遇到火灾该如何自救。

保持冷静：火灾发生时，保持冷静是首要任务。不要惊慌失措，这样有助于做出正确的判断和选择合适的逃生路线。

迅速报警：发现火情后，立即拨打119报警，并通知周围的人员。如果火势较小，可以尝试使用灭火器、水或湿毛巾等扑灭。如果火势较大或无法控制，要迅速撤离现场。

选择正确的逃生路线：逃生时要避免使用电梯，因为电梯可能会由于电力中断或故障而停止运行，导致人被困在里面。应该优先使用楼梯、安全通道或消防梯等设施逃生。如果楼梯被堵塞或着火，可以尝试使用窗户、阳台或其他可供攀爬的物体逃生。

保护呼吸道：逃生时要用湿毛巾、口罩或衣服等捂住口鼻，并尽量低姿态沿地面移动。同时，也要用湿衣物、毯子或其他防燃物品包裹自己的身体，以防止被高温、火焰或飞溅物伤害。

利用建筑物内的设施：如果逃生通道被切断，短时间内无人救援时，应关紧迎火门窗；用湿毛巾、湿布堵塞门缝，用水淋透房门防止烟火侵入。等待救援时应尽量在阳台、窗口等易被发现的地方挥动鲜艳的物体，引起注意。

不要害羞或贪恋财物：在火灾发生时，不要因害羞或顾及贵重物品而把宝贵的逃生时间浪费在穿衣或寻找、搬离贵重物品上。

通过这次消防演练，师生们深刻认识到预防火灾、保护生命的重要性，也更加明白团结合作、迅速应对的必要性。在警钟长鸣的号声中，大家铭记使命，共同为守护校园平安贡献一份力量。

图6-5 消防演练

自我提升篇

第七章 大学生劳动素养的提升

第一节 树立正确的劳动观念

一、尊重劳动：常怀感恩之心

新时代需要锐意进取的劳动者，从全面建成小康社会到基本实现现代化，再到全面建成社会主义现代化强国，实现中华民族伟大复兴的中国梦，必须坚定不移地依靠劳动，争做奋斗者、实干家。唯有紧跟时代，勤于学习、乐于实践，将自身前途命运同国家、民族的前途命运紧密联系在一起，在平凡的岗位上做出不平凡的成绩，才能助力共同理想的实现。

“人勤春来早，奋蹄赶秋实。”新时代是奋斗者的时代，奋斗的人生最美丽。中华人民共和国成立 70 多年来，劳动者中既有干一行、爱一行、专一行的劳动模范，又有敢为人先、奋发向上的先进典型，他们的事迹是历史长河中浓墨重彩的一笔，他们身上所体现的劳动精神始终熠熠生辉。无数奋斗者用实际行动证明，只有劳动才能体现人的社会价值，才能让劳动者创造出更多的财富，拥有更多的获得感和成就感。实干兴邦，一个尊重实干、尊重劳动的国家，必然会拥有强大的活力和发展动力，并在奋斗的道路上取得伟大的成就。

拓展阅读

辍学打工的农村女孩问鼎世界冠军

2022 年 11 月 27 日，奥地利萨尔茨堡的一所场馆里人山人海却悄然无声，随着主持人激昂的一声“China”，一位身穿中国队服的稚嫩女孩双手举起五星红旗，站上第 46 届世界技能大赛特别赛奥地利赛区的金牌领奖台，成为世界瞩目的焦点。

这枚金牌实现我国在世界技能大赛特别赛“化学实验室技术”项目金牌“零”的突破。让所有人都没想到的是，冠军得主是一位年仅 20 岁的农村女孩姜雨荷，5 年前她还是个初中辍学、进入工厂打工的流水线女工。仅仅 5 年时间，她用自己勤劳刻苦、坚韧不拔的毅力实现了人生的“逆袭”，让所有人看到了刻苦奋斗、踏实劳动的价值。

2002年5月，姜雨荷出生在河南南阳一个山村里，家境普通。父亲务农，在家照顾她和两个哥哥，母亲在外打工。生活的重担压得她的父母喘不过气，无暇顾及子女的教育。

从小，姜雨荷跟着小伙伴满村跑，上树掏鸟窝、捅马蜂窝，下水摸鱼虾。淘气的她，不仅胆子大，动手能力也很强。每逢姜父修理拖拉机、自行车，就顺手给她些小零件摸索。渐渐地，她爱上修东西，什么都喜欢亲自动手。上学后，姜雨荷因为手上闲不住，爱好拿东西把玩，上课时容易分神，以至于小学时成绩不是很好。小学毕业后她来到镇上读初中，换了新环境，姜雨荷下定决心好好学习，争取考上大学。初一上学期，姜雨荷期末成绩排在班级前10名，然而下学期，受两位留级生同桌的影响，她上课开始不专心，还偷看言情小说。到初三时，她数学最低考过20多分，成绩也跌到班级最后几名。虽然那时她考上普通高中没问题，但她觉得没什么出路，就没参加中考。

只有初中学历的姜雨荷，不得不向现实妥协：除了进厂做流水工人，她什么都干不了。姜雨荷进厂后从早上8点工作到晚上12点，用细海绵将手机壳的边边角角打磨光滑，完成一个手机壳只要十几秒，但要一刻不停地打磨近13个小时。一天下来，姜雨荷腰酸背痛，胳膊抬不起来，两只手止不住地抖动。这个“夺命流水线”让姜雨荷深深体会到社会残酷的一面：没有任何知识或技能傍身，只能被无情压榨体力劳动。害怕今后的人生被束缚在流水线上，半年后春节回家，姜雨荷迫不及待地向父母诉说：“死活也不要去打工了，我要去读书。”姜雨荷没有选择复读，而是决定读职业技校，进入河南化学工业技师学院，化工分析与检验专业。吃过社会的苦，让姜雨荷暗暗发誓：这次一定要好好学习。一个学期后，导师贺攀科注意到她的认真和坚韧，问她要不要进集训队，参加世界技能大赛。这是最高层级的世界性职业技能赛事，被誉为“世界技能奥林匹克”，选手们经过层层选拔，和奥运会选手一样代表国家出赛。

每天7：50姜雨荷开始做实验，一直到晚上10：50结束，除了去食堂和寝室，其余时间都待在实验室里。光“化学滴定法”这个最基本的实验操作，姜雨荷就整整练了2个月。想要顺利完成单次滴1/4滴溶液，大约0.01毫升，需要练习到比机器还精准的肌肉记忆。赛前一两个月，姜雨荷丝毫不敢松懈，常常突击到凌晨一两点。国际比赛全程使用英文，选手先看懂英文题目才能做实验，还要提交英文实验报告。可姜雨荷只认识26个英文字母，以及几个简单单词，根本看不懂专业化学英语。看不懂专业英文文献的姜雨荷，把文献中的专业词汇全部摘抄到本子上，随身携带，直到滚瓜烂熟，最后能翻译全篇文章。

2022年11月，姜雨荷飞往奥地利参加世界技能大赛特别赛，“化学实验室技术”项目需要完成合成指定的化合物和分析指定样品的化学成分，所有仪器设备和四五十种化工品全放在一个桌子上，要选手根据提供的仪器和试剂，设计一套实验方案出来，共3个实验，并完成实验报告。姜雨荷按照平时训练的节奏，一步步梳理实验步骤，有条不紊地把实验进行下去，最后提交了一份长达11页的英文实验报告。世界技能大赛特别赛评委评分时，看到姜雨荷的卷子都惊讶了：报告挑不出毛病，没想到是中国人做的。母语是英文的外国选手看到这份报告都不禁竖起大拇指。

问鼎冠军的那一刻，她的名字响彻整个会场，国内外数十家媒体争相报道，殊不知这份光鲜亮丽的背后，是她花了3年半时间，做了14 000多个小时的实验的劳动付出。

2023年6月，年仅21岁的姜雨荷毕业了，面对众多知名企业的高薪聘请，她选择留校任教，并被评为正高级讲师。姜雨荷时常把一句话挂在嘴边："但凡知识和技能你掌握一个，并持之以恒，都可以做出成就。"

二、热爱劳动：秉持传统美德

劳动是征服世界、改变世界最朴实的表现。古往今来，人类就是这样用自己的勤劳耕耘改变着世界，从原始的荒野走向气象万千的瑰丽世界，缔造了一个又一个令人叹为观止的胜景奇迹，让人类的每一个理想变成了活生生的现实。卢梭说："人的生活中最主要的是劳动训练，没有劳动就不可能有正常人的生活。"如果没有用双手开辟新的生活，人类怎能在前行的路上收获鸟语花香呢？

回望千百年来人类不屈不挠、风雨兼程的岁月，劳动贯穿始终。无论是刀耕火种的蒙昧年代，还是自给自足、牛耕犁耙的小农经济时期；无论是商品经济崭露头角、追求价值多元化的过去，还是"互联网+""智能化""元宇宙""ChatGPT"风起云涌的当下……一代代劳动者筚路蓝缕，用自己的双手奋勇拼搏，创造未来。劳动最光荣、劳动者最美丽，已成为人类社会永恒的价值追求。

日出而作，日落而息。无数劳动者挥洒汗水，推动着社会历史不断向前发展。《左传》云："民生在勤，勤则不匮。"新时代的劳动美德，就是苦干、实干加巧干。不仅要排除万难，让劳动结出果实，更要脚踏实地，创新思维，力争取得突出成效。

在新的历史发展时期，要持续弘扬"劳动最光荣"的风尚，在工作中兢兢业业、精益求精，凝聚全社会劳动的积极性、创造性，为自己劳动，也为他人、为下一代担当奉献，创造更加美好的未来。

拓展阅读

尊重劳动，感恩自然

2020年初夏，西北农林科技大学首批返校学生回到了阔别已久的大学校园。为丰富返校学生的校园生活，学校在做好日常管理工作的同时，结合五一劳动节主题，围绕《中共中央　国务院关于全面加强新时代大中小学劳动教育的意见》精神，积极动员近7 000名返校学生参与宿舍打扫、志愿服务、田间育苗等，引导返校学生利用闲暇时间参与力所能及的劳动，树立“劳动最光荣、劳动最美丽”观念。学校农学院的师生们身着实验服，头顶着烈日，有的在斗口试验站播种玉米，有的在曹新庄试验农场细心记录麦苗生长情况，在田间地头过起了属于农学人的特殊的劳动节。学校林学院、人文学院则“晒”出了返校学生打扫一新的宿舍照片，并开展“劳动能手”评选活动，充分发挥劳动榜样的模范带头作用。

三、践行劳动：延续奋斗精神

光荣属于劳动者，幸福也属于劳动者。1950 年，党和国家首次表彰劳动模范。70 多年来，各条战线英雄辈出，群星灿烂。党的十八大以来，在中华民族迈向伟大复兴的征程中，各行各业涌现出一大批爱岗敬业、锐意创新、勇于担当、无私奉献的先进模范人物。在抗击疫情的斗争中，又产生了一大批劳动模范和先进工作者，他们与全国各族人民一起铸就了众志成城、舍生忘死、命运与共的伟大抗疫精神。

美好的生活需要通过劳动去创造。新时代是奋斗者的时代，奋斗的人生最美丽。“社会主义是干出来的，新时代是奋斗出来的。”习近平总书记强调，劳模精神、劳动精神、工匠精神是以爱国主义为核心的民族精神和以改革创新为核心的时代精神的生动体现，是鼓舞全党全国各族人民风雨无阻、勇敢前进的强大精神动力。

“十四五”时期我国将进入新的发展阶段，这是全面建设社会主义现代化国家、向第二个百年奋斗目标进军的重要阶段，在我国发展进程中具有里程碑意义。实现党的二十大擘画的宏伟蓝图，归根结底要靠劳动创造。立足新发展阶段、贯彻新发展理念、构建新发展格局、推动高质量发展，必须紧紧依靠工人阶级和广大劳动群众，大力弘扬劳模精神、劳动精神、工匠精神，为取得全面建设社会主义现代化国家新胜利汇聚强大的正能量。

拓展阅读

脱贫攻坚路上的追梦人

2021 年伊始，讲述福建对口帮扶宁夏、使西海固地区人民过上美好生活的电视剧《山海情》迅速走红，成为开年最受关注的电视剧作品。

“西海固”是宁夏中南部山区的统称，曾被联合国专家评价为“不具备人类生存的基本条件”。这里自然环境极其恶劣，常有飞沙走石，常年干旱少雨，成为阻碍当地农业发展的最大自然障碍。不仅如此，这里生活环境非常落后，篱笆土墙，矮房无门，最初连电都没有通上，当地人连蜡烛都需要省着用。这些都是电视剧《山海情》中涌泉村搬迁时最真实的场景。新上任的年轻基层干部马得福怀揣着理想，帮助村民们“吊庄移民”。面对要折返涌泉村的村民，马得福劝慰乡亲们，只要艰苦奋斗，日子一定会越来越红火的。后来，历经千辛万苦，移民村终于通上了电，基层干部带领乡亲们探索脱贫办法，最终带领村民用行动兑现承诺，走上了致富的康庄大道。

随着电视剧的热播，《山海情》背后的真实故事走进人们的视线。1996 年 9 月召开的中央扶贫开发工作会议作出了推进东西对口协作的战略新部署，明确由福建对口帮扶宁夏。为了脱贫致富，以马得福为代表的全体扶贫干部和闽宁镇新移民一起“关关难过关关过”，经过数十年的不懈努力将贫困山区建设成了塞上江南。福建省对口帮扶宁夏办公室原常务副主任林月婵先后 40 多次来到宁夏，在“吊庄移民”、招商引资、援建学校等福建援宁的多个项目里倾注了大量心血。1997 年，被称为“菌草之父”的福建农林大学菌草研究所所长林占熺，带着 6 箱草种来到宁夏，与贫困群众同吃住，手把手、面对面推广菌草种植技术。在隆德县第二中学支教的年轻姑娘李丹，为了走访贫困学生翻山越岭，自掏腰包为学生添置生活用品，在生命的最后，还惦记着她资助的宁夏孩子。从县域经济百强县福建闽侯县来到国家级贫困县宁夏隆德挂职的清华大学博士毕业生樊学双，牵头实施自来水提升工程，促成清华大学第一附属医院等医院与隆德县医院结对子，促进优质医疗资源共享……

我国的扶贫工作已开展三十多年，其间涌现出了张渠伟、张小娟、黄文秀等一大批坚守初心、艰苦奋斗的扶贫干部，终于在 2020 年实现全面脱贫。在广阔的农村大地，一幅乡村振兴的美丽画卷正徐徐展开……

四、认识劳动：树立正确的劳动观念

大学生劳动观念的形成是一个复杂过程。无论好逸恶劳、嫌贫爱富，还是不思进取、一味啃老，抑或不劳而获、坐享其成，这些思想苗头通常都不是在短时间内养成的，而是长期缺乏教育和引导造成的。这也折射出家庭教育和学校教育存在缺位。只有深刻反思存在的问题，让家庭教育和学校教育有效配合，才能矫正异化的劳动观念。

正确劳动观念的形成，绝非学校组织学生参加几次劳动，听几次报告抑或举办几场以“劳动最光荣”为主题的演讲、朗诵等就能够实现的。如果学生自幼在家娇生惯养，甚至被宠成“小皇帝”或“小公主”，那无疑是家庭教育的失败。此时，如果学校教育再跟不上，大学生的劳动观念就可能出现异化。

帮助青年学生树立正确的劳动观念，全社会应当积极营造热爱劳动、劳动光荣的舆论氛围，弘扬劳动精神，让诚实劳动、勤勉工作蔚然成风，引导人们崇尚劳动、尊重劳动者，让劳动光荣成为全社会的共识。在家庭教育中，家长应以身作则，帮助孩子树立正确的劳动观念。就学校而言，应积极响应国家号召，深入开展劳动教育，帮助学生掌握丰富的劳动知识，锻炼灵活的劳动思维。此外，各级各类学校也应积极组织校内劳动、校外实践及家务劳动，在劳动中帮助大学生获得成长，学会与人交往，增强社会责任感。

（一）强化劳动技能教育

“劳动”是一个复合的概念，理解劳动应从更深刻的内涵、更广阔的领域来把握。苏联教育家苏霍姆林斯基说过：“劳动的崇高道德意义还在于，一个人能在劳动的物质成果中体现他的智慧、技艺、对事业的无私热爱和把自己的经验传授给同志的志愿。”

当今世界正经历百年未有之大变局，我国正处于实现中华民族伟大复兴的关键时期，建设一支知识型、技能型、创新型劳动者大军，弘扬工匠精神和精益求精的劳动风气变得越发重要。青年劳动者更要勤于学习，勇于创新，虚心向老师傅、老匠人学习，将理论知识与劳动实践紧密结合起来，在各自的岗位上不断创造伟大的业绩。

（二）正确看待职业分类

职业分类，即根据职业的性质、特征，利用一定的规则、标准及方法将一般特征和本质特征相同或相似的社会职业，进行划分并统一归纳到一定类别的系统中去的过程。

职业是劳动分工的产物，也是劳动者在社会活动中获取生活来源、实现自身价值的依托。对职业进行分类管理，是现代市场经济条件下实现社会化管理的必然选择。在当前完善国家治理体系的大背景下，职业分类对于适应和反映经济结构特别是产业结构变化，适应和反映社会结构特别是人口、就业结构变化，适应和反映人力资源开发与管理特别是人力资源配置需求等方面，都具有重要意义。

正确看待职业分类，深入了解职业内涵，有利于大学生牢固树立平等职业观，找准自身的职业定位，做好个人职业生涯发展规划。

（三）规避职业歧视

《中华人民共和国宪法》（2018 年修正）明确规定，中华人民共和国是人民民主专政的社会主义国家，剥削阶级作为阶级已经消灭，强调职业虽有类别之分但无贵贱之别，职业面前人人平等。然而，在现实生活中仍然有不少人狭隘地将职业、收入与人的社会地位相提并论，人为地将劳动者划分出三六九等，更有甚者戴着“有色眼镜”看待某些职业，尤其对以体力劳动为主的职业嗤之以鼻。这类现象如果得不到有效遏制，势必会在很大程度上影响青年学生的职业观。

诚然，不同劳动之间存在差别，不同职业对于从业者能力的要求也不尽相同。但这不是职业歧视的理由。任何对劳动的歧视都会造成社会不公，引发社会矛盾，甚至阻碍社会发展。马克思曾言：“商品之所以有价值，是因为其中凝结着‘无差别的人类劳动’”。从这个角度来看，劳动是平等的。无论何种劳动、何种职业，只要是正当的、合理的、合法的，都是值得尊敬的。

“三百六十行，行行出状元。”青年学生应树立职业平等观，尊重每一种职业，珍惜每一份劳动成果，努力摆脱不良的职业歧视心态，脚踏实地，用实际行动推动社会进步。

（四）树立正确的劳动育人观

中华民族向来重视对勤劳美德的培养，并将之视为修身、齐家、治国的重要途径。进入新时代，我们更应树立正确的劳动育人观，弘扬勤劳美德，创造美好生活。

一方面，要学习掌握劳动育人的理论知识。马克思说：“生产劳动同智育和体育相结合，它不仅是提高社会生产的一种方法，而且是造就全面发展的人的唯一方法。”艰苦劳动、辛勤劳动、诚实劳动是中华民族的传统美德。新时代劳动教育必须在继承马克思主义劳动理论、发扬中华民族传统美德的基础上开展。与此同时，必须充分理解其科学内涵，即培育正确的劳动观念，端正劳动态度、养成劳动习惯、增强劳动情感、增长劳动知识、提升劳动技能。

另一方面，应当牢牢把握劳动育人的基本特征。劳动育人具有综合性，是观念、行为等多种要素的统一，需要强健的体魄、丰富的知识。劳动育人还具有实践性。劳动是人类最长久、最普遍、最基本的实践，在实践中学得更多、感悟得更深刻。因此，实现新时代高校育人目标，需要通过开展各式各样的劳动实践活动来落到实处。

最后，树立正确的劳动育人观还应注意厘清德、智、体、美、劳五育之间的关系。正如苏霍姆林斯基所言：“劳动以外的教育和没有劳动的教育是不存在也不可能存在的。”劳育是其他教育的基础，具有树德、增智、强体、育美等综合育人功能。新时代将劳育与德育、智育、体育、美育并举，不仅是对劳育作用的正确认识，也是对德育、智育、体育、美育的有力促进。

拓展阅读

在劳动中寻找自己的人生价值

2019 年 11 月，河南郑州一位 94 岁的老奶奶在马路边摆摊卖鸡蛋灌饼的视频被网友传到网络上，一时间引起了无数网友的关注。一开始，大众的反应都是这位老人一定是迫于生活，所以年过九旬还要艰辛谋生。然而，老奶奶的阳光和幽默很快就打消了网友们的疑虑。老人面对网友回应道：“这一辈子都是自己养活自己，已经停不下来了。”

面对食客，老奶奶像是等待孩子回家的长辈，把热乎乎的鸡蛋灌饼递到城市中每一个“夜归人”的手里。一个鸡蛋灌饼差不多要做 4 分半钟，她一刻也不停歇。一个小时下来，她在寒冷的深夜热出一身汗……

老奶奶很享受现在的状态，她说：“我有三个孩子，他们都很孝顺，但我觉得人活着，总要为自己找点价值。”这是一位平凡老人的劳动价值观。

其实，年轻人中也不乏好典型。生于 1990 年的矿山救护队队长李远伟，自 20 岁起便开始参与抢险救灾工作。他不顾个人安危，屡次深入特大事故现场，抢救遇险、遇难人员 150 余人，挽回经济损失近 2 000 万元；生于 1994 年的中国女排运动员朱婷，秉承“女排精神”，以队长身份带领女排国家队出征大赛，被誉为“世界第一主攻”。

第二节　具备必备的劳动能力

一、强化劳动技能课程

劳动技能课程，顾名思义就是要强化动脑、动手练习，以掌握知识、重在应用为核心，培养和锻炼大学生们的动手技能与综合应用能力。为确保劳动技能课程的开设，实现教育和培养大学生的目标，各高校可以探索设置大学生劳动教育领导组织机构，并将此课程列入必修课教学计划。

高校还应加强劳动纪律管理，注重考核和讲评。要不断完善劳动教育的监督和考核评价机制，把劳动成绩与综合测评挂钩，加强对大学生劳动教育理论学习及实践教育的长期观察与监督，制定统一的监督评价机制，在监督和考评中切实提升大学生的劳动意识和劳动技能。具体来说，在大学生上劳动技能课程之前，应当进行充分的宣传和动员，以院、系、班作为考核单位，劳动技能课程期间也要有小结、讲评，劳动技能课程结束后还需要进行总结，将劳动技能课程的出勤、学习情况作为评价学生的重要内容。

此外，高校需要不断地完善劳动技能课程的管理制度，强化劳动技能课程的内容设置，确保劳动技能课程充满活力，切实帮助大学生自觉养成良好的劳动习惯，树立正确的人生观和价值观，让他们真正做到吃苦在先、享乐在后，勇于进取、开拓创新，以饱满的劳动热情参与到社会主义现代化建设中，肩负起历史赋予的责任与使命。

拓展阅读

南京一高校在食堂开设厨艺课

为丰富学生的“第二课堂”，南京航空航天大学引入“劳动育人”教学概念，在食堂开设厨艺公共选修课——南航厨艺课堂，这一做法在网络上引起了热议。

据了解，南航厨艺课堂面向全校本科生开放，共 16 个课时，计 1 学分。教学内容涉及中式热菜、中式面点、西式点心、西餐饮品等十几个类型。课程主讲人每节课用 2~3 个菜品，教授学生中式烹饪技法、中西点心制作、西餐知识以及摆台礼仪。

铺满“美食”的黑板、画着校园风景的盘饰、饮食元素满满的挂钟……南航厨艺课堂处处呈现着劳动元素，烹饪间、工具间、洗手间、更衣室更是一应俱全。理论教室则被健康绿植和餐饮书籍装饰得异常别致。

红烧肉、青椒土豆丝等经典家常菜肴，大煮干丝、清炖狮子头等特色名菜，牛排、饼干、蛋糕等基础西方美食，“学霸大肉包”“飞天鸭四件”等校园网红产品……课程团队开发出一系列菜品，获得了学生们的广泛好评。

作为主讲教师之一的南航和园餐厅主任胡彬表示，这是一次有益的尝试，它不仅开启了高校食堂劳动育人模式的探索之路，更能帮助学生树立正确的劳动观念，传承传统烹饪技艺。

“真香！选课要靠抢的，我觉得很幸运，能秒抢到。”体验了第一节课，该校应用化学专业的学生冀攀峰表示收获不少，希望学成之后与家人一起分享。

二、理论与实践相结合

理论知识学习必须与专业技能和实践技能相结合。具体而言，高校应从生产技术、劳动知识、基本工作技能等方面将劳动教育和家庭教育、社会发展有机融合，锻炼学生发现问题、思考问题、解决问题的综合能力，端正大学生的劳动态度，培养学生的创新意识和吃苦耐劳精神。高校应从实际出发，号召学生亲身实践，深入生产第一线和农村基地去切实体悟劳动。

一方面，劳动课程设置应科学合理，聚焦理论与实践的有机结合。另一方面，学校须做出长远规划，并聘请专业人员参与指导，通过校企合作开发系列劳动技能课程，以此来培养学生对于生产劳动的浓厚兴趣。例如，面向爱好美食的学生可以开设中餐课、甜品课、饮品调制课等，面向爱好花卉的同学可以开设插花、园艺等课程。开设适合学生的劳动技能课，可以增强学生对劳动课的热爱，让劳动实践向知识化、技能化、艺术化等多方面拓展，让劳技课与专业课相互补充，形成人才培养的多元途径。

拓展阅读

太仓沙溪半泾村党委书记王建宏：田间创业摘掉贫困村帽子

苏州城市学院2004届优秀校友王建宏毕业后在一家国企外贸公司工作。2007年1月，村里传来消息，想要引入年轻人改变思路、加快发展。王建宏经过一番考虑，决定辞去城里的“白领”工作，回到生他养他的半泾村，担任了村团支部书记。

刚到村里，王建宏的想法很多，陆续提了五六个项目，并最终把目光投到了农业。带着3本调研笔记，王建宏向村里提出了组建绿阳果蔬专业合作社带领村民一起致富的想法。当时，为发展现代农业，太仓正在开展“百名农技人员进百村”活动，王建宏的想法得到了农业与农村委员会的支持，看着王建宏长大的村民们却不买账。在他们看来，一个对农业几乎一窍不通的年轻人，怎么能办好农业合作社呢？两三个月下来，王建宏在村里仅募集到10多万元。为了打消大家的疑虑，王建宏东借西凑，带头入股30万元。

2009年8月，绿阳果蔬专业合作社成立，注册资金100万元。60亩露天蔬菜区第一年的收入就达到了60万元，这让村民们渐渐对王建宏刮目相看。创业成功了，王建宏首先想到的是村民，“办合作社，不能只考虑个人利益，肯定要让村民们受益，大家都富起来”。

在王建宏的带领下，村民们开始以土地入股，加入合作社后，每年每亩保底可得

1 000 元，年终还有分红。合作社的经济效益不断攀升，2013 年销售额达到 2 000 万元，实现利润 240 万元。王建宏还引导村集体多次入股合作社，壮大村级经济实力，如今已占股 75%。据统计，2016 年，入社农户比社外农户年增收 6 000 元~8 000 元。同时，合作社通过统一购销本村农户的蔬果，带动了周边 500 多户菜农、10 000 多亩蔬菜区的产销，人均增收超过了 1 500 元。此外，合作社还吸收周边富余劳动力 70 多人就业，年发放劳务工资 80 多万元。

合作社的成功让王建宏成了小有名气的职业青年农民典型，陆续加入了苏州市、江苏省农村青年致富带头人协会，并被评为江苏省“创业之星”、全省优秀农民专业合作社辅导员，这让他创业的劲头更足了。2013 年，王建宏全票当选村党委书记后，开始拓展合作社业务。2014 年，他组织成立太仓市绿阳农副产品有限公司，目前已和数十所学校、企事业单位签订蔬果直供协议，每天为 3 万多人提供新鲜、优质的农产品配送服务。

2015 年，半泾村建立“太仓市菜玩家”电商销售平台和“菜玩家 O2O 生活体验馆”，试水农产品电商市场，并迅速成为太仓电商领军品牌。开出第一家门店后一年不到，每天的营收突破了 3 万元。村里还投资 2 000 万元建设了天竹园生态农庄，并成立旅游公司。王建宏刚回村里时，半泾村是沙溪镇排名靠后的经济薄弱村。在合作社的带动下，半泾村的经济实力不断增强，每年涨幅达到 40% 左右。2015 年，村级集体资产已经达到 5 300 多万元，年收入 1 500 多万元，经济实力跃居全镇前三。

村里富起来了，王建宏开始改善村民的居住环境。除了修路外，在村里建了 2 000 平方米的喜事会所；农民健身公园里篮球场、足球场一应俱全，村里老人们每天都要去新的 700 平方米的日间照料中心坐坐。

三、从点滴小事做起

大学生劳动技能观念的培养和形成不是一蹴而就的，需要从小事抓起，从点点滴滴做起。家务劳动、学校劳动、社区服务、工厂实践、农村体验等都是培养和提高大学生劳动技能的重要举措。在劳动技能课程的内容安排上，应尽可能贴近大学生的学习与生活。依托自我服务、自我管理、自我教育，充分挖掘劳动技能课程的育人作用。比如，在校园内设置劳动技能岗，安排学生参与校区保洁、公寓楼的卫生维护和管理、食堂帮厨和宣传教育园地维护等工作。社区劳动也可以采取多种形式。例如，外语专业的大学生可以为社区的中小学学生、外语爱好者以及有需求的居民开设外语培训班；法律专业的大学生可以进社区为居民讲解和宣传法律知识，增强居民的法律意识；医学专业的大学生可以进社区为居民讲解医学常识，普及预防常见病、多发病的知识，以提高居民的健康意识。

这些活动紧贴群众的生活实际，符合大众需求，它们促进大学生学以致用，充分体现出大学生的自身价值，可以增强大学生的责任感和自信心，使大学生们真正体会到劳动技能课程在实践中的重要作用。

拓展阅读

从砌筑工成长为世界技能大赛获奖者：95后全国劳动模范邹彬

邹彬出生在湖南省娄底市新化县的一个小山村，家里几辈都是农民。2011年，16岁的他，初中没有毕业，就因家境贫寒而离开学校，跟随父亲到工地打工，成为一名砌筑工。工地里“和砂浆”“砌砖头”的脏活、累活他都抢着干，用一年时间把自己从杂工变成砌筑工。2014年，他就拿到了砌筑项目的第一名，2015年夺得第43届世界技能大赛优胜奖，实现中国代表队在砌筑项目上“零”的突破。从建筑工地到世界领奖台，邹彬只用了4年。近年来，他先后获得全国劳动模范、全国技术能手、湖南省五一劳动奖章等荣誉。

执着专注，下足苦功夫

2011年夏天，一辆大巴车载着邹彬从湖南省娄底市新化县驶往长沙。此次离开家乡，邹彬打算去父母务工的建筑工地。“学业上虽然败下阵来，但我不能轻易认输，要在事业上好好干。”旅途中，这个中学毕业的山里娃心中燃起了一团火。第二天一早，邹彬跟着父母走进中建五局的施工现场。他承担的第一项任务就是“搬砖”，把一块块红砖递给正在砌墙的“大师傅”。

邹彬心里明白，这道工序看起来没有技术含量，实则特别有讲究。原来，砖块难免会有断裂，而砌墙又恰好需要长短不一的砖块。“搬砖小工”给力，不仅能让断砖变废为宝、物尽其用，还能帮砌砖师傅减少切砖的时间。“我提醒自己，再小的活也要认真干。”邹彬一边学习砌墙手法，一边为砌墙师傅递去合适的砖块。“实在找不到现成的可用砖块，我就自己动手切砖。”有时候，一刀下去，红砖直接碎成好多块，没法再用；有时候，切好的砖块太长或太短，还得返工……由于经验不足、方法不对，邹彬经历了许多次失败。但他并不气馁，虚心请教。在工友们的指导下，他仔细观察不同砖块在密度、干湿度等方面的差异，找准切砖的力度和角度，再反复练习，即便受伤，也只是简单处理一下，就回到岗位上。

勤学苦练一个月，邹彬拥有了挑选砖块的“火眼金睛”和愈发娴熟的切砖技术。有一次，他的舅舅刘尧述砌筑一个结构比较复杂的马牙槎，需要多块长短不一的红砖。没等他开口，邹彬就将大小刚好合适的砖块一一递来。舅舅入行多年，对此十分惊讶：“他年纪小、话不多，但确实下足了苦功夫。”

熟能生巧，磨出精湛技艺

在家人的鼓励下，邹彬开始学习砌墙。他碰到的第一个难题就是铺浆。一块红砖足足有4斤重，砖块之间的黏合离不开水泥砂浆。邹彬学着砌墙师傅的样子，左手持砖、右手拿刀，将砌刀往浆桶里一铲，挑上一大团砂浆，再把砂浆铺在砖块上。没想到还没来得及抹平，水泥砂浆就从砖面脱落，掉在地上。邹彬一下子蒙了，他又挑出一团砂浆，抹在砖块上，依旧粘不住。“别人都是这么做的，为什么我没成功?”

不懂就问。舅舅的一番讲解让邹彬发现了问题：砖面不能太过倾斜，砌刀要在砖面上用力一刮，才能让砂浆黏得更牢。他反复练习，终于让砂浆牢牢地粘在砖面上。即使将砖面倒过来、晃一晃，水泥砂浆也没有落下。一排砖、两排砖……额头冒出豆大的汗珠，戴着手套的左手也磨出水泡，但邹彬没有停下来：“熟能生巧，找到了对的感觉，就想多练练手。”

砌筑的第一面墙很快就通过了施工方的质量检测，邹彬却不满足，总觉得墙面看起来“不那么漂亮”。他的目光一寸寸扫视墙面，不放过一个角落，想方设法“挑刺儿”。他发现，砖块间的水泥砂浆组成墙面的一条条灰缝。可无论横向还是竖向，这些缝隙都宽窄不一，经不起细看。

“归根结底还是技术不过关。”邹彬说。由于挑浆手法不熟练，每块砖上涂抹的砂浆有多有少，导致灰缝有粗有细。没有别的办法，只能多练多干。从砌第二面墙开始，他在挑砂浆时更加心细，力争减少差别。每砌完一排，他都会回过头来检查一次，看看灰缝有没有对齐，墙面平整度、垂直度是否合格。即便是小瑕疵，也要返工，绝不放过。

为砌好一面墙，邹彬常常选择推倒重来，速度比别人慢了不少。看着儿子从早忙到晚，他的母亲很心疼：“砌得再好，也不会加工钱。质量过关就行，你别太累了。”“既然选择了这份职业，就要做到最好。”这个倔强的年轻人说。

一块又一块砖，一面又一面墙。苦练一年后，只要是邹彬出品的墙面，纵横两向的灰缝都能控制在 1 厘米以内。砖面清清爽爽，见不到多余的水泥或污点。“哪堵墙是邹彬砌的，看一眼就知道。”邹彬砌的墙在当时的项目施工员心里打下了“免检”的烙印。

一丝不苟，坚守工匠精神

一面青砖墙，留出一扇窗。窗户下，红色砖块组成的数字“14”略微凸出墙面……2014 年，中建五局举办的“超英杯”技能比武上，邹彬拿到了这样一道考题。

这是他第一次接触艺术墙，但凭借扎实过硬的基本功和一丝不苟的态度，邹彬一举夺魁。此后，他一路过关斩将，在全国技能大赛中脱颖而出，并且获得了参加第 43 届世界技能大赛的资格。

世界技能大赛的砌筑项目比的也是艺术墙砌筑，但花纹更加复杂，墙面更为立体，砌筑难度更大。“参赛选手必须拥有大量的几何知识，能够根据图纸的尺寸，计算墙面图案的角度、弧度和大小，再切割砖块、组砌。”邹彬说，“这恰恰是我的短板所在。”于是，邹彬来到中建五局长沙建筑工程学校，“回炉”再造。“什么不会就学什么，必须迎难而上。”邹彬告诉自己。

运用几何知识，力求“零误差”，离不开大量的辅助工具。过去砌砖，邹彬只有砌刀、卷尺等“老家什”当助手，而在学校，光是勾灰缝的工具就分了好几种，还有激光仪等以前没见过的工具。在学校老师的指导下，邹彬逐渐掌握了100多种工具的使用方法，对它们的特点和优势了如指掌。

“几个月后，邹彬只要看一眼样图，就能迅速找到需要的砌筑工具。”中建五局长沙建筑工程学校副校长盛良曾是邹彬的教练，让他印象最深的是，邹彬把墙面当作艺术品来创作，沉下心来精雕细琢。一项计分点多达七八十项的砌筑任务，邹彬拿到90分还不满足，硬要重新来过，拿到95分才罢休。盛良评价：“这个分数，连拥有超强大脑的工业机器人也拿不到。可以说，他已经具备了用砖头‘绣花’的能力。”

2015年8月，第43届世界技能大赛在巴西举行。邹彬完成的墙面上，巨大的足球活灵活现，每一根线条都清晰流畅，具有很高的观赏价值。最终，他取得了第13名的成绩，获得优胜奖。这也是中国在世界技能大赛砌筑项目上取得的第一枚奖牌。

比赛回国后，他被中建五局总承包公司破格录取为项目质量管理员。如今，邹彬成为项目质量总监，不仅在工地上指导砌墙、砌筑样墙，还承担起质量检查的任务。

人人都有通过勤奋劳动实现自身发展的机会。邹彬说，技能学无止境，每种职业都很光荣，在平凡的岗位上坚守工匠精神，从一点一滴的小事做起，终将实现自我价值，拥有闪闪发光的机会。

第三节 培育积极的劳动精神

一、劳动精神的内涵

劳动是人的基础存在方式，对于人的发展、社会的进步、历史的演进均具有重要意义。

劳动是一切财富的源泉。劳动精神作为支撑劳动活动得以顺利进行的观念前提、价值基础和精神动力，直接关乎劳动效率，并影响着人们劳动积极性和创造性的发挥。

人类的劳动不是动物式的本能活动，也不是一种抽象的思辨活动，而是在一定的思想观念、价值理念和行为原则的指导下所进行的有目的、有计划、有步骤的感性对象化活动。同时，这些思想观念、价值理念、行为原则构成了支撑劳动者进行劳动活动的精神动力和价值牵引。因此，劳动精神是植根于劳动者内心，并在其劳动活动中表现出来的劳动价值理念、劳动精神气质、劳动思维原则以及劳动心理意识，它将直接影响劳动主体的劳动行为、劳动态度、劳动品行、劳动动力和劳动面貌，并因此关乎人之存在、社会发展和历史进步的状况。

总之，劳动精神是关于劳动的理念认知和行为实践的集中体现，凝结了坚守尊重劳动、崇尚劳动和热爱劳动的价值取向，涵育科学劳动、辛勤劳动和诚实劳动的社会风尚以及锻造体面劳动、创造性劳动和幸福劳动的实践品格。

拓展阅读

知行合一让劳动精神落地生根

2020 年，用锤子敲口罩鼻夹 3 000 次、给近 4 000 个口罩一一装袋、为口罩加装呼吸阀近 2 000 个……这是当时 22 岁的东北大学本科生许铮豪的假期工作清单。2 月 11 日，许铮豪了解到，家乡张家港一家口罩厂急需志愿者协助加班生产医用 N95 口罩，便第一时间报了名。仅花费了 4 天时间，许铮豪就和其他志愿者赶工做出了近万个口罩。“虽然会感到疲倦，但是想起那些每天战斗在一线的白衣战士，就感觉浑身都有劲儿。多生产一个口罩，就多一份安全保障！”许铮豪说。

近年来，东北大学将劳动教育作为培养德智体美劳全面发展人才的重要抓手，将劳模文化研究成果融入思政课，在日常思想政治教育中开展“爱劳美校”系列活动，引导青年学子发挥优势，开展志愿服务，积极投身社会公益事业，让劳动精神在大学生中开枝散叶、落地生根。

二、培育劳动精神

（一）弘扬良好社会风尚

让劳动创造价值，让劳动者梦想成真，需要良好劳动氛围的带动。一夜暴富、不劳而获、轻视劳动、盲目拜金等都是享乐主义腐朽思想的体现。纠正和扭转好逸恶劳等不良社会风气，需要激发社会正能量，弘扬社会主义核心价值观，在全社会形成劳动光荣、劳动者伟大的正确舆论导向。

对于高校而言，一方面，必须坚持正确的舆论导向，借助广播、报刊、网络等加快推进媒体融合，并创新媒体传播方式，通过树典型、赞劳模等方式，营造劳动光荣的时代风尚。另一方面，各级领导、党员干部要发挥模范带头作用，身体力行、以身作则，发扬吃苦耐劳精神，争当劳动模范，反对形式主义、官僚主义、享乐主义和奢靡之风，向广大学生传递热爱劳动的正能量，让积极投身劳动成为一道美丽的校园风景线。

高校应大力宣传劳动模范与大国工匠的先进事迹，邀请劳动模范、非遗传承人走进校园，通过树立榜样，大力弘扬劳动美、创造美、贡献美，激励大学生争做劳动模范，争做践行社会主义核心价值观的模范。

（二）增进个体情感认同

社会存在决定社会意识，鉴于此，高校应从两个层面培育劳动精神。一方面，注重对大学生个体认知理念的建构，并以此来应对社会不良风气的侵袭。针对享乐主义与拜金主义对劳动精神培育的影响，高校可以以“劳动创造了人本身”为出发点，深入剖析劳动精神在“适者生存”定律中的适用性，验证享乐主义无法维系个体的生存负荷并且最终将被社会淘汰的客观事实，加深大学生对劳动精神的认知度。另一方面，着眼于劳动精神培育的本质，以“理论+实践”“感悟+认知”的形式挖掘劳动精神内涵，帮助大学生树立“劳动最光荣”“尊重是对劳动精神最美的礼赞”等思想观念，以社会主义核心价值观为引领，借鉴马克思主义劳动学说，构建人性化的劳动精神教育理念。高校需注重大学生个体对劳动精神的情感认同，鼓励大学生参与社会劳动，展现勤劳朴素的劳动风采，使大学生发自内心地热爱劳动，从而提升自身的劳动境界。

（三）促进家校社企联动

教育要与生产劳动相结合，要着眼于脑力与体力全面发展的人才培养。为此，高校除了应在教学方面下功夫外，还要依托其他资源，拓宽大学生参与劳动的途径。首先，丰富劳动的精神培育内容。高校可以结合新时代的发展需要纳入“劳动通论”“工匠精神”等通识课程，利用系统、完整的劳动精神内容，全方位地培育大学生的劳动价值观。其次，从教育导向、基本内涵以及激励机制三方面拓展劳动精神培育的教学维度。根据《关于全面加强新时代大中小学劳动教育的意见》，高校劳动精神培育的教育导向要突出社会主义建设者和接班人的劳动精神面貌、劳动价值取向和劳动技能水平，同时延伸劳动精神“以劳树德、以劳增智、以劳健体、以劳育美、以劳创新”的内涵，结合德、智、体、美展开教学内容的整合升级。最后，构建家校社企多方参与的劳动精神培育内容主体。对大学生劳动精神的培育高校并非单打独斗，家庭、社会和企业也是彰显劳动精神的地方。基于此，需要将家庭生活教育、企业职业教育和社会规则教育中的劳动精神内容挖掘出来，制定四位一体的劳动精神培育联动机制。

（四）创新劳动实践模式

首先，高校应当建好劳动实践基地并加大场域资源共享。社区、企业、部队、乡村等校外场域中蕴含着丰富的劳动精神培育资源，要积极组织大学生到这些校外场域开展社会调查、务农劳动、社区服务、公益劳动和勤工助学等活动，将教育同生产劳动和社会实践相结合，在实践中培养大学生热爱劳动、珍惜劳动成果的思想感情、行为习惯和艰苦奋斗的作风。其次，结合创新创业，逐步改善劳动教育方式。开展多种形式的劳动教育可以将劳动精神培育与大学生喜爱的创新创业活动、探究性学习、研学旅行、传统手工制作的学习有机结合起来。鼓励教师运用新理论、新知识、新技术更新教学内容，切实为大学生劳动精神的建构和创新能力的增强提供保障。最后，结合就业教育，引导大学生树立正确的劳动观念。高校还应结合就业教育，鼓励大学生树立正确的就业观，让他们将劳动分工的正确认识转化为具体的劳动行为，推动大学生将自己的劳动认知、劳动情感转化为具体的劳动行为，并进行自我检验。

（五）强化教育引导

首先，树立全面发展的教育理念。劳动精神培育是实现人的全面发展的基本前提，同时也是大学生自我发展与自我完善的重要途径。高校必须聚焦理念革新，转变传统观念，从办学理念、办学体系到学科设立、专业开设、课程设置等各个方面充分考虑大学生全面发展和经济社会发展的需求，突出劳动精神培育在整个学校教育中的重要地位。其次，深入挖掘课程中的劳动精神元素。高校要积极挖掘专业课程中蕴含的劳动精神元素，加强对马克思主义劳动价值观的解读，结合时代特征，增加对创新劳动的介绍，通过中西对比，借鉴劳动教育的精髓，对课程进行具体化、趣味化和生活化设计，不断引导大学生正确认识劳动的意义和价值，培养他们热爱劳动、尊重劳动、向劳动人民学习的思想意识，以及吃苦耐劳、脚踏实地、辛勤劳动的传统美德，从而提升大学生劳动情感的认同度、劳动意志的内化度、劳动行为的一贯性。最后，在校园文化活动中嵌入劳动精神内容。将各类校园文化活动与劳动精神培养有机结合，开展卫生保洁、绿化设计、宿舍美化、校园风貌整治等公益劳动，与社团活动、班级活动、日常教育活动相结合，开展劳动主题实践体验活动，使劳动精神培育常态化。

拓展阅读

培育劳动精神　砥砺践行初心

在“五一”国际劳动节来临之际，浙江师范大学马克思主义学院“新时代中国大学生劳动教育研究”项目组因地制宜，开展了“五个一”劳动教育主题活动。为弘扬劳动精神，展现青年风貌，项目组通过组织一次军休所志愿服务、进行一次校园除草、参与一次食堂帮工、参加一次图书馆书籍整理、发起一次劳动倡议等活动，动员大学生亲身实践，亲历劳动过程，在劳动中感悟生活之美，自觉践行了勤俭、创新、奉献的新时代劳动精神。

第四节　养成良好的劳动习惯和品质

一、辛勤劳动

（一）辛勤劳动的内涵

辛勤劳动，即人们在平凡的岗位上以积极的态度接受任务，全身心投入劳动，取得不平凡的成绩。这是一种坚持、坚守的价值追求和人生境界展现出的人类区别于动物的整体精神面貌。

辛勤劳动是实现人生价值的重要途径。辛勤劳动不仅要求我们对待本职工作勤勤恳恳、踏踏实实，而且需要我们付出大量的体力和脑力。中华民族是勤于劳动、艰苦奋斗的民族。从风雨无阻的快递小哥到运筹帷幄的决策精英，从兢兢业业的基建工人到精益求精的技术专家，从奋战一线的医护人员到攻坚克难的科研人员……中国特色社会主义事业都是劳动者们用双手和汗水一点一滴创造出来的。中国劳动者见证了中华民族坚韧不拔的意志品质，他们的价值追求是劳模精神的时代诠释。正是因为劳动创造，我们才拥有了辉煌发展的成就。

（二）辛勤劳动的价值

人类通过实践对主观世界和客观世界进行有意识的改造，在这个过程中，唯有通过辛勤劳动创造物质财富和精神财富，才能在推动社会发展的同时实现个人的价值。致敬新时代的劳动者，必须充分尊重劳动的价值。实现我们的奋斗目标，需要充分发挥劳动者的实干精神。习近平总书记指出："民族复兴的使命要靠奋斗来实现，人生理想的风帆要靠奋斗来扬起。"实现中华民族伟大复兴的中国梦，离不开前赴后继、艰苦卓绝的辛勤劳动与接续奋斗。

高尔基曾经说过："真理是认识事物的工具，是人们前进和上升的道路上的阶梯，真理都是从人类的劳动中产生的。"如果不劳动，我们就没有收获；没有收获，真理便会离我们越来越远。新时代青年大学生既是祖国的未来、民族的希望，也是建设社会主义现代化强国、实现民族复兴的主力军。新时代的大学生身上肩负着实现伟大中国梦的重要责任，必须付出更多的努力，脚踏实地，用汗水和智慧去实现自己的人生价值，成就美好人生。

拓展阅读

古代人的劳动智慧

"种豆南山下，草盛豆苗稀。晨兴理荒秽，带月荷锄归。道狭草木长，夕露沾我衣。衣沾不足惜，但使愿无违。"陶渊明这首《归园田居·其三》生动描绘了古代劳动人民辛勤劳动创造幸福生活的场景。

"日出而作，日入而息。凿井而饮，耕田而食。"脍炙人口的佳句道出了古代劳动人民早出晚归的劳动场面。

“卖炭翁，伐薪烧炭南山中。满面尘灰烟火色，两鬓苍苍十指黑……半匹红绡一丈绫，系向牛头充炭直。”一个烧炭老人的艰辛被白居易刻画得栩栩如生。

“锄禾日当午，汗滴禾下土。谁知盘中餐，粒粒皆辛苦。”唐代诗人李绅的《悯农》，告诉人们一粥一饭当思来之不易。

中国古代劳动人民自强不息，在勤劳奋进的同时，发挥聪明才智，创造了举世瞩目的灿烂文明。这一首首经典诗词，从千年的风霜中走来，折射出了坚毅的劳动精神。

二、真诚劳动

（一）真诚劳动的内涵

《中庸》中说：“诚者，天之道也；诚之者，人之道也。”儒家注重个人的道德修养，尊崇凡事“内求”，格外强调要诚实守信，并将其外化为诚实的劳动行为。换言之，就是要在内省的过程中将自己的品德与外在要求进行比较与审视，从而建立自我正确认知并内化为诚实品行，将内心的真诚通过外在行为表现出来，用一言一行影响他人。

真诚即言行一致、表里如一，真诚劳动的内涵即劳动者辛勤付出，在劳动过程中重诺守信，以“言必信、行必果”的敬业态度认真完成本职工作。真诚劳动既是人类全面发展的重要基石，也是人类心理健全的外在体现。

（二）真诚劳动的价值

人是社会性动物，很难脱离社会而独立存在。人类的劳动存在于复杂的社会关系之中，需要通过人与人之间的通力合作来实现。由于这种合作需要依靠诚信来维持和巩固，真诚劳动便被视为最基本的劳动素养与习惯。

孔子云：“人而无信，不知其可也。”一个不讲诚信的人，无法与他人正常交往，也难以在社会中立足。对于个体而言，诚信劳动是其在职场生存和发展的重要基石。习近平总书记曾言：“劳动是财富的源泉，也是幸福的源泉。人世间的美好梦想，只有通过诚实劳动才能实现；发展中的各种难题，只有通过诚实劳动才能破解；生命里的一切辉煌，只有通过诚实劳动才能铸就。”

进入新时代，我国广大劳动群众在实现伟大中国梦的进程中奋勇拼搏、勇攀高峰、争创一流，他们用智慧和汗水营造了劳动光荣、知识崇高、人才宝贵、创造伟大的社会风尚。真诚劳动要求当代大学生充分发挥吃苦耐劳、脚踏实地的实干精神，诚实地运用自己的脑力和体力，通过不懈努力，实现梦想，获得全面发展。

拓展阅读

真诚做人，真心做事——致敬，渐冻症抗争者蔡磊

成长之路：颠沛流离求学之路

蔡磊出生于河南商丘，家境并不富裕。父亲是一名军人，家教严格，朴素而严谨，教育蔡磊要勤俭持家、孝敬长辈。蔡磊以优异的成绩考入中央财经大学，学习税务专业。尽管未如愿考入自己钟爱的物理专业，但蔡磊仍以坚定的信念和努力克服困难，顺利完成大学学业。

蔡磊的父亲在他大三时被确诊为肝硬化晚期，这一打击让他深感家庭责任的重大。面对父亲病情恶化，蔡磊毅然选择放弃考研，回到家乡，全力照顾患病的父亲，从而错过了自己梦想的继续深造的机会。这段颠沛流离的求学之路使蔡磊锻炼出了坚韧不拔的品质和责任心，为他未来的抗争之路奠定了坚实基础。

一、学业成就背后的艰辛与坚持

直接开始工作后，蔡磊不忘初心，利用上班之余刻苦攻读，为自己的进修之路奠定基础。在保持本职工作出色表现的同时，他再次参加全国硕士研究生统一招生考试，凭借出色的学业成绩成功考取中央财经大学财政税务学院的公费研究生名额。坚持不懈、孜孜以求的精神，使蔡磊在职场上逐渐崭露头角，为未来事业蒸蒸日上奠定了基础。

二、从三星到京东：事业辉煌的奋斗历程

蔡磊毕业后先后加入了三星和万科等知名企业，担任税务相关职务，积累了丰富的工作经验和专业知识。2011 年，蔡磊应京东创始人刘强东之邀，加入京东并担任副总裁一职，开启了事业上的新篇章。在京东期间，他领导推动了电子发票的发展，被誉为“电子发票第一人”，多次荣获行业内的殊荣。在事业辉煌的背后，是蔡磊坚韧不拔、敢于创新的工作精神。

三、40 岁遭遇渐冻症：逆境中的不屈抗争

2018 年，蔡磊与段睿结为夫妻，本以为事业家庭两得意，然而岁月无情。在踌躇满志之际，渐冻症的病魔降临，打乱了他原有的生活轨迹。经历了病情的迅速恶化和确诊的创伤，蔡磊曾陷入绝望，试图提出离婚，但妻子的支持和鼓励让他重新振作。2019 年，他决定与妻子一同面对病魔，成立医疗科技公司，致力于为渐冻症患者提供更多帮助和支持。逆境中，蔡磊展现出了顽强的生命力和不屈的意志，为抗争绝症树立了典范。

抗争之路：创业立名、呼吁捐献遗体以延续希望

一、创业救助：为渐冻症患者架起生命之桥

2019 年，蔡磊决定发起创业项目，成立了北京爱斯康医疗科技有限公司，并担任公司董事长。同时，他创办了“渐愈互助之家”信息聚合平台，以帮助渐冻症患者自主管理病情信息，实时了解治疗效果和病情进展。蔡磊的创业举动不仅为疾病患者提供了更多希望和支持，也为自己在抗争绝症的同时寻找到了新的生活价值。

二、呼吁捐献：携手病友传递希望之光

2022 年，蔡磊发起呼吁渐冻症患者捐献遗体行动。他率先签署协议，承诺捐献自己的脑组织和脊髓组织，呼吁更多病友加入捐献行列。1 000 多名病友响应呼吁，

共同传递爱与希望的力量。他设立公益基金，积极参与药物研发项目，以实际行动践行“以我之病促公益”的信念，为渐冻症患者谋求更多生存希望。

坚韧之心：为社会贡献、为希望筑桥

蔡磊在病痛的折磨下，展现出了惊人的坚韧和不屈精神。他在绝境中选择创业救助他人，坚守着对生命的信念和对社会的责任。即使病魔逼近，他依然积极工作、不断进取，为自己的人生注入了新的活力和意义。他的坚韧之心不仅让人钦佩，更让人感受到生命的可贵和责任的重大。希望蔡磊的坚韧之心能继续为更多人点亮希望之火，激励社会众人共同为梦想和未来而努力。

三、创造性劳动

（一）创造性劳动的内涵

人的劳动是有意识、有创造性的活动，是创造性劳动与机械性劳动的统一。创造性劳动，即在创造性思维的支配下，具有科学知识和技术的劳动者利用创造发明来改变人与自然之间的物质交换过程，打破生产要素组合的均衡状态，建立新的劳动要素组合和劳动程序，使得人类劳动在前所未有的程序上推进，进而加速人类物质财富与精神财富创造的生产活动。

创新不仅是一个民族进步的灵魂，而且是一个国家兴旺发达的不竭动力。创造性劳动既是创造新事物、新方法、新理论的活动，又是通过新发现、新发明，创造新技术、新工艺的活动，同时还是开发新产品和开辟新市场的活动。创造性劳动是人类在劳动中不断开拓新的活动领域，打破常规，探索新机遇，持续创新并推动社会发展的复杂过程。

（二）创造性劳动的价值

互联网时代，创造性劳动得到增值，获得了更大的话语权和更强的变现能力。它引发科技革新，促使社会分工日益精细，极大地改变了人类生活。在现代社会，有价值的创新通常比货币更为重要。为了提升经济发展的竞争力，我国提出了建设创新型国家的战略，以此来推进科学技术的发展和自主技术的革新。

《关于全面加强新时代大中小学劳动教育的意见》明确提出：“强化诚实合法劳动意识，培养科学精神，提高创造性劳动能力。”面对日新月异的科技进步和繁重复杂的发展任务，新时代劳动者不仅要爱劳动、会劳动，更要掌握技术、善于创新。从这一视角出发，新时代劳动教育应主动适应科技发展和产业变革的新趋势，结合劳动新形态、产业新样态，不断深化产教融合、创新人才培养模式，切实提高青年学生的劳动能力，特别是创造性劳动能力。高校要以提高创造性劳动能力为目标，大力改革劳动教育内容，不断激发青年学生学习、劳动的积极性、主动性、创造性，不断增强大学生创新创造的能力。

拓展阅读

华为的芯片之路：从危机到突破的创新故事

华为的芯片危机让华为的业绩和市场份额受到了严重的影响。但华为并没有因此而放弃，而是通过自主创新和合作伙伴的支持，走出了一条自给自足的芯片之路，实现了从危机到突破的转变。

华为的芯片危机

芯片是电子产品的核心部件，也是科技创新的关键要素。没有芯片，就没有智能手机、电脑、互联网、人工智能等现代科技。芯片的制造是一项高度复杂和精密的工程，需要大量的资金、设备、人才和技术。目前，全球芯片产业链主要由三个环节组成：设计、制造和封装测试。其中，设计环节主要由美国、中国等国家和地区的企业主导；制造环节主要由韩国等国家和地区的企业主导；封装测试环节则比较分散，有多个国家和地区参与。华为在芯片设计方面有着不俗的实力，其旗下的海思半导体是全球领先的移动通信和物联网芯片设计公司，其产品覆盖了智能手机、平板电脑、笔记本电脑、服务器、路由器等多个领域。然而，在芯片制造方面，华为却受制于人，因为它没有自己的芯片制造厂，而是依赖外部供应商，如台积电、三星等。这些供应商使用的设备和材料大多来自美国或受美国控制。因此，当美国对华为实施制裁和断供时，华为就陷入了困境。

2019 年 5 月 16 日，美国商务部将华为及其 70 家附属公司列入“实体清单”，禁止美国企业向其出口技术产品和服务，除非获得特别许可。这意味着华为无法从美国或使用美国技术的企业购买芯片或相关设备。2019 年 8 月 19 日，美国商务部宣布将对华为实施“临时许可证”政策，允许部分美国企业在 90 天内继续向华为提供有限的服务。这一政策一直延续到 2020 年 5 月 15 日。2020 年 5 月 15 日，美国商务部宣布将对“临时许可证”政策进行最后一次延期，并同时修改“外国直接产品规则”，进一步限制华为从全球市场获取芯片或相关设备。根据这一规则，任何使用美国技术或软件生产或设计的产品，在出口给华为之前，都必须获得美国政府的许可。这意味着即使华为从非美国的供应商购买芯片，也可能受到影响。2020 年 9 月 15 日，这一规则正式生效。美国的制裁和断供对华为的芯片业务造成了巨大的冲击。华为的主要芯片供应商台积电在 2020 年 5 月停止接受华为的新订单，并在 9 月 15 日前完成了所有的交付。其他一些芯片供应商，如三星、英特尔、高通、联发科等，也纷纷暂停或减少了对华为的供货。华为的芯片库存开始告急，尤其是用于高端智能手机的麒麟系列芯片。华为创始人任正非在 2020 年 8 月 7 日的内部讲话中承认，麒麟系列芯片将在 9 月 15 日后无法生产，而且“这个时代已经过去了”。华为的智能手机业务也受到了重创，其市场份额从 2020 年第二季度的 20% 下降到 2021 年第二季度的 10%，跌出全球前五。华为的全球销售收入虽然从 2019 年的 8 588 亿元人民币增长到 2020 年的

8 914 亿元人民币，但是增速从 19.1%降至 3.8%。

华为的芯片突破

面对危机，华为并没有被打垮，而是展现出了坚韧和决心，加速走上了自给自足的芯片之路。第一步，引进光刻机设备，扩大自己的芯片产能。华为在 2020 年下半年从二手市场上购买 6 台老旧的光刻机设备用于扩大自己的芯片产能。虽然这些光刻机无法制造高端芯片，但对于满足低端和中端市场需求还是有一定作用的。第二步，委托上海积塔半导体生产自己设计的芯片。上海积塔半导体是华为的重要合作伙伴，为华为提供了一些用于 5G 基站、物联网、车联网等领域的芯片。据说华为为了保证自己的云计算和网络业务的正常运行，将自己设计的一些用于服务器、路由器、交换机等设备的芯片委托给上海积塔半导体生产。第三步，寻求国内外的合作伙伴，共同应对危机。除了自己努力，华为也没有放弃与国内外的合作伙伴保持联系和沟通，寻求可能的解决方案。在国内，华为与中芯国际、紫光集团等企业保持着良好的合作关系，共同推进芯片产业的发展。在国外，华为也与英特尔、高通、联发科等企业保持着一定程度的合作关系，尽可能地获取一些不受美国制裁影响的芯片或相关设备。通过以上措施，华为在一定程度上缓解了自己的芯片危机，实现了一些重要的突破。

华为的芯片创造

华为的芯片之路并不平坦，但充满了希望。华为的目标不是要超越或取代任何一家企业，而是要通过自主创新和开放合作，提供更好的产品和服务，满足客户和市场的需求。华为的理念不是要与世界对抗或隔绝，而是要与世界共赢或共生。华为的愿景不是要成为一个孤岛或堡垒，而是要成为一个桥梁或平台。华为的芯片之路，就是一条自强不息、开放包容、合作共赢、创新发展的道路。

四、培育志愿服务精神

（一）志愿服务精神的内涵

1994 年 2 月，共青团中央向全社会公开发布了中国青年志愿者标志。同年，中国青年志愿者协会成立并发布了“奉献、友爱、互助、进步”的中国青年志愿者精神。奉献是一种高尚的精神，友爱是一种平等的尊重，互助是一种暖心的关爱，进步是一种文明的追求。志愿服务精神是社会主义核心价值观的具体体现，也是社会文明程度的重要标志。

经过多年发展，志愿服务已被广泛认为是志愿者、志愿服务组织和其他组织自愿无偿向社会或者他人提供的公益服务。

（二）激发大学生志愿服务精神

习近平总书记指出，志愿者事业要同“两个一百年”奋斗目标、同全面建设社会主义现代化国家同行。大学生是践行新时代志愿服务精神的主力军。在新时代背景下，大学生志愿服务工作面临更高要求，志愿服务工作也有了新的发展方向。高等学校在大学生教育中应加强志愿服务管理的制度化、规范化、专业化，积极创新大学生志愿服务精神培养模式，将志愿服务精神培育与思想政治教育紧密结合起来，依托志愿活动探索多样化志愿服务领域和志愿服务品牌，逐步推进志愿服务保障体系化和激励机制长效化，大力弘扬志愿服务精神。

拓展阅读

守护生命，武汉志愿者周翔走出 9 000 多公里的平凡英雄路

周翔是土生土长的武汉人，在当地一家银行工作，已在这座城市生活了 30 多个年头。2020 年 1 月 23 日凌晨，武汉市新型冠状病毒感染的肺炎疫情防控指挥部发出第 1 号通告，宣布当日上午全市公交、地铁、轮渡、长途客运暂停运营，机场、火车站离汉通道暂时关闭。

疫情之下，武汉进入了艰难时刻，曾经喧嚣繁华的都市一下子安静了下来。看着空旷的街道，周翔突然意识到曾经的“喧闹”是多么可贵，这座对他来说像母亲一样的城市“生病了”。在那一刻，他决定成为一名志愿者，用自己的实际行动为这座城市做点什么。独自在家完成为期两周的隔离后，周翔开始联系志愿者微信群，为战胜疫情奉献一份绵薄之力。

2 月 1 日，周翔通过了加入志愿者车队的审核。在接下来的 74 个日夜中，他与志愿者车队的队员们迎难而上，接送医护人员、运送物资，驾车在武汉的大街小巷行驶超过 9 000 公里。他曾一天之中接送医护人员 20 多次，为一家医院送过 38 吨大米。“志愿者的工作很辛苦，几乎每天都有超过 12 小时的工作量，但每天遇到的人和事，都让我拥有了坚持下去的决心和信心。”

后来，周翔又加入了武汉“志愿者联盟”，联盟中既有武汉人，也有在武汉的务工者，还有滞留在武汉的过客，以及从外地专门赶来支援的志愿者。这段“搬砖”生涯让他在两个多月内瘦掉了 10 余斤，他开玩笑说，“自己减肥成功了”。

五、端正劳动态度

（一）劳动态度的内涵

劳动态度具体体现为一个人是否愿意劳动、对待劳动是否热情、对待劳动成果是否尊重、对待劳动人民是否热爱。劳动态度是劳动观念的重要组成部分。劳动态度可以被定义为一个人在一定劳动价值观支配下，经过长期劳动情感体验而逐步形成的一种对待劳动的相对稳定的心理倾向。因此，劳动态度具有一定的社会职能，对人的内因心理和外显行为具有动力作用。

（二）劳动态度培育

自古以来，我国便崇尚劳动光荣，将勤劳勇敢、艰苦奋斗作为中华民族的传统美德。大禹治水、愚公移山、精卫填海等典故无不体现了古代劳动人民不畏艰险、顽强拼搏的劳动态度和奋斗精神。

2018 年，习近平总书记在全国教育大会上提出："要在学生中弘扬劳动精神，教育引导学生崇尚劳动、尊重劳动，懂得劳动最光荣、劳动最崇高、劳动最伟大、劳动最美丽的道理。"大学生能否端正劳动态度，不仅关系到自身成长，更关乎国家发展与社会进步。实现奋斗目标，开创美好未来，必须依靠辛勤劳动、诚实劳动、创造性劳动。

劳动是愉悦身心、带给人们充实感和成就感的载体。工作者是快乐的，劳动者是幸福的。劳动不仅是人类的权利，也是一项不可推卸的义务。"功崇惟志，业广惟勤"。劳动是财富的源泉，也是幸福的源泉。面对经济发展进入新常态的机遇与挑战，面对新的时代、新的征程，所有劳动者都必须深刻认识时代所赋予的责任和义务，奋勇拼搏，砥砺奋进。

拓展阅读

最美奋斗者徐本禹：心怀感恩，在大山里挥洒青春

徐本禹出身于山东聊城一个贫困的农民家庭。1999 年，徐本禹考入华中农业大学。在大学里，徐本禹得到了学校和社会的许多关心和帮助。他端过盘子，扛过书架，做过家教，也受到过许多好心人的帮助。徐本禹说："我一直告诉自己，别人给我一口饭，我一定要还别人一碗肉！"

大学四年，徐本禹利用自己的奖学金和生活补助一共资助了五名学生。2003 年 7 月，徐本禹在考上公费研究生的情况下，主动放弃攻读研究生的机会，保留研究生入学资格两年，跋山涉水来到当时不通水、不通路、不通电的贵州省大方县猫场镇狗吊岩村为民小学义务支教。来到狗吊岩村后，徐本禹很不适应当地的生活，得了胃病，一下子消瘦了十多斤。在为民小学，徐本禹负责五年级一个班的所有课程，一周上六天课，一天上课时间达到了八个小时。

一年后，徐本禹又前往条件更艰苦的大方县大水乡（现为百里杜鹃管理区大水乡）华农大石希望小学支教。贵州支教结束后，徐本禹先后二十多次到贵州开展助学活动，始终牵挂着贵州山区的教育事业。

2004 年 7 月，一篇名为"两所乡村小学和一个支教者"的图文报道在网上流传开来，徐本禹支教的感人事迹引起了巨大轰动，中国中央电视台等国内外上百家新闻媒体对其进行报道。《中国青年》将徐本禹的事迹用十个版面作为封面专题进行报道，北京电影制片厂还拍成了电影《燃情岁月》。次年 1 月，徐本禹当选为中国中央电视台"感动中国 2004 年度人物"，成为首位当选感动中国人物的志愿者。2007 年 6 月，年仅二十五岁的徐本禹当选为党的十七大代表，成了最年轻的党的十七大代表之一。

第八章 大学生劳动实践的自我感受

第一节　促进心理健康

当今劳动教育与人的全面发展密不可分，具有树德、增智、强体、育美的综合育人价值，对于大学生积极心理品质的培养具有无可替代的重要意义。

一、劳动教育与积极心理品质

心理问题会导致性格缺陷，使人产生行为偏差，严重影响个体的身体健康。当前，大学生中抑郁、焦虑等心理问题多发，仅靠课堂教育尚不能起到积极作用。在大学生中开展劳动教育，鼓励大学生主动参与劳动实践活动，不仅能够拓展大学生的思维，还能培养大学生的沟通能力、协作能力，使大学生在劳动实践活动中养成合作、信任等积极心理品质，逐渐形成良好习惯，促进心理健康。

（一）劳动教育有利于培养积极的情感态度

情感是一种极其复杂的心理现象，最能表现个人的内心状态，仿佛个体心理的晴雨表。情感有独特的心理过程，当一个人失去已有的东西时，会感到丧失的痛苦；而当一个人达到了追求的目标时，又会体验到成功的喜悦。情感变化往往伴随着心理活动过程，在生活中可表现为焦虑不安、欣喜若狂、怒发冲冠、悲痛欲绝、孤独恐惧、开心舒适等。从心理学的角度看，情感既是个体心理活动中动力机制的重要组成部分，也是个性形成的重要方面。

劳动教育活动离不开劳动教育心理。劳动教育心理是个体在劳动活动中的心理特征及规律的总称。劳动教育中心理素质的核心应该是劳动情感的培养。劳动情感包括两个方面：一是对劳动人民的情感。具体来说就是，在劳动教育的内容上，充分体现对劳动人民的情感，要将劳动精神、劳模精神、工匠精神融入劳动知识、劳动技能，有效的劳动教育建立于对模范示范效应的强化之中，使大学生个体在成长中形成内驱力，从而建立起劳动情感，健全完善的人格。二是对劳动实践的情感。学习知识技能，是要对所学内容有一种认识。投射到劳动教育上，这种认识可以被看作积极的劳动态度，即大学生热爱劳动，以劳动为荣，珍惜劳动成果，具有从事创造性劳动的精神。劳动情感一旦被内化，将贯穿劳动教育实践的始终，使大学生产生愉悦、轻松、充满追求与成就感的学习心理体验，可以有效减轻大学生的心理压力，促进个体心理健康。

（二）劳动教育有利于促进认知能力发展

认知能力是多种能力的集合，包括感觉、知觉、记忆、注意、思维和想象等，是人们成功完成某项活动的重要心理条件之一。

通过实践活动，劳动教育可以让大学生真实感受事物的特征，劳动技能有助于促使大学生产生程序记忆，劳动过程则让大学生集中注意力。劳动教育对于提高个体认知能力具有积极作用。已有研究表明，不同学段的学生认知能力发展有所不同，只有以学科学习及实践活动为依托，才能培养学生的横贯能力。

（三）劳动教育有助于良好行为习惯的养成

在正确劳动价值观的引导下大学生会产生对劳动的兴趣，确立乐于劳动、崇尚劳动的态度。个体一旦形成乐于劳动的正确生活态度，便能在劳动中不断规范自身行为，热爱生活，养成亲历社会的劳动习惯。反之，如果一个人未能形成崇尚劳动、乐于劳动的态度，就容易懒惰散漫，甚至违背社会规范，出现反社会行为。劳动美是一个人思想、情感、态度的外在表现，它以生动、直观的方式反映出一个人的内在精神。具有较高审美素质的人，其内在劳动观点和外显劳动行为高度统一，个体的行为习惯更和谐、更有序。这正是“以劳助行”效应的表现。具体来说，就是保持个体行为与正确劳动观念的一致性，使个体自觉表现出良好的行为习惯。

（四）劳动教育有助于健全人格的养成

人格构成一个人的思想、情感及行为模式，是一个人区别于他人的稳定的心理品质，具有独特性、稳定性及功能性等特点。一个人的人格特点是在遗传与环境的交互作用下逐渐形成的，遗传因素、社会文化、家庭环境、学校教育、个体经验、自然因素等起着决定性作用。人格塑造伴随人的一生，需要人们通过不懈努力去完成。

人格塑造是马克思主义劳动观的基本价值取向。马克思、恩格斯认为：劳动创造了人本身，人的个性、能力和世界观是在劳动过程中形成的。在合理的社会里，每个成员都能把体力劳动和脑力劳动结合起来，使自己各方面的能力得到充分发展。因此，人的全面发展过程，也是人格逐步健全的过程。在劳动教育过程中，提升大学生的劳动能力，培养他们尊重劳动的品德等，都是为了塑造健全的人格。

传统心理学认为，人格包括个性倾向性和个性心理特征两个方面。人的个性心理存在差异，培养拥有健全人格的人要倡导因材施教，尊重个性发展。我国的劳动教育课程提供了丰富多彩的内容，包括日常生活劳动、生产劳动和服务性劳动。学段从小学、初中到普通高中、职业学校、普通高等学校，教学内容由易到难，由浅入深。这种设计充分考虑到学生的个性发展，遵循了个体成长顺序性、阶段性、差异性的科学规律。“劳动教育其实就是人格教育”，在大学生中开设劳动教育课程，能够在丰富的劳动社会实践活动中不断形成和提升大学生的各种能力。认知能力的发展在一定程度上也会促进个人认知风格的发展，从而促进大学生健全人格的养成。

（五）劳动教育心理中的自我认同化解效应

人具有极强的社会属性，在不同组织里担任不同的角色，大多数人都能够在其中明确与角色相应的社会职责，这就是自我认同。自我认同与劳动教育是知与行的统一关系。

劳动教育可以使大学生认识自己，增强大学生的自我认同感。人只有在劳动中，才能发挥自己的聪明才智，才能真正认识自己。劳动是人与自然、人与人、人与社会的交往，这个过程体现了人的心理、智力、体力、能力等综合素质，也是对自然规律、对社会关系、对他人性格等的了解过程。因此，劳动是认识自己和认识社会的过程。通过这个过程，大学生对自己产生元认知，有助于形成自我认同。（表 7-1）

表 7-1　劳动教育对大学生自我认同的促进作用一览表

大学生自我认同危机的主要表现	有效的心理调适办法	基于劳动教育的特点	以劳动教育为手段可产生的实效
自我迷失、否定自我	正确认识和对待自身心理问题，树立自信，形成自我效能感	劳动教育内容：生活性、经验性、直观性、丰富性、获取性	通过劳动教育形成基本生活技能，内容与原有经验相结合，具体直观，继而强化大学生自我认同
疏远他人、远离现实	走出虚拟世界、强化现实身份角色	劳动教育实施：场景真实性、人员集体性、个体体验性	通过劳动实践促进人际交流，建立和谐的交往关系，帮助大学生完成社会化，形成集体力量
情绪消极、漠视社会	唤醒个人主体意识，确认时代主人翁意识	劳动教育评价：过程与结果的激励性	通过劳动实践激发爱劳动、爱生活、爱祖国的热情

二、劳动教育与积极心理资本

心理资本是个人成长和发展重要的心理资源，包括积极心理资本和消极心理资本两个方面。青年学生积极心理资本水平越高，自我控制能力越强，学业成就也就越高。因此，积极心理资本对大学生的能力发展及积极的心理状态有正向预测作用。消极心理资本作为不良心理资源，对消极情绪和行为具有负向预测作用。

心理资本一词最早出现于经济学和投资学等领域，经济学家戈德史密斯等人把心理资本看成促进个体绩效提升的心理特征，这些特征反映个体的观点或自尊感，影响个体的动机和对工作的态度。积极心理学认为，心理资本是一种积极心理力量，能够激发人的积极行为，有助于个体的成长、发展与成功，具有可测量、可开发、可培养的特性，主要包括自我效能、希望、乐观和心理韧性四个核心要素。人类因为劳动而得到发展，劳动实践是人类认识社会的首要方式，个体在劳动实践中不断认识自我，促进语言及思维的发展。正是劳动活动促进了个体逻辑思维及抽象思维的发展，从而发展出了不同于动物的更高级的认知活动，如希望、乐观、自我效能等。因此，人类的劳动活动促进了个体心理资本的产生和发展。在大学生群体中开展劳动教育，有助于增强大学生个体的自我效能、希望、乐观和心理韧性，从而提升大学生的心理资本水平，也有助于提升大学生的核心竞争力，促进其心理健康发展。

（一）劳动教育有助于增强大学生的自我效能感

自我效能感也称自信心，是指人们对自己能否完成某项工作或任务的自信程度。具有较高自我效能感的大学生能缓解压力的影响，并提高学习和工作效率。在大学生群体中开展劳动教育，为大学生提供实践实习的机会，注重大学生动手操作能力的培养，可以让大学生在实践活动中熟练掌握技能，亲身经历成功，从而看到自己的价值，增强自信心，提高自我效能感。劳动过程也是人与人之间的互动过程，大学生会得到来自同学和教师对自己的客观评价，这有利于大学生正确面对自身不足，充分了解自身优点，从而增强自我效能感。

（二）劳动教育有助于提升大学生的希望水平

希望是指为达成目标锲而不舍的动机状态。当个体充满希望的时候，坚信自己能够实现目标，即使面临困难与挫折也能及时调整策略，采取合适的途径和方法来实现目标。大学生在劳动教育过程中，会重画记忆图像，在脑海中对阻碍正常学习和生活的画面进行重组和调整，刷新记忆，使认知水平焕然一新，从而突破固有思维，放松心态。在劳动过程中，大学生会不断认识到自我的价值，制定合理的发展目标，并在实现目标的过程中不断克服困难、调整方案，不断提升希望感。

（三）劳动教育有助于培养大学生的乐观心态

乐观是指一种积极的归因模式。乐观的人常常用内在的、稳定的、普遍的因素来解释成功的事件，用外在的、暂时的、偶然的因素解释失败的事件。在劳动活动中培养乐观心态的途径主要有以下三种：第一，包容过去，重新评估自己的失败、错误与挫折，学会寻找其中隐含的积极因素；第二，珍惜现在，善于用积极的归因方式面对生活中的一切；第三，寻找未来的机会，将未来的不确定性看作成长、发展和进步的契机，并采取积极、正向的态度来应对。在劳动教育活动时，要时刻提醒大学生正确看待过去，发现自身能力的不足、努力程度的欠缺等可变因素，并通过自身的努力改变现状，增加成功的可能性，以积极的心态面对和解决问题。

（四）劳动教育有助于增强大学生的心理韧性

心理韧性又称复原力或心理弹性，是指个体面临压力、身处逆境时，能够从失败、挫折、冲突中恢复到正常水平，甚至超越正常状态的能力。个体的心理韧性能够帮助人们战胜困难，走出困境，摆脱失败的阴影。学习、生活并不总是一帆风顺的，常常会遇到各种困难，如何面对显得至关重要。在各类劳动实践活动中，遇到各种现实性难题时，要以平和的心态面对挫折，用积极的心态寻求解决问题的方法。困难和挫折虽然会带来一定的困扰，但因此锻炼了解决问题的毅力和决心，培养了坚强的意志力，这有助于增强心理韧性和提升积极心理资本水平。

拓展阅读

如何增强我们的心理韧性

进入大学，大学生面临着学习内容大幅增加、学习方法改变以及同学间人际关系处理等众多压力，容易产生强烈的心理冲突和焦虑。这种应对压力、挫折或创伤等消极事件的能力便是心理韧性。心理韧性对于我们的成长具有积极的意义，拥有强心理韧性能够帮助我们更好地战胜逆境与挫折，追求人生的自我实现。

那么，该如何在日常生活学习中增强自己的心理韧性呢？

一、培养目标意识

只有一个心里始终装着目标的人，才能够在哪都不害怕失败，他总是在想怎么才能达到目标，而不是自怨自艾。

你可以用手机的备忘录做一份“目标提醒页”，里面可以是你的人生目标、年度目标或月度分解目标，甚至是今天的小目标。这个“目标提醒页”可以随着你的成长和认知提升而逐步调整，以此提醒和坚定自己最重要的追求是什么。

二、发掘自身优势

当我们遇到挫折或失败的时候，往往会忽略自己原来有多么厉害，甚至会不由自主地妄自菲薄。这个时候梳理我们曾经的成就事件就非常重要了。

通过回忆、分析以前的经历，帮助自己更清晰地认清自己的技能特长和优势，客观地看待自己。到时你会发现：原来自己还完成了这么多在别人看来艰难的事情，战胜了这么多困难，取得了那么多胜利。

一个人真正的自信来自对自己的认可。而这些优势的发掘，让你相信自己是真的可以的。

三、提升心理烦恼解决能力

有时候心烦的时候，烦得恨不得能清空一切，回归最简单的自己，但事实是，这是完全不可能的。烦恼会让我们不得不去解决它们，随着解决的烦恼越来越多，我们解决问题的能力慢慢得到提升。

四、培养成长型思维

具有成长型思维的人相信一个人可以通过投入热情、教育、努力和坚持来发展自己的品质和才能。他们的心理韧性更强，愿意迎接挑战，越是在困境里，做得越好。

五、提高自我调控能力

延迟满足的实验启发我们，应不断去挑战心理控制能力和意志力，它们会变得越来越强，同时增强了我们的心理韧性。

三、劳动教育与心理成长

劳动教育兼具德育、智育、体育、美育的任务，同时蕴含了对大学生知、情、意、行的培养。人自出生起便处于集体生活的情境之中，必然要与其他个体或群体发生关系，马克思、恩格斯指出，人的全面发展是指人的劳动能力，即人的体力和智力的全面、和谐、充分的发展，还包括人的社会关系、道德品质等多方面的发展。劳动教育的本质在于通过劳动提升大学生心理素养，促进大学生全面发展，具有较强的实效性。

（一）劳动教育有助于树德

劳动教育在德育中主要体现为尊重劳动，尊重劳动者，养成劳动精神，形成良好的劳动习惯。首先，“尊重”是一种“礼德”的表现，“礼德”教育重在培养人格。它不只是外在行为的训练，而且注重内在意识的培养。其次，“劳动习惯”是通过经常劳动巩固下来的一种具有自主劳动需要的行为方式，是由一定的劳动观点、劳动态度和实际劳动行为构成稳固的联系而形成的。培养良好的劳动习惯，是高校德育和劳动教育相重叠的任务，这种形式能促进大学生乐于劳动，有助于提升劳动技能，形成健全的个性品质。

（二）劳动教育有助于增智

劳动过程中需要体力和智力相互结合，劳动的发展即是体力和智力的相互发展。苏霍姆林斯基指出，体力劳动在社会现阶段更加隶属于智力创造活动，体力活动越来越要求丰富的知识、很高的文化水平和教育程度。当前，我们对于专业知识的掌握往往包含陈述性知识和程序性知识两种形式。这两种知识形式在我们大脑中的表征方式充分体现了一般知识的理论性与劳动技能的实践操作性的特点。因此，我们所开展的劳动教育必须十分重视劳动过程中的智力因素，不断将平凡劳动与创造性劳动相结合，将简单劳动与复杂劳动相结合，并有力地调动“脑”与“手”相结合，这样才能发挥劳动教育对个体智育的促进作用。

（三）劳动教育有助于育美

劳动教育的目标之一是促进个体形成正确的审美观，产生“劳动美”的概念，具有创造美的能力。劳动教育的这种对审美与创造美的期待，与美育的育人目标相同。劳动教育中的育美功能主要体现在对大学生劳动精神的培养上。所谓劳动精神，是劳动者在劳动实践中形成的劳动认知、价值理念和实践智慧的综合。习近平总书记强调：“要在学生中弘扬劳动精神，教育引导学生崇尚劳动、尊重劳动、懂得劳动最光荣、劳动最崇高、劳动最伟大、劳动最美丽的道理，长大后能够辛勤劳动、诚实劳动、创造性劳动。”新时代青年只有清醒地认识我国的现实国情，积极培育勤俭、奋斗、创新的劳动精神，才能在步入社会后肩负起建设社会主义强国、实现民族复兴的伟人任务。要以辛勤劳动为荣、好逸恶劳为耻，在劳动过程中发现美、体验美、创造美、收获美，这种在改变客观世界的劳动中所体现的美，被称为劳动美。而这一系列过程有助于大学生积极、健康心理效应的产生。

（四）劳动教育有助于促进心理健康

劳动教育属于大学生全面发展教育的内容之一，涉及端正大学生劳动态度、强化大学生劳动意识、提高大学生实践能力、培养大学生个人情感等多个层面，包含了树德、增智、育美功能。人的本质是一切社会关系的总和，其生理成熟和心理发展都会受到周围环境的影响。劳动过程中，不仅会锻炼个体的注意力程度，而且有助于个体养成良好的生活习惯。大学生通过参与劳动实践，可以学会合理支配时间，锤炼自己的意志力，完成自我提升。拥有顽强意志的大学生拥有较高的心理健康水平，能够在面临困难和挫折时永不言弃。

第二节　助力求职就业

1999 年大学扩招以来，高校毕业生人数逐年增长，2023 年高校应届毕业生总数为 1 158 万人。教育部最新统计显示，2024 年全国普通高校毕业生规模预计达到 1 179 万人，同比增加 21 万人，再创历史新高。与此同时，体制内和政策性岗位的供给有限，企业岗位需求也在收缩，导致供需结构性矛盾日益突出，大学生就业难形势进一步加剧。为缓解大学生就业难的局势，国家出台了一系列促进大学生积极就业的政策，大力拓宽毕业生就业渠道，鼓励大学生创业带动就业，同时做好就创业服务、研究生扩招、专接本扩招等工作，千方百计保持高校毕业生就业态势的总体稳定。虽然这些外部措施对毕业生就业起到了很大的促进作用，但是毕业生自身的就业能力也是影响其能否顺利就业的重要因素，所以提高大学生自身的就业能力是缓解大学生就业难的重要举措之一。高校开展劳动教育，不仅能够提升大学生的劳动能力，也能使广大学生在劳动实践过程中认真思考劳动对于个体和社会的意义，充分认识个体劳动能力和职业劳动需求的匹配程度，从而更加充分释放自身的劳动潜能，实现自己的人生价值。

一、大学生求职就业中的常见问题

当前，我国正处于经济社会转型期，产业结构的突变使得广大青年学生只有不断学习新知识、掌握新技能，才能快速适应就业市场不断出现的新需求。由于学科专业、学历水平以及地区差异等因素，高校毕业生就业存在明显的结构性矛盾：大学生“就业难”与用人单位“用工荒”等现象并存；高、精、尖行业不断抬高用人门槛，而教育培训、旅游、服务等行业的就业市场景气度却持续走低。毕业生选择工作地点时大多选择地理位置优越、经济发展水平较高的城市，较少有人选择回到相对偏远的农村地区。当前，大学生职业选择主要面临自我定位不准确、职业生涯规划不清晰等问题。

（一）自我定位不准确

职业选择中的自我定位，是指清晰地明确一个人在职业上的发展方向，这是整个生涯发展历程中的战略性问题，也是根本性问题。自我定位包含三层含义：一是确定“你是谁”“你适合做什么工作”；二是告诉别人“你是谁”“你擅长做什么工作”；三是根据自己的爱好、特长、能力以及个性，将自己放在一个合适的工作（生活）岗位上。

部分毕业生在职业选择期缺乏明确的自我定位，导致对即将从事工作的内容、环境、薪资水平等存在过高期望，眼高手低现象比较普遍。由于个人期望与用人单位实际情况之间往往存在巨大落差，毕业生在求职择业过程中往往表现出犹豫不决、消极观望的态度，有的毕业生甚至采用“广撒网”的求职方式，在招聘季进行“简历海投”，这些低效的求职方式给毕业生自己以及用人单位均带来了一定程度的精力损耗。毕业生在职业选择期应当进行准确的自我定位，清晰地认识自己，了解自己的专业知识技能、兴趣特长、个性特点等。只有这样，其在求职过程中才会游刃有余，得心应手。

（二）职业生涯规划不清晰

职业规划就是对职业生涯乃至人生进行持续的、系统的计划。完整的职业规划由职业定位、目标设定和通道设计三个要素构成。它是指针对个人职业选择的主客观因素进行分析和测定，然后确定个人奋斗目标并努力实现这一目标的过程。换句话说，职业生涯规划要求根据自身兴趣、特点，将自己定位在一个最能发挥长处的位置，再选择最适合自己能力的事业。

一项对大四学生进行的求职准备情况调查研究发现，当前大学生在职业生涯规划及求职准备方面存在以下偏差：第一，职业能力认识不足。在职业能力的自我评估上，许多大学生存在高估或低估的倾向，呈现出明显偏差。第二，职业信息了解不够。在职业信息的了解上，大学生们过于关注职业是否符合自身需要，却忽略了职业要求与自身素质的匹配程度。第三，缺乏职业准备。在职业准备的投入上，多数大学生比较被动，缺乏必备的职业技能。这在一定程度上造成在校大学生不能真正理解职业生涯规划的意义，意识不到实际就业形势的严峻。高校开设职业生涯规划课程的目的是使大学生了解职场，根据职业需要正确认识到大学期间自身需要学习的知识和能力，有计划地开展阶段学习和实习实践活动，为迎接未来的职业生涯做好充分准备。

拓展阅读

高校借助“全程化”就业指导助力大学生职业生涯规划教育

中国矿业大学（北京）在大学生就业指导工作中探索出了“全程化”就业指导工作思路，从新生入学起便开展就业教育，同时分别对不同年级进行就业指导，成效显著。其一，针对一年级新生推行大学生职业生涯规划启蒙教育。该校在新生入学教育课程中设置职业生涯规划教育的内容，旨在进行职业启蒙，帮助新生树立职业理念。其二，为在校二、三年级大学生提供就业指导和职业生涯规划教育。该校聘请众多就业指导专家、企业人力资源经理进校举办就业专题讲座，同时还甄选优秀辅导员组建宣讲团对大学生进行就业动员。其三，围绕毕业生开展个性化就业指导服务，在求职技巧、心理疏导、求职信息发布等方面给予毕业生帮助。

二、职业选择的内涵

所谓职业选择，是指个体对于就业方向、职业种类的挑选和确定。职业选择是人们真正进入社会生活领域的重要行为，意味着人生由过去对知识和技能的单纯吸收转换到边学习、边输出，它是每个人成长道路上的关键节点。通过职业选择，个人完成了与职业岗位的良好结合，有助于个体的社会化。职业选择往往需要个体结合自身特点，综合职业类别、行业前景、未来发展等多种因素进行思考，其中个体自身、家庭、学校及社会等都会对最后的抉择造成影响。

就个体自身因素而言，兴趣、性格、认知等因素都会在一定程度上影响其职业选择的过程及结果。兴趣在职业活动中起着非常重要的作用，美国心理学家、职业指导专家约翰·霍兰德根据自身的工作经验、人格心理学理论以及职业类型理论编制了霍兰德职业兴趣量表，认为个人职业兴趣特征与职业之间有一种内在的对应关系。此量表的设计和完善不仅为受试者和职业指导家了解、处理职业问题提供了助力，也在一定程度上验证了兴趣对于个体职业选择的影响力。内在性格特质也会在一定程度上影响个体的职业选择。不同的性格特质与不同的职业适应性不同，在求职择业过程中会表现出极大的差异。例如，内向性格的人一般不宜从事较多自我表现的职业，一旦选择了这类职业，常常会感到不适，很难获得成功。大学生对职业性质、职业价值的认知直接影响大学生职业选择的方向，对职业不同的认知促使他们在面对不同机遇时做出不一样的选择。

就家庭因素而言，家庭教育是人一生接受教育的开端。父母是孩子的第一任老师，父母的价值观念以及对职业性质的认知很大程度上会影响子女日后的职业认知。有研究表明，30%左右的大学生认为父母在他们的职业选择过程中起到了潜移默化的影响作用。部分父母不能正确认识家庭教育的本质，在子女的成长道路上一味大包大揽，甚至代替子女做决定，强行安排子女的工作，成为大学生首次就业满意度偏低的重要原因。

就学校因素而言，学校是学生学习、成长的重要场所，在学生转变为职场人的过程中起着引导作用。学校的招生制度、教育模式、软硬件条件等对学生的职业选择都会产生关键影响。当前，高校普遍开设职业生涯规划类课程，由辅导员或就业办公室等相关老师担任课程教师。大多数老师对各类大学生的就业前景、职业性质都会做深入全面的专业辅导，这有助于广大学生端正职业态度，提高职业能力和职业素养。

就社会因素而言，经济制度转型、产业结构调整以及多元社会文化等都会对职业选择产生影响。当前，“互联网+”模式在各个行业领域迅速发展，要求大学生突破传统思维，不断掌握新技术以适应各个领域的要求。产业规模、人员数量、产品种类、产业模式等方面的变化对于从业人员的职业能力提出了新要求，从业者只有具备较强的综合素质和创新能力，才能适应瞬息万变的市场环境。产业消亡与重新建立速度加快，也加快了劳动力的流动速度，所以，产业结构的调整与优化导致就业市场形势随之发生变化，势必导致大学生的职业价值观发生相应的改变。

拓展阅读

青年成功成才依然需要“一技之长”

全国人大代表、国家级技能大师工作室负责人姜涛经常听到这样的“两难”抱怨：一方面是企业表示技能人才需求不能满足，招来的新员工的职业素养有待提升；另一方面是年轻的学生群体表示工作难找，自身所学和企业需求有较大差距。

在姜涛看来，现在很多行业并不是工作难找，而是人才难寻，当前很多企业生产发展的瓶颈主要是高素质技能人才的缺乏。

从姜涛自身的工作经历而言，自 1987 年从技工学校毕业进入工厂开始，他苦练焊接技艺，成为国家级技能大师工作室带头人。他从业三十几年，深刻了解高级技能人才培养的难度，以及人才对于推动装备制造企业高质量发展的重要性。

姜涛直言，完美的产品需要一流的技工，而一流的技工必须具备高超的技能和优良的“工匠精神”。目前，我国正处在经济转型升级的关键时期，从“中国制造”走向“中国智造”，需要大量高技能人才的支撑。

当前，我国技工教育快速发展，高职类院校已经为国家和社会培养了大批中高级技能人才，但总体上还难以满足经济发展的需求，具体表现为数量上供不应求，质量上仍待提升。技术工人的技能和素养，尤其是以严谨、专注、敬业等“工匠精神”为核心的职业素养缺乏，直接影响生产产品的品质。

经济社会发展的趋势已经证明，中国未来的发展需要大量的高级技工和高素质职业人才，实体经济高质量发展离不开技能型人才的培养。

2021 年全国两会期间，姜涛专门提出建议：要加快人们观念的转变，加大职业技能人才的吸引力。当前，技工院校招生难的形势依然严峻，技工院校发展后劲不足。

“能否从国家层面拓宽职业人才发展通道?”姜涛说，“比如，大力推进技工院校毕业生和大学毕业生享受同等待遇，为广大青年人搭建成长平台，吸引更多年轻人走进技工学校，学习一技之长，走上技能成才的道路。”

姜涛指出，技工院校在办学过程中需要大量的实训设备，并且在实际培养人才的操作过程中需要大量的耗材和资金投入，建议国家改变技工院校办学经费紧张、设备较为落后的现状，让他们有足够资金采购耗材设备等。因此，国家需要加大对高职类院校的资金支持，特别是对西部贫困地区高职学校的支持，使更多的贫困人口通过技能培训脱贫致富。

他还建议，国家应出台政策支持校企合作培养技能型人才，完善技工院校与国有企业开展校企合作，培养新型学徒的机制，将技工院校的教学经验与企业中高技能人才的实际操作经验进行深度融合，建立校企合作的实训基地。

三、大学生树立正确的择业观

大学生的职业选择行为不仅受到经济社会发展、国家就业政策的影响，也受到大学生自身择业观的深刻影响。择业观与劳动价值观密切联系，劳动价值观决定着劳动者对劳动的价值判断与价值选择，是个体人生观、世界观、价值观在劳动过程中的生动体现。大学生在择业过程中要正确认识自我，正确认识就业形势，通过劳动教育培育正确的择业观，并在正确择业观的引导下，积极适应职业环境中的激烈竞争，切实做到择好业、就好业。

（一）重视自身能力培养

自身能力对择业、就业情况有直接影响，大学生不仅要在课堂上学好专业知识与技能，也需要在第二课堂、劳动实践等活动中注重自身观察力、注意力等一般能力的培养。每一名大学生都应当积极参加劳动实践类活动，在劳动实践中夯实专业基础，完善知识结构，不断提高观察能力、思维能力、沟通能力、操作能力等个人特长，为毕业就业做好充分准备。

（1）观察能力是对事物进行全面细致分析的能力。大学生应当在劳动实践中锻炼自身在复杂的外界信息中迅速获取有用信息的能力，从而提高自身的判断决策水平。

（2）思维能力是指对事物进行分析、综合、抽象和概括的能力，根据所获得的信息能够做出准确的判断。思维能力是智力的重要组成部分。大学生在劳动实践的过程中可以不断提升自身对外界客观事物的分类、综合、抽象和概括能力，增长知识经验，从而提升智力水平。

（3）沟通能力是通过语言和文字来阐明自己思维和想法的能力，它通常包括文字表达能力和语言表达能力两种。从求职之初的自荐书，到实际工作中提交的工作计划总结、报告之类的文书等，都需要清晰准确的文字表达能力。而作为职业生涯的重要内容之一，人际沟通更要求有良好的语言表达能力。

（4）操作能力是指将理论知识运用到实践活动中的实际操作水平。大部分学生在校期间接触到的都是理论知识，将理论应用于实践的能力相对较弱。对于职场人士而言，没有较好的实际操作能力，在实际工作中就会陷入“纸上谈兵”的尴尬境地。因此，刚参加工作的年轻人需要在实践中努力将理论知识与实践活动结合起来，提高自己的操作能力。

（二）树立合理的择业目标

择业目标是指个人在职业领域所要达到的具体目标，包括短期目标、中期目标和长期目标。大学生应当在积极劳动价值观的引导下，全面了解自身的现实条件，主动探索职业理想与现实需求结合的策略，逐步树立合理的择业目标。

（1）树立崇高的择业目标。大学生应当深刻认识到，幸福生活是通过勤奋劳动获得的。无论从事哪个行业，都应当是为人民、为国家做贡献，不仅在劳动中获得财富，更应通过劳动奉献社会。大学生应当不断调整个人志向，使个人职业理想与国家未来相结合，从而更好地实现人生价值。

（2）正确认识择业环境。由于国内外各种因素的影响，劳动力市场供大于求的局面可能还会持续很长一段时间。大学生应当理性判断外部环境，正确认识社会发展的规律。社会是向前发展的，人们求生存、求发展的社会需求、市场需求也是不断向前发展的，各个行业在产业结构、知识结构等方面都可能迎来较大调整。青年学生应当抓住机遇，在掌握传统知识技能的同时，不断学习新的知识，努力掌握一门或者多门专业技能，提高择业命中率。

（3）树立正确的择业方向。当代大学生应当打破“金饭碗”“铁饭碗”的传统思想，在择业过程中树立不断进取的职业流通观念，学会发现机会、抓住机会、把握机会。在择业过程中不仅要考虑自身专业与职业要求的匹配度，同时还应当考虑综合素质能力，避免一味强调专业对口而造成就业机会的损失。

（三）正确把握就业形势

近年来，我国高校毕业生人数持续攀升，以大学毕业生为主要构成的青年群体就业面临越来越多的困难。教育部数据显示：2022 年，全国高校毕业生人数首次突破千万；2024 年全国高校毕业生规模达到 1 179 万人，比 2023 年增长 21 万人，毕业生人数再创新高。就业是民生之本，高校毕业生是就业群体中最重要的新生力量，其就业问题受到党和国家的高度重视，部署多项措施促进高校毕业生就业，包括实施 2024 届高校毕业生就业创业促进行动，推出 26 条具体举措，强调市场化社会化就业渠道的开拓，以及强化重点群体的就业帮扶。

正确的就业观要求个体能够对就业形势有清晰的认识。大学生应当多参与劳动实践类活动，在实践中了解就业形势，正确把握劳动市场发展的基本规律，拓宽自身的就业视野。大学生应当在个体劳动价值判断的基础上，积极调整自身状态，主动适应劳动力市场和用人单位的需求，正确把握就业形势，寻求最符合自己的就业途径。

拓展阅读

中国人民大学开发智慧职业发展中心平台，用 AI 技术助力学生就业

“金三银四”，如何在一年一度的春招中帮助大学生们顺利实现高质量就业？中国人民大学尝试以数字技术赋能毕业生就业工作体系，自主开发设计智慧职业发展中心平台（以下简称“平台”），给出了一个解题思路。

新京报记者了解到，该平台可以在大学生入校之初就提供可参考的职业发展方向；可以为大学生提供成长档案，记录在校期间的各种理论学习、实践锻炼；可以在大学生求职时，帮助大学生优化简历、智能匹配岗位，甚至能够与线上虚拟面试官来一场一对一的面试，提升就业能力。

“平台对毫无职业发展概念的我来讲简直是及时雨。”中国人民大学外国语学院 2023 级本科生王同学曾表示。

为何要开发智慧职业发展中心平台？这一平台的“智慧”体现在何处？AI 如何在平台中为大学生就业赋能？为此，新京报记者采访了中国人民大学招生就业处副处长、劳动人事学院副教授于坤。

提升大学生职业发展力，更看重“全周期培养”

51.54%的人在毕业规划中首选找全职工作，但其中 33.94%的人没有清晰的求职

目标……某大型招聘平台针对2023届应届生的调研数据在一定程度上显现出求职时大学生们的迷茫与无助。引导大学生了解职业规划的重要性、学长学姐等前辈分享求职经验、组织企业招聘会……事实上，高校在解决大学生就业问题上，已经推出了多项举措。

在于坤看来，高校传统就业工作举措难以满足数智化时代下大学生的职业发展和就业指导需求："传统就业工作的重心相对集中在末端的就业季，育人作用体现不够充分，大学生的职业成长也普遍缺乏规划。"

如何利用好人工智能等新技术，为大学生提供更加智慧、精准、个性化的职业发展和就业指导与服务？中国人民大学开发了智慧职业发展中心平台，希望以专业化、数智化、协同化的理念提升大学生职业发展、就业指导及服务工作的效率和效能，更好地实现全员、全程、全方位就业育人，并以本土化生涯发展教育的实践探索助力相关领域自主知识体系的构建。

对于刚刚步入大学生活、仍在迷茫的大学生们，认识自我、明晰未来发展方向十分重要，这也是解决大学生就业问题的第一步。平台结合该校专业优势，设置了治国理政、经世济民、学术领军、全球治理四大标杆发展方向，每个方向都以专业方法建立了胜任力模型，并清晰列出了提升相关胜任力的行动清单，包括课程、实践、实习、测评等，相关就业信息也会围绕大学生选择的方向进行智慧推送。平台还根据大学生职业成长规律规划了萌芽、博观、约取、明志、精一、启航等职业发展阶段，将生涯胜任力发展的相关资源科学合理地分布在各阶段中。

大学生可以在平台上选择自己感兴趣的发展方向，并借助平台丰富的课程讲座资源，打好生涯探索和规划的基础；还可以在众多专业的人格、能力、兴趣、价值观等职业测评中，逐步建立起对自身更加全面客观的了解。

模拟面试、智能测评、精准推送，大学生点赞多项功能

"平台对我最大的帮助，是各行各业的实习信息推送以及智能匹配功能。"该校财政金融学院2021级本科生张同学表示，平台了解了自己的兴趣和专业方向后，通过智能匹配为其提供了个性化的实习建议，让自己不再盲目地寻找实习机会，而是能够根据自身条件和期望，找到最适合的机会。

于坤表示，平台的"智慧"就贯穿在其服务学生、教师、校友及用人单位的体验中。他以学生端为例解释，平台设计了智慧成长档案，能对大学生在校期间的理论学习、实践锻炼、模拟测评等活动进行数字化记录，建立大学生数字化成长档案，并能够根据岗位需求和大学生经历生成个性化简历，对大学生的已有简历也可以进行智能分析并提供优化建议，从而提升大学生求职效能。

同时，平台能够根据大学生的个人画像、偏好选择以及活动参与等数据，通过智能算法进行精准匹配，实现就业信息的个性化推荐和推送。

未来将进一步扩大平台的“朋友圈”

记者从该校获悉，截至2024年3月底，该平台处于上线试运行阶段。其中，平台学生端运行以来，陆续收到了大学生们的使用反馈，其他端口也在进行试运行调试。

“同学们普遍给予了积极反馈，尤其是对平台的专业化引导和数智化功能上。”于坤提到，被大学生们称为“职业导师”的平台，在未来可以跟真人导师“互补共生”，“平台作为一个强大的数智化就业育人载体，可以为大学生提供智慧、便捷、精准的指导；而真人导师则可以凭借丰富的经验和情绪感知力，为大学生提供更加深入、个性化，更有力量的指导。”

于坤提到，在平台的开发中，为实现就业育人与“五育并举”的一体化融合，平台需要与其他相关数据实时共享和互通。同时，要整合学生、教师、校友、用人单位等多方力量，不同用户需求的多样性也是开发过程中的一大挑战。为了应对这些挑战，项目团队进行了广泛深入的调研，根据不同用户群体的特点，有针对性地设计功能模块和服务流程。他表示：“平台的教师端和用人单位端还在试运行阶段，协同化育人作用还未充分发挥，有待进一步扩大平台‘朋友圈’，尽快形成多方协同的就业育人新生态。”

第三节　体认自我价值

劳动是辛苦的，也是美好的。青年学生在劳动过程中会产生对劳动结果的向往，认可劳动价值，从而形成以“积极参与、主动实践、劳动光荣、吃苦耐劳、艰苦奋斗、无私奉献”为核心的劳动品德，养成良好的劳动习惯，得到劳动思想的升华。

一、涵养劳动情怀

情怀是情感的升华，是某个人对某件事物发自内心的向往、喜爱、依恋和追求。它重在个体心灵的满足而非功利的得失。大学生劳动情怀的内涵应当包含热爱劳动、乐于劳动、尊重劳动、爱国爱民等维度。大学生劳动情怀的培育涉及积极心理特质水平的提升，所以，要与高校思想品德教育充分融合，在促进大学生不断提高认识水平的同时，帮助他们逐步将所学所悟内化为个体意识。

（一）大学生应积极培育“爱自己”的劳动情怀

劳动在育人过程中发挥着塑造健全人格、磨炼顽强意志、锤炼高尚品格的重要作用。人是劳动的开端，也是劳动的终点。只有通过劳动，个体才能更为客观地认识自我，从而产生自尊、自爱的情感，深刻认识到自我的价值。苏霍姆林斯基曾指出，要使学生在各种形式的劳动中尝试着检验自己的力量，逐步认识到自己的能力和才干。每个个体的生命价值都是独一无二的，但生命价值需要在劳动实践中展现。在劳动过程中，人们会不断感悟到自己与外部世界的联系，意识到自身的价值，这就是劳动对个体生命价值的塑造和升华过程。大学生应当从自我做起，从身边的小事做起，在不断的劳动实践中感受生命的意义，以实干书写青春，用奋斗改造环境，努力成为光荣的知识型劳动者。

（二）大学生应积极培育“爱劳动”的劳动情怀

劳动是人类创造物质财富或精神财富的活动，劳动者是参加劳动并以自己的劳动收入为生活资料主要来源的人。大学生只有学会通过实践活动来帮助他人和奉献社会，才能在劳动中实现自身价值。劳动在社会主义社会是光荣豪迈的事业，大学生应当把劳动作为生活的一部分，在踏踏实实的劳动实践中真切感受生活的美好。

改造自然环境的劳动是人们所有劳动中最为基础的劳动，养成健康的生活习惯和生活方式，通过劳动改善生存环境，会使广大青年受益终身。比如，教室和宿舍是大学生学习和生活的主要场所，通过打扫教室和宿舍的环境卫生，大学生可以养成日常保养的习惯，掌握日常保养的方法，这不仅能够为自己提供整洁舒适的生活环境，还能获得愉悦的心情，有利于提高学习效率，增进身体健康。劳动不仅可以使大学生从被动适应环境转变为主动优化生活环境，还能让他们获得生命的主动权，不断增强生活中的审美能力，养成热爱劳动、热爱生活的良好行为习惯。

（三）大学生应积极培育“爱国家”的劳动情怀

国家制度决定了劳动者的组织方式、政治地位和劳动成果的分配方式，劳动的过程无法脱离国家和社会的发展，因此对祖国的热爱是劳动者参加劳动的根本动力。青年学生应当关心国家和社会的发展，深刻了解时代的需要，努力学习科学文化知识，掌握国家和社会发展所需要的知识技能。通过辛勤劳动，不断推进祖国的现代化建设。

青年兴则国兴，青年强则国强。青年学生不仅要重视专业课程学习，更要积极投身实践，了解社会，认识国情，树立为社会主义事业奋斗终身的劳动情怀。

大学生应当明确为他人、为社会、为国家服务的劳动目标，以各种劳动方式，构建现代化劳动体系，并通过不同类型的劳动成果改造国家的整体面貌，为实现国家富强、民族振兴贡献自己的力量。

拓展阅读

张思德的故事

张思德出身于四川省南充市仪陇县一个贫苦农民家庭，父亲张行品成年给地主扛长活、打短工，后来流落他乡。张思德出生的时候，家里穷得连一粒米也没有。他的母亲经常拖着重病的身子，走东家，串西家，要来一把半把谷米，捣碎熬成糊喂给尚在襁褓中的小思德，因而给他起了一个小名叫“谷娃子”。谷娃子出生不到 7 个月，母亲就去世了。母亲去世以后，张思德的婶母刘光友收养了他。张思德 6 岁就下地干活，割草、挖野菜、拣蘑菇、采松果，什么都干。

1933 年 8 月，红四方面军解放了仪陇县，张思德第一个报名参加了少先队，成为乡里首任少先队队长。他积极帮助红军筹粮筹款，受到乡苏维埃的嘉奖。同年 12 月他加入红军，在县独立团二营当通信员。同年冬，张思德进入列宁小学学习文化和军事，毕业后被调到省军区指挥部的政治部当交通员，不久后加入了共产主义青年团，后来又当了特务连的班长。在红军中，他作战机智勇敢，曾在一次战斗中创造了一人夺得 2 挺机枪的战绩，先后多次负伤。

1935 年，他随红四方面军参加了长征。1936 年到陕北后，入云阳荣誉军人学校学习和养伤。1937 年抗日战争全面爆发，张思德所在部队在开赴前线前留下老弱病残，编成了一个警卫连。张思德因有伤病也被编入警卫连，任副班长，负责云阳镇八路军留守处和荣誉军人学校的警卫。1937 年 10 月，张思德加入了共产党。从此，他更加严格地要求自己，一切服从党和人民的利益，党叫干啥就干好啥。

1938 年春，他被调到云阳八路军某部留守处警卫营担任班长。1940 年春，调中央军委警卫营任通信班长。工作中，他总是承担困难、艰苦的工作。在他的带领下，全班战士出色地完成了各项任务。

1942 年 11 月，部队合并整编，干部精简下派，一些连排干部要去当班长，多数班长、副班长要当战士。张思德调中央警备团 1 连当战士，他愉快地服从了组织分配。不久后，他被调到延安枣园，在毛泽东等中共中央领导工作的地方执行警卫任务。他把全部心血都倾注在警卫工作中，为了保证毛泽东等中共中央领导有个好的工作和生活环境，他经常主动为驻地打扫卫生、铺石垫路、修补窑洞，兢兢业业地做好每一项工作。他还经常帮助战友补洗衣服、编草鞋、喂战马、挑水烧火、采药防病、站岗放哨，带头帮助驻地群众生产劳动，干好每一件革命工作。

1944 年年初，张思德响应中共中央大生产运动的号召，主动报名参加中央机关组织的生产小分队，到了离延安 70 多里的安塞县（今陕西省延安市安塞区）生产农场，被选为农场副队长。同年 7 月，进安塞县山中烧木炭。他处处起模范带头作用，不怕苦、不怕累，哪里最苦最累，他就出现在哪里，每到出炭时总是最先钻进窑中作业。同年 9 月 5 日，天下着雨，张思德带着突击队的战友们照常进山赶挖新窑。中午时分，炭窑在雨中发生崩塌。危急时刻，张思德一把将战士小白推出窑口，自己却被埋在坍塌的土里，战友得救了，张思德却献出了年仅 29 岁的生命。

为了悼念张思德，中央机关和中央警备团在延安枣园沟口的操场上为他举行了追悼大会。毛泽东参加了追悼会，亲笔题写了“向为人民利益而牺牲的张思德同志致敬”的挽词，并发表了《为人民服务》的演讲，高度赞扬了张思德完全、彻底为人民服务的思想境界和革命精神。

二、提升个体获得感

2015 年，习近平总书记在中央全面深化改革领导小组第十次会议上提出了“获得感”一词，主要用以指人民群众共享改革成果的幸福感。2017 年，教育部党组审议通过了《2017 年高校思想政治理论课教学质量年专项工作总体方案》，其中提出要切实增强大学生思想政治教育的获得感，提升大学生在思想、政治、道德、心理、世界观、人生观、价值观层面的所获所得，满足青年学生对成长发展的需求和期待。

获得感是个体有效利用现有条件和资源，通过自身努力从而满足现实需要和达成预期目标的心理状态，既有需要、预期、努力、体验等因素的综合作用，也有情绪、认知、价值观和行为倾向等基本维度。大学生劳动教育中的获得感，是指大学生在劳动过程中基于个体的目标期待，通过利用现有资源，把握参与机会，经过一定程度的付出和努力，对获得的客观回报、自身期待达成度、学习生活体验进行再评估而形成的一种综合感受。劳动教育中的获得感是推动青年学生积极参与劳动实践活动的内在动力，也是持续优化劳动教育体系的关键依据。

当前，大学生的需求具有多元化、个性化和差异化等特点，因此在大学生群体中开展劳动教育应当聚焦大学生的劳动获得感，不断丰富大学生的学习体验，增强大学生的学习效果，提高其获得感。劳动获得感是一种综合感受，并非简单静态的要素构成，而是个体积极参与具体的劳动实践，加之个体的意识观念而形成的一个动态成长过程。劳动获得感的生成往往要受个体期待、自身努力、个人获得因素以及外部条件等的影响。

（一）个体期待

个体期待是决定获得感高低的前提条件。大学生个体需要分析和了解自我期待与自我现实的要求，并以此为基础，明晰自身的需求、自我理想和预计达到的成就目标。个体期待过高，与现实差距甚远，即使付出非同寻常的努力依旧难以达成目标，个体最终的获得感不仅会保持在较低水平，而且极易产生负面挫败感。

（二）自身努力

努力意味着时间、体力、精力和脑力的高强度、集中、专注的投入，是决定个体劳动获得感高低的过程性条件。在建立合理期待的前提下，个体可以通过适时调整自身的努力方向和投入程度，以达成预期目标。努力程度和获得感高低成正比例关系，目标达成越不容易，个体体验到的获得感就会越高。

（三）个人获得因素

个人获得是决定劳动获得感的直接条件。获得意味着个体在努力之后的收获，对大学生来说主要包括成长获得和成就获得。前者主要是指个体在心理层面的成长成熟，如情绪调节、社会交往、生活态度、价值追求等主观方面的和谐统一；后者主要是指社会要求层面的学业成就，如毕业证书、专业排名、技能证书、荣誉奖励等能标志学业收获的客观标准。个人自我评估的获得越多，其体验到的获得感也会越高。

（四）外部条件

外部条件，即家庭、学校和社会提供的各种资源，这是决定劳动获得感的基础性条件。俗话说“巧妇难为无米之炊”，个体的期待和努力，受制于基础性条件的调节，如果没有适当的外部资源加以利用，外界没有劳动实践平台的供给，个体期待必然会降低，有人甚至会放弃努力，也就谈不上最终的获得感了。

总而言之，大学生在内外条件性因素的共同作用下，基于劳动获得感建立了自己的身份认同，形成了“自我同一性”。通过让大学生参与各种实践活动，可以使他们在实践过程中切身体会到吃苦耐劳、艰苦奋斗等优良品质的精神力量及实际意义，进而产生勇于践行的个性倾向。与此同时，通过和自身的纵向比较、群体的横向比较，以及社会评价，尤其是长者和权威的赞许和肯定，大学生可以获得自我认同，明确自己的社会责任，确立未来工作与生活的目标，坚定自我发展和贡献社会的信心。

拓展阅读

劳动者的“获得感”

劳动者究竟怎样才能拥有“获得感”呢？或许，每一个人因所处的环境和条件不同，对于“获得感”的认知和体会也各有差异。有的人认为“获得感”就是能够住上新楼房，有的人认为“获得感”就是赚取更多的酬劳，有的人认为“获得感”就是不断提高职位，有的人认为“获得感”就是能够让乡村变美、农村变富，还有的人认为“获得感”就是社会对劳动者的足够尊重……

劳动者付出了辛勤的汗水，是社会发展的最大“功臣”，应该享受劳动创造所取得的社会成果。换而言之，我们应该从精神上和物质上给予他们褒奖与肯定，让劳动者从中感受到更多的实惠，从而激励他们以更加饱满的热情和充足的干劲投身全面建成小康社会的伟大实践。

从精神上给予褒奖与肯定，就是要增强劳动者的荣誉感。比如，定期组织开展“劳动模范”“最美职工”“大国工匠”等先进典型评选活动，对各行各业涌现出来的劳动模范和先进典型进行隆重表彰，从政治上和精神上给予认同，增强劳动者的自豪感和荣誉感；广泛宣传劳动的社会价值与重要性，在全社会营造劳动最光荣、劳动最美丽的浓厚氛围，使更多的人向劳动模范看齐，在各自的工作岗位上创造更多更加骄人的业绩。

从物质上给予褒奖与肯定，就是要增强劳动者的回报感。除了精神上对劳动模范等先进典型给予足够的认同和褒奖之外，还要在物质上给予先进典型适当的奖励与扶持，使他们能够得到摸得着看得见的实惠。特别是对于那些家庭困难、生活拮据的劳动模范以及普通劳动群众来说，更要给予他们适当的资金奖励与扶持，动员社会为他们伸出援助之手，千方百计解决他们在治病、就业、生活、上学、住房等方面的实际困难，让广大劳动者充分感受到社会的关怀和劳动者地位的提升。

归根结底，关心爱护广大劳动群众，就是要让劳动者拥有更多的“获得感”、充分享受改革开放的伟大成果，从而更加努力地工作。这既是对广大劳动者最好的赞美，也是对劳动者最起码的尊重。

三、培育正确价值观

价值观是人类在认识、改造自然和社会的过程中形成的，不同民族、不同国家由于自然条件和发展历程不同，价值观也各有特点。马克思主义认为，人生的价值在于奉献而不是索取，每个人都应该积极投身促进社会发展的实践，在为社会发展而劳动、创造和奉献的过程中实现自身的人生价值。劳动实践是人类主要的实践活动，也是促进社会发展、实现自我人生价值的重要途径。

劳动教育可以帮助青年学生从理论层面充分认识劳动对于人类社会存在与发展的重要性，形成正确的劳动价值观。劳动实践能够使大学生懂得劳动创造价值的道理，尊重自己和他人的劳动成果，正确认识人与社会的关系，从而树立正确的人生观、世界观、价值观。

四、创造美好生活

劳动创造的物质成果是人类情感与价值需求得以实现的物质载体，劳动促进了物质文明的发展，改善了人类的生活条件，提高了人类的生活品质。正是在一整套由物品所形成的价值符号体系的作用下，人类的活动才具有了某种指向与规范，形成了社会生活中的伦理关系、风俗习惯、价值观念、意识形态、情感诉求等，真实反映出了一定时代的社会面貌、社会结构、运行机制。人类在劳动过程中创造了物质财富，推动了科技的进步与发展，同时也创造了诗词歌赋等精神文化产品。可以说，劳动既极大地丰富了物质财富，又极大地丰富了精神文化生活。

拓展阅读

最美劳动者："麦田里的守望者""乘风破浪的爷爷"

袁隆平，他就像一位朴实的农民爷爷一样：身材瘦小，微微驼背。正是这样一位"农民爷爷"，被全体中国人尊称为"杂交水稻之父"，不论是在中国，还是在世界，都享有极高的知名度。

袁隆平，祖籍江西省九江市德安县，1930 年 9 月 7 日出生于北京一个知识分子家庭。家中兄弟五个，他排行老二，因此小名"二毛"。在那个动荡的年代里，袁隆平随父母曾居住在北京、天津、赣州、武汉、重庆和南京等地，成长环境基本上都是大城市。

在袁隆平 19 岁时，父母希望成绩优异的他报考南京的重点大学，但倔强的"二毛"一意孤行，执意报考了重庆相辉学院农学系（后并入西南农学院，现属西南大学）。

袁隆平称，选择学农，缘于从小产生的志趣。袁隆平幼时就读于汉口扶轮小学。一年级时，老师带着学生们参观了一个园艺场，当时，各式各样的花像美丽的地毯，深深吸引了袁隆平。

1952 年，作为农学院学生的袁隆平第一次深入农村，住在农民家里，才知道原来真正的农村又苦又累又脏又穷。他曾直言不讳，如果小学老师带他们去的不是园艺场，那么他可能不会立志学农了。不过，也正是看到当年农村的真实场景，袁隆平更坚定了学农的信念。

1953 年 8 月，袁隆平从西南农学院农学系毕业。他服从全国统一分配，来到湖南省怀化地区的安江农校任教。同年又被分配到偏远落后的湘西雪峰山麓安江农校教书。

自工作以来，袁隆平经过上万次的田间劳动，发现了水稻天然雄性不育的"野败"，开始将其作为杂交水稻的不育材料。1974 年，他育成了第一个杂交水稻强优组合"南优 2 号"，1975 年研制成功杂交水稻制种技术，为大面积推广杂交水稻奠定了基础。1985 年，他提出杂交水稻育种的战略设想，为杂交水稻的进一步发展指明了方向。1986 年袁隆平将杂交水稻的育种从选育方法上分成为三系法、两系法和一系法三个战略发展阶段，即育种程序朝着由繁至简而效率越来越高的方向发展；从杂种优势水平的利用上分为品种间、亚种间和远缘杂种优势的利用三个战略发展阶段，即优势利用朝着越来越强的方向发展。根据这一设想，杂交水稻每进入一个新阶段都是一次新突破，都把水稻产量推向一个更高的水平。这项战略构想的提出，为中国三系法杂交水稻研究、开展杂交水稻新探索指明了方向。

袁隆平设计出了以高冠层、矮穗层和中大穗为特征的超高产株型模式和培育超级杂交稻的技术路线，并在超级杂交稻研究方面连续取得重大进展。1997 年，袁隆平又开展超级杂交稻研究，于 2000 年、2004 年、2012 年分别实现了中国超级稻百亩示范片亩产 700 千克、800 千克、900 千克的第一期、第二期、第三期目标。2013 年，他启动了百亩示范片亩产 1 000 千克的超级杂交稻第四期目标攻关，计划到 2020 年前实现目标。同时实施超级杂交稻“种三产四”丰产工程，促进科技成果的生产应用。自 2007 年以来，他的研究取得了巨大的增产、增收效应，中国已有 7 个省、市实施，其中湖南省全省参加的县（市、区）由 20 个增加至 2012 年的 50 个，面积达 882 万亩。截至 2012 年，累计示范推广面积 2 000 多万亩，增产 20 多亿千克，为粮食持续稳定增产做出了新的贡献。

附　录

中共中央　国务院
关于全面加强新时代大中小学劳动教育的意见

（2020年3月20日）

为构建德智体美劳全面培养的教育体系，现就加强新时代大中小学劳动教育提出如下意见。

一、充分认识新时代培养社会主义建设者和接班人对加强劳动教育的新要求

（一）重大意义。劳动教育是中国特色社会主义教育制度的重要内容，直接决定社会主义建设者和接班人的劳动精神面貌、劳动价值取向和劳动技能水平。长期以来，各地区和学校坚持教育与生产劳动相结合，在实践育人方面取得了一定成效。同时也要看到，近年来一些青少年中出现了不珍惜劳动成果、不想劳动、不会劳动的现象，劳动的独特育人价值在一定程度上被忽视，劳动教育正被淡化、弱化。对此，全党全社会必须高度重视，采取有效措施切实加强劳动教育。

（二）指导思想。以习近平新时代中国特色社会主义思想为指导，全面贯彻党的教育方针，落实全国教育大会精神，坚持立德树人，坚持培育和践行社会主义核心价值观，把劳动教育纳入人才培养全过程，贯通大中小学各学段，贯穿家庭、学校、社会各方面，与德育、智育、体育、美育相融合，紧密结合经济社会发展变化和学生生活实际，积极探索具有中国特色的劳动教育模式，创新体制机制，注重教育实效，实现知行合一，促进学生形成正确的世界观、人生观、价值观。

（三）基本原则

——把握育人导向。坚持党的领导，围绕培养担当民族复兴大任的时代新人，着力提升学生综合素质，促进学生全面发展、健康成长。把准劳动教育价值取向，引导学生树立正确的劳动观，崇尚劳动、尊重劳动，增强对劳动人民的感情，报效国家，奉献社会。

——遵循教育规律。符合学生年龄特点，以体力劳动为主，注意手脑并用、安全

适度，强化实践体验，让学生亲历劳动过程，提升育人实效性。

——体现时代特征。适应科技发展和产业变革，针对劳动新形态，注重新兴技术支撑和社会服务新变化。深化产教融合，改进劳动教育方式。强化诚实合法劳动意识，培养科学精神，提高创造性劳动能力。

——强化综合实施。加强政府统筹，拓宽劳动教育途径，整合家庭、学校、社会各方面力量。家庭劳动教育要日常化，学校劳动教育要规范化，社会劳动教育要多样化，形成协同育人格局。

——坚持因地制宜。根据各地区和学校实际，结合当地在自然、经济、文化等方面条件，充分挖掘行业企业、职业院校等可利用资源，宜工则工、宜农则农，采取多种方式开展劳动教育，避免“一刀切”。

二、全面构建体现时代特征的劳动教育体系

（四）把握劳动教育基本内涵。劳动教育是国民教育体系的重要内容，是学生成长的必要途径，具有树德、增智、强体、育美的综合育人价值。实施劳动教育重点是在系统的文化知识学习之外，有目的、有计划地组织学生参加日常生活劳动、生产劳动和服务性劳动，让学生动手实践、出力流汗，接受锻炼、磨炼意志，培养学生正确劳动价值观和良好劳动品质。

（五）明确劳动教育总体目标。通过劳动教育，使学生能够理解和形成马克思主义劳动观，牢固树立劳动最光荣、劳动最崇高、劳动最伟大、劳动最美丽的观念；体会劳动创造美好生活，体认劳动不分贵贱，热爱劳动，尊重普通劳动者，培养勤俭、奋斗、创新、奉献的劳动精神；具备满足生存发展需要的基本劳动能力，形成良好劳动习惯。

（六）设置劳动教育课程。整体优化学校课程设置，将劳动教育纳入中小学国家课程方案和职业院校、普通高等学校人才培养方案，形成具有综合性、实践性、开放性、针对性的劳动教育课程体系。

根据各学段特点，在大中小学设立劳动教育必修课程，系统加强劳动教育。中小学劳动教育课每周不少于 1 课时，学校要对学生每天课外校外劳动时间作出规定。职业院校以实习实训课为主要载体开展劳动教育，其中劳动精神、劳模精神、工匠精神专题教育不少于 16 学时。普通高等学校要明确劳动教育主要依托课程，其中本科阶段不少于 32 学时。除劳动教育必修课程外，其他课程结合学科、专业特点，有机融入劳动教育内容。大中小学每学年设立劳动周，可在学年内或寒暑假自主安排，以集体劳动为主。高等学校也可安排劳动月，集中落实各学年劳动周要求。

根据需要编写劳动实践指导手册，明确教学目标、活动设计、工具使用、考核评价、安全保护等劳动教育要求。

（七）确定劳动教育内容要求。根据教育目标，针对不同学段、类型学生特点，以日常生活劳动、生产劳动和服务性劳动为主要内容开展劳动教育。结合产业新业

态、劳动新形态，注重选择新型服务性劳动的内容。

小学低年级要注重围绕劳动意识的启蒙，让学生学习日常生活自理，感知劳动乐趣，知道人人都要劳动。小学中高年级要注重围绕卫生、劳动习惯养成，让学生做好个人清洁卫生，主动分担家务，适当参加校内外公益劳动，学会与他人合作劳动，体会到劳动光荣。初中要注重围绕增加劳动知识、技能，加强家政学习，开展社区服务，适当参加生产劳动，使学生初步养成认真负责、吃苦耐劳的品质和职业意识。普通高中要注重围绕丰富职业体验，开展服务性劳动、参加生产劳动，使学生熟练掌握一定劳动技能，理解劳动创造价值，具有劳动自立意识和主动服务他人、服务社会的情怀。中等职业学校重点是结合专业人才培养，增强学生职业荣誉感，提高职业技能水平，培育学生精益求精的工匠精神和爱岗敬业的劳动态度。高等学校要注重围绕创新创业，结合学科和专业积极开展实习实训、专业服务、社会实践、勤工助学等，重视新知识、新技术、新工艺、新方法应用，创造性地解决实际问题，使学生增强诚实劳动意识，积累职业经验，提升就业创业能力，树立正确择业观，具有到艰苦地区和行业工作的奋斗精神，懂得空谈误国、实干兴邦的深刻道理；注重培育公共服务意识，使学生具有面对重大疫情、灾害等危机主动作为的奉献精神。

（八）健全劳动素养评价制度。将劳动素养纳入学生综合素质评价体系，制定评价标准，建立激励机制，组织开展劳动技能和劳动成果展示、劳动竞赛等活动，全面客观记录课内外劳动过程和结果，加强实际劳动技能和价值体认情况的考核。建立公示、审核制度，确保记录真实可靠。把劳动素养评价结果作为衡量学生全面发展情况的重要内容，作为评优评先的重要参考和毕业依据，作为高一级学校录取的重要参考或依据。

三、广泛开展劳动教育实践活动

（九）家庭要发挥在劳动教育中的基础作用。注重抓住衣食住行等日常生活中的劳动实践机会，鼓励孩子自觉参与、自己动手，随时随地、坚持不懈进行劳动，掌握洗衣做饭等必要的家务劳动技能，每年有针对性地学会 1 至 2 项生活技能。鼓励学校（家委会）和社区等组织开展学生生活技能展示活动。学生参加家务劳动和掌握生活技能的情况要按年度记入学生综合素质档案。鼓励孩子利用节假日参加各种社会劳动。家庭要树立崇尚劳动的良好家风，家长要通过日常生活的言传身教、潜移默化，让孩子养成从小爱劳动的好习惯。

（十）学校要发挥在劳动教育中的主导作用。学校要切实承担劳动教育主体责任，明确实施机构和人员，开齐开足劳动教育课程，不得挤占、挪用劳动实践时间。明确学校劳动教育要求，着重引导学生形成马克思主义劳动观，系统学习掌握必要的劳动技能。根据学生身体发育情况，科学设计课内外劳动项目，采取灵活多样形式，激发学生劳动的内在需求和动力。统筹安排课内外时间，可采用集中与分散相结合的方式。组织实施好劳动周，小学低中年级以校园劳动为主，小学高年级和中学可适当走向社会、参与集中劳动，高等学校要组织学生走向社会、以校外劳动锻炼为主。

（十一）社会要发挥在劳动教育中的支持作用。充分利用社会各方面资源，为劳动教育提供必要保障。各级政府部门要积极协调和引导企业公司、工厂农场等组织履行社会责任，开放实践场所，支持学校组织学生参加力所能及的生产劳动、参与新型服务性劳动，使学生与普通劳动者一起经历劳动过程。鼓励高新企业为学生体验现代科技条件下劳动实践新形态、新方式提供支持。工会、共青团、妇联等群团组织以及各类公益基金会、社会福利组织要组织动员相关力量、搭建活动平台，共同支持学生深入城乡社区、福利院和公共场所等参加志愿服务，开展公益劳动，参与社区治理。

四、着力提升劳动教育支撑保障能力

（十二）多渠道拓展实践场所。大力拓展实践场所，满足各级各类学校多样化劳动实践需求。充分利用现有综合实践基地、青少年校外活动场所、职业院校和普通高等学校劳动实践场所，建立健全开放共享机制。农村地区可安排相应土地、山林、草场等作为学农实践基地，城镇地区可确认一批企事业单位和社会机构，作为学生参加生产劳动、服务性劳动的实践场所。建立以县为主、政府统筹规划配置中小学（含中等职业学校）劳动教育资源的机制。进一步完善学校建设标准，学校逐步建好配齐劳动实践教室、实训基地。高等学校要充分发挥自身专业优势和服务社会功能，建立相对稳定的实习和劳动实践基地。

（十三）多举措加强人才队伍建设。采取多种措施，建立专兼职相结合的劳动教育师资队伍。根据学校劳动教育需要，为学校配备必要的专任教师。高等学校要加强劳动教育师资培养，有条件的师范院校开设劳动教育相关专业。设立劳模工作室、技能大师工作室、荣誉教师岗位等，聘请相关行业专业人士担任劳动实践指导教师。把劳动教育纳入教师培训内容，开展全员培训，强化每位教师的劳动意识、劳动观念，提升实施劳动教育的自觉性，对承担劳动教育课程的教师进行专项培训，提高劳动教育专业化水平。建立健全劳动教育教师工作考核体系，分类完善评价标准。

（十四）健全经费投入机制。各地区要统筹中央补助资金和自有财力，多种形式筹措资金，加快建设校内劳动教育场所和校外劳动教育实践基地，加强学校劳动教育设施标准化建设，建立学校劳动教育器材、耗材补充机制。学校可按照规定统筹安排公用经费等资金开展劳动教育。可采取政府购买服务方式，吸引社会力量提供劳动教育服务。

（十五）多方面强化安全保障。各地区要建立政府负责、社会协同、有关部门共同参与的安全管控机制。建立政府、学校、家庭、社会共同参与的劳动教育风险分散机制，鼓励购买劳动教育相关保险，保障劳动教育正常开展。各学校要加强对师生的劳动安全教育，强化劳动风险意识，建立健全安全教育与管理并重的劳动安全保障体系。科学评估劳动实践活动的安全风险，认真排查、清除学生劳动实践中的各种隐患特别是辐射、疾病传染等，在场所设施选择、材料选用、工具设备和防护用品使用、活动流程等方面制定安全、科学的操作规范，强化对劳动过程每个岗位的管理，明确各方责任，防患于未然。制定劳动实践活动风险防控预案，完善应急与事故处理机制。

五、切实加强劳动教育的组织实施

（十六）加强组织领导。在党委统一领导下，各级政府要把劳动教育摆上重要议事日程，出台相关政策措施，切实解决劳动教育实施过程中的重大问题，做好督促落实。省级政府要加强劳动教育工作的统筹协调，明确市地级、县级政府及有关部门加强劳动教育的职责，推动建立全面实施劳动教育的长效机制。

（十七）强化督导检查。把劳动教育纳入教育督导体系，完善督导办法。对地方各级政府和有关部门保障劳动教育情况以及学校组织实施劳动教育情况进行督导，督导结果向社会公开，同时作为衡量区域教育质量和水平的重要指标，作为对被督导部门和学校及其主要负责人考核奖惩的依据。开展劳动教育质量监测，强化反馈和指导。

（十八）加强宣传引导。引导家长树立正确劳动观念，支持配合学校开展劳动教育。加强劳动教育科学研究，宣传推广劳动教育典型经验。积极宣传企事业单位和社会机构提供劳动教育服务的先进事迹。注重挖掘在抗疫救灾等重大事件中涌现出来的典型人物和事迹，大力宣传不畏艰难、百折不挠、敢于担当的高尚品格。鼓励和支持创作更多以歌颂普通劳动者为主题的优秀作品，大力宣传辛勤劳动、诚实劳动、创造性劳动的典型人物和事迹，弘扬劳动光荣、创造伟大的主旋律，旗帜鲜明地反对一切不劳而获、贪图享乐、崇尚暴富的错误观念，营造全社会关心和支持劳动教育的良好氛围。

教育部关于印发《大中小学劳动教育指导纲要（试行）》的通知

教材〔2020〕4号

各省、自治区、直辖市教育厅（教委），新疆生产建设兵团教育局，有关部门（单位）教育司（局），部属各高等学校、部省合建各高等学校：

为深入贯彻习近平总书记关于教育的重要论述，全面贯彻党的教育方针，落实《中共中央　国务院关于全面加强新时代大中小学劳动教育的意见》，加快构建德智体美劳全面培养的教育体系，我部组织研究制定了《大中小学劳动教育指导纲要（试行）》，现印发给你们，请认真贯彻落实。

教育部

2020年7月7日

大中小学劳动教育指导纲要（试行）

为深入贯彻习近平总书记关于教育的重要论述，全面贯彻党的教育方针，落实《中共中央　国务院关于全面加强新时代大中小学劳动教育的意见》，加快构建德智体美劳全面培养的教育体系，制定本指导纲要。

一、劳动教育性质和基本理念

（一）劳动教育性质

劳动是创造物质财富和精神财富的过程，是人类特有的基本社会实践活动。劳动教育是发挥劳动的育人功能，对学生进行热爱劳动、热爱劳动人民的教育活动。当前实施劳动教育的重点是在系统的文化知识学习之外，有目的、有计划地组织学生参加日常生活劳动、生产劳动和服务性劳动，让学生动手实践、出力流汗，接受锻炼、磨炼意志，培养学生正确劳动价值观和良好劳动品质。

劳动教育是新时代党对教育的新要求，是中国特色社会主义教育制度的重要内容，是全面发展教育体系的重要组成部分，是大中小学必须开展的教育活动。它具有鲜明的思想性，必须将马克思主义劳动观贯彻始终，强调劳动是一切财富、价值的源泉，劳动者是国家的主人，一切劳动和劳动者都应该得到鼓励和尊重；倡导通过诚实劳动创造美好生活、实现人生梦想，反对一切不劳而获、崇尚暴富、贪图享乐的错误思想。具有突出的社会性，必须加强学校教育与社会生活、生产实践的直接联系，发挥劳动在个人与社会之间的纽带作用，引导学生认识社会，增强社会责任感；同时注重让学生学会分工合作，体会社会主义社会平等、和谐的新型劳动关系。具有显著的实践性，必须面向真实的生活世界和职业世界，引导学生以动手实践为主要方式，在认识世界的基础上，获得有积极意义的价值体验，学会建设世界，塑造自己，实现树德、增智、强体、育美的目的。

（二）劳动教育基本理念

1. 强化劳动观念，弘扬劳动精神。将劳动观念和劳动精神教育贯穿人才培养全过程，贯穿家庭、学校、社会各方面。注重让学生在学习和掌握基本劳动知识技能的过程中，领悟劳动的意义价值，形成勤俭、奋斗、创新、奉献的劳动精神。

2. 强调身心参与，注重手脑并用。把握劳动教育的根本特征，让学生面对真实的个人生活、生产和社会性服务任务情境，亲历实际的劳动过程，善于观察思考，注重运用所学知识解决实际问题，提高劳动质量和效率。

3. 继承优良传统，彰显时代特征。在充分发挥传统劳动、传统工艺项目育人功能的同时，紧跟科技发展和产业变革，准确把握新时代劳动工具、劳动技术、劳动形态的新变化，创新劳动教育内容、途径、方式，增强劳动教育的时代性。

4. 发挥主体作用，激发创新创造。关注学生劳动过程中的体验和感悟，引导学生感受劳动的艰辛和收获的快乐，增强获得感、成就感、荣誉感。鼓励学生在学习和借鉴他人丰富经验、技艺的基础上，尝试新方法、探索新技术，打破僵化思维方式，推陈出新。

二、劳动教育目标和内容

（一）总体目标

准确把握社会主义建设者和接班人的劳动精神面貌、劳动价值取向和劳动技能水平的培养要求，全面提高学生劳动素养，使学生：

树立正确的劳动观念。正确理解劳动是人类发展和社会进步的根本力量，认识劳动创造人、劳动创造价值、创造财富、创造美好生活的道理，尊重劳动，尊重普通劳动者，牢固树立劳动最光荣、劳动最崇高、劳动最伟大、劳动最美丽的思想观念。

具有必备的劳动能力。掌握基本的劳动知识和技能，正确使用常见劳动工具，增强体力、智力和创造力，具备完成一定劳动任务所需要的设计、操作能力及团队合作能力。

培育积极的劳动精神。领会“幸福是奋斗出来的”内涵与意义，继承中华民族勤俭节约、敬业奉献的优良传统，弘扬开拓创新、砥砺奋进的时代精神。

养成良好的劳动习惯和品质。能够自觉自愿、认真负责、安全规范、坚持不懈地参与劳动，形成诚实守信、吃苦耐劳的品质。珍惜劳动成果，养成良好的消费习惯，杜绝浪费。

（二）主要内容

主要包括日常生活劳动、生产劳动和服务性劳动中的知识、技能与价值观。日常生活劳动教育立足个人生活事务处理，结合开展新时代校园爱国卫生运动，注重生活能力和良好卫生习惯培养，树立自立自强意识。生产劳动教育要让学生在工农业生产过程中直接经历物质财富的创造过程，体验从简单劳动、原始劳动向复杂劳动、创造性劳动的发展过程，学会使用工具，掌握相关技术，感受劳动创造价值，增强产品质量意识，体会平凡劳动中的伟大。服务性劳动教育让学生利用知识、技能等为他人和社会提供服务，在服务性岗位上见习实习，树立服务意识，实践服务技能；在公益劳动、志愿服务中强化社会责任感。

（三）学段要求

1. 小学

低年级：以个人生活起居为主要内容，开展劳动教育，注重培养劳动意识和劳动安全意识，使学生懂得人人都要劳动，感知劳动乐趣，爱惜劳动成果。指导学生：（1）完成个人物品整理、清洗，进行简单的家庭清扫和垃圾分类等，树立自己的事情自己做的意识，提高生活自理能力；（2）参与适当的班级集体劳动，主动维护教室内外环境卫生等，培养集体荣誉感；（3）进行简单手工制作，照顾身边的动植物，关爱生命，热爱自然。

中高年级：以校园劳动和家庭劳动为主要内容开展劳动教育，体会劳动光荣，尊重普通劳动者，初步养成热爱劳动、热爱生活的态度。指导学生：（1）参与家居清洁、收纳整理，制作简单的家常餐等，每年学会1—2项生活技能，增强生活自理能力和勤俭节约意识，培养家庭责任感；（2）参加校园卫生保洁、垃圾分类处理、绿化美化等，适当参加社区环保、公共卫生等力所能及的公益劳动，增强公共服务意识；（3）初步体验种植、养殖、手工制作等简单的生产劳动，初步学会与他人合作劳动，懂得生活用品、食品来之不易，珍惜劳动成果。

2. 初中

兼顾家政学习、校内外生产劳动、服务性劳动，安排劳动教育内容，开展职业启蒙教育，体会劳动创造美好生活，养成认真负责、吃苦耐劳的劳动品质和安全意识，增强公共服务意识和担当精神。让学生：（1）承担一定的家庭日常清洁、烹饪、家居美化等劳动，进一步培养生活自理能力和习惯，增强家庭责任意识；（2）定期开展校园包干区域保洁和美化，以及助残、敬老、扶弱等服务性劳动，初步形成对学校、社区负责任的态度和社会公德意识；（3）适当体验包括金工、木工、电工、陶艺、布艺等项目在内的劳动及传统工艺制作过程，尝试家用器具、家具、电器的简单修理，参与种植、养殖等生产活动，学习相关技术，获得初步的职业体验，形成初步的生涯规划意识。

3. 普通高中

注重围绕丰富职业体验，开展服务性劳动和生产劳动，理解劳动创造价值，接受锻炼、磨炼意志，具有劳动自立意识和主动服务他人、服务社会的情怀。指导学生：（1）持续开展日常生活劳动，增强生活自理能力，固化良好劳动习惯；（2）选择服务性岗位，经历真实的岗位工作过程，获得真切的职业体验，培养职业兴趣；积极参加大型赛事、社区建设、环境保护等公益活动、志愿服务，强化社会责任意识和奉献精神；（3）统筹劳动教育与通用技术课程相关内容，从工业、农业、现代服务业以及中华优秀传统文化特色项目中，自主选择1—2项生产劳动，经历完整的实践过程，提高创意物化能力，养成吃苦耐劳、精益求精的品质，增强生涯规划的意识和能力。

4. 职业院校

重点结合专业特点，增强职业荣誉感和责任感，提高职业劳动技能水平，培育积极向上的劳动精神和认真负责的劳动态度。组织学生：（1）持续开展日常生活劳动，自我管理生活，提高劳动自立自强的意识和能力；（2）定期开展校内外公益服务性劳动，做好校园环境秩序维护，运用专业技能为社会、为他人提供相关公益服务，培育社会公德，厚植爱国爱民的情怀；（3）依托实习实训，参与真实的生产劳动和服务性劳动，增强职业认同感和劳动自豪感，提升创意物化能力，培育不断探索、精益求精、追求卓越的工匠精神和爱岗敬业的劳动态度，坚信“三百六十行，行行出状元”，体认劳动不分贵贱，任何职业都很光荣，都能出彩。

5. 普通高等学校

强化马克思主义劳动观教育，注重围绕创新创业，结合学科专业开展生产劳动和服务性劳动，积累职业经验，培育创造性劳动能力和诚实守信的合法劳动意识。使学生：（1）掌握通用劳动科学知识，深刻理解马克思主义劳动观和社会主义劳动关系，树立正确的择业就业创业观，具有到艰苦地区和行业工作的奋斗精神；（2）巩固良好日常生活劳动习惯，自觉做好宿舍卫生保洁，独立处理个人生活事务，积极参加勤工助学活动，提高劳动自立自强能力；（3）强化服务性劳动，自觉参与教室、食堂、校园场所的卫生保洁、绿化美化和管理服务等，结合“三支一扶”、大学生志愿服务西部计划、“青年红色筑梦之旅”“三下乡”等社会实践活动开展服务性劳动，强化公共服务意识和面对重大疫情、灾害等危机主动作为的奉献精神；（4）重视生产劳动锻炼，积极参加实习实训、专业服务和创新创业活动，重视新知识、新技术、新工艺、新方法的运用，提高在生产实践中发现问题和创造性解决问题的能力，在动手实践的过程中创造有价值的物化劳动成果。

三、劳动教育途径、关键环节和评价

（一）劳动教育途径

将劳动教育纳入人才培养全过程，丰富、拓展劳动教育实施途径。

1. 独立开设劳动教育必修课

在大中小学设立劳动教育必修课程。中小学劳动教育课平均每周不少于1课时，用于活动策划、技能指导、练习实践、总结交流等，与通用技术和地方课程、校本课程等有关内容进行必要统筹。职业院校开设劳动专题教育必修课，不少于16学时；主要围绕劳动精神、劳模精神、工匠精神、劳动组织、劳动安全和劳动法规等方面设计。普通高等学校要将劳动教育纳入专业人才培养方案，明确主要依托的课程，可在已有课程中专设劳动教育模块，也可专门开设劳动专题教育必修课，本科阶段不少于

32学时；课程内容应加强马克思主义劳动观教育，普及与学生职业发展密切相关的通用劳动科学知识，并经历必要的实践体验。

2. 在学科专业中有机渗透劳动教育

中小学道德与法治（思想政治）、语文、历史、艺术等学科要有重点地纳入劳动创造人本身、劳动创造历史、劳动创造世界、劳动不分贵贱等马克思主义劳动观，纳入歌颂劳模、歌颂普通劳动者的选文选材，纳入阐释勤劳、节俭、艰苦奋斗等中华民族优良传统的内容，加强对学生辛勤劳动、诚实劳动、合法劳动等方面的教育。数学、科学、地理、技术、体育与健康等学科要注重培养学生劳动的科学态度、规范意识、效率观念和创新精神。

职业院校要将劳动教育全面融入公共基础课，要强化马克思主义劳动观、劳动安全、劳动法规教育。专业课在进行职业劳动知识技能教学的同时，注重培养“干一行爱一行”的敬业精神，吃苦耐劳、团结合作、严谨细致的工作态度。

普通高等学校要将劳动教育有机纳入专业教育、创新创业教育，不断深化产教融合，强化劳动锻炼要求，加强高等学校与行业骨干企业、高新企业、中小微企业紧密协同，推动人才培养模式改革。专业类课程主要与服务学习、实习实训、科学实验、社会实践、毕业设计等相结合开展各类劳动实践，注重分析相关劳动形态发展趋势，强化劳动品质培养。在公共必修课中，要进一步强化马克思主义劳动观教育、劳动相关法律法规与政策教育。

3. 在课外校外活动中安排劳动实践

将劳动教育与学生的个人生活、校园生活和社会生活有机结合起来，丰富劳动体验，提高劳动能力，深化对劳动价值的理解。

中小学每周课外活动和家庭生活中劳动时间，小学1至2年级不少于2小时，其他年级不少于3小时；职业院校和普通高等学校要明确生活中的劳动事项和时间，纳入学生日常管理工作。

大中小学每学年设立劳动周，采用专题讲座、主题演讲、劳动技能竞赛、劳动成果展示、劳动项目实践等形式进行。小学以校内为主，小学高年级可适当安排部分校外劳动；普通中学、职业院校和普通高等学校兼顾校内外，可在学年内或寒暑假安排，以集体劳动为主，由学校组织实施。高等学校也可安排劳动月，集中落实各学年劳动周要求。

4. 在校园文化建设中强化劳动文化

学校要将劳动习惯、劳动品质的养成教育融入校园文化建设之中。要通过制定劳动公约、每日劳动常规、学期劳动任务单，采取与劳动教育有关的兴趣小组、社团等组织形式，结合植树节、学雷锋纪念日、五一劳动节、农民丰收节、志愿者日等，开展丰富的劳动主题教育活动，营造劳动光荣、创造伟大的校园文化。

要举办“劳模大讲堂”“大国工匠进校园”、优秀毕业生报告会等劳动榜样人物进校园活动，组织劳动技能和劳动成果展示，综合运用讲座、宣传栏、新媒体等，广泛宣传劳动榜样人物事迹，特别是身边的普通劳动者事迹，让师生在校园里近距离接触劳动模范，聆听劳模故事，观摩精湛技艺，感受并领悟勤勉敬业的劳动精神，争做新时代的奋斗者。

（二）劳动教育关键环节

各地和学校要注重围绕劳动教育的目标和内容要求，从提高劳动教育的效果出发，把握劳动教育任务的特点，抓住关键环节，选择适宜的劳动教育方式。

1. 讲解说明。围绕劳动为什么、是什么问题，有重点地进行讲解，让学生懂得劳动的意义和价值。加强劳动观念、劳动纪律、劳动相关法律法规的正面引导，指明轻视劳动特别是轻视普通劳动的危害，让学生明辨是非。加强劳动知识技能的讲解，让学生认清事理，掌握实践操作的基本原理、程序、规则，正确使用工具的方法和技术。讲解要与启发思考、示范、练习等结合起来。

2. 淬炼操作。围绕如何做的问题，注重示范与练习，让学生会劳动。强化规范意识，注重从最基本的程序学起，严守规则，避免主观随意。强化质量意识，注重引导学生关注细节，每个步骤、环节都要精准到位。强化专注品质，注重引导学生对操作行为的评估与监控，做到眼到手到心到，有始有终。

3. 项目实践。围绕劳动能力的培养，让学生完成真实、综合任务，经历完整劳动过程。注重劳动价值体认，引导学生从现实生活中发现需求，选择和确定劳动项目。强化规划设计意识，充分发挥学生的主动性、积极性、创造性，引导学生对项目实践进行整体构思，综合运用所学知识、技术，不断优化行动方案。强化身体力行，锤炼意志品质，敢于在困难与挑战中完成行动任务。

4. 反思交流。围绕劳动价值意义的建构，引导学生总结、交流，促进学生形成反思交流习惯。指导学生思考劳动过程和结果与社会进步、个体成长的关联，避免停留在简单的苦乐体验上。组织学生交流分享劳动的体验和收获，肯定具有积极意义的认识，纠正观念上的偏差。将反思交流与改进结合起来，使学生在劳动中获得成长。

5. 榜样激励。围绕劳动的精神追求，树立典型，激发劳动热情。注意遴选、树立多类型榜样，不仅要有大国工匠、劳动模范，还要有身边劳动表现优异的普通劳动者和同学。指导学生从榜样的具体事迹中领悟他们的高尚精神和优良品质。明确要求学生在日常劳动实践中努力向榜样看齐。

（三）劳动教育评价

将劳动素养纳入学生综合素质评价体系。以劳动教育目标、内容要求为依据，将过程性评价和结果性评价结合起来，健全和完善学生劳动素养评价标准、程序和方法，鼓励、支持各地利用大数据、云平台、物联网等现代信息技术手段，开展劳动教育过程监测与记实评价，发挥评价的育人导向和反馈改进功能。

1. 平时表现评价

要在平时劳动教育实践活动中及时进行评价，以评价促进学生发展。要覆盖各类型劳动教育活动，明确学年劳动实践类型、次数、时间等考核要求。关注学生在劳动教育活动中的实际表现，注重从行为表现中分析把握劳动观念形成情况。以自我评价为主，辅以教师、同伴、家长、服务对象、用人单位等他评方式，指导学生进行反思改进。要指导学生如实记录劳动教育活动情况，收集整理相关制品、作品等，选择代表性的写实记录，纳入综合素质档案，作为学生学年评优评先的重要参考。

2. 学段综合评价

学段结束时，要依据学段目标和内容，结合综合素质档案分析，兼顾必修课学习和课外劳动实践，对劳动观念、劳动能力、劳动精神、劳动习惯和品质等劳动素养发展状况进行综合评定。建立诚信机制，实行写实记录抽查制度，对弄虚作假者在评优评先方面一票否决，性质严重的应依法依规严肃处理。在高中和大学开展志愿者星级认证。高中学校和高等学校要将考核结果作为毕业依据之一。推动将学段综合评价结果作为学生升学、就业的重要参考。

3. 开展学生劳动素养监测

将学生劳动素养监测纳入基础教育质量监测、职业院校教学质量评估和普通高等学校本科教学质量评估。可委托有关专业机构，定期组织开展关于学生劳动素养状况调查，注重学生劳动观念、劳动能力、劳动精神、劳动习惯和品质等的监测。发挥监测结果的示范引导、反馈改进等功能。

四、学校劳动教育的规划与实施

（一）整体规划劳动教育

学校是劳动教育的实施主体，应根据国家相关规定，结合当地和本校实际情况，对劳动教育进行整体设计、系统规划，形成劳动教育总体实施方案。方案要明确劳动教育目标内容、课时安排、主要劳动实践活动安排、劳动教育过程组织与指导及考核评价办法等。同时要基于学生的年段特征、阶段性教育要求，研究制订“学校学年（或学期）劳动教育计划”，对学年、学期劳动教育实践活动作出具体安排，特别是规划好劳动周等集中劳动，细化有关要求。使总体实施方案和学年（或学期）活动计划相互配套、衔接，形成可持续开展的劳动教育实施方案。

学校在劳动教育规划时要注意处理以下几个方面的关系：

1. 理论学习和实践锻炼的关系

理论学习和实践锻炼都是劳动教育的必要内容。理论学习重在让学生理解和掌握“劳动创造了人本身”“劳动创造世界”等历史唯物主义基本理论主张以及劳动相关法律、法规、政策，作为行动的指南。实践锻炼重在将所学知识转化为真正有用的实际本领，形成良好的劳动习惯，弘扬劳动精神。规划劳动教育时，要两者兼顾，坚持以实践锻炼为主，切实保证每一个学生都有必要的劳动实践经历，不能只是口头上喊劳动、课堂上讲劳动。要通过学生实践前的计划构想、实践中的观察思考和实践后的反思交流，加深对有关思想理论、法规政策的理解，实现理论学习和实践锻炼的统一。

2. 劳动教育与其他教育活动的关系

在开足专门劳动教育必修课的同时，中小学劳动教育必修课实践环节中与综合实践活动的社会服务、设计制作、职业体验重叠部分，可整合实施。职业院校、普通高等学校劳动教育中学生生产劳动和服务性劳动可以通过专业实习、实训、创新创业等实践环节完成，日常生活劳动可以通过学生管理落实。

3. 劳动的传统形态与新形态的关系

将日常生活劳动教育贯穿大中小学始终。在安排生产劳动和服务性劳动项目时，中小学要以使用传统工具、传统工艺的劳动为主，引导学生体会劳动人民的艰辛与智慧，传承中华优秀传统文化，兼顾使用新知识、新技术、新工艺、新方法的劳动。职业院校、普通高等学校要注重结合产业新业态、劳动新形态，选择现代农业、工业、服务业项目，提升创造性劳动能力。

（二）劳动教育的组织实施

1. 实施机构和人员

学校要建立健全劳动教育组织实施的工作机制。明确主管校领导，设置机构或明确相关部门负责劳动教育的规划设计、组织协调、资源整合、师资培训、过程管理、总结评价等。

要建立专兼职相结合的劳动教育教师队伍。根据学校劳动教育需要，明确劳动教育责任人，进行劳动教育规划、组织实施、评价等，配齐劳动教育必修课教师，保持教师队伍的相对稳定性。要充分发挥教职员工特别是班主任、辅导员、导师的作用，利用少先队、共青团、党组织以及学生社团等各方面的力量，合力开展劳动教育实践活动。充分利用家长及当地人力资源，聘请相关行业专业人士担任劳动实践指导教师。

2. 劳动安全风险防范与管理

学校要把劳动安全教育与管理作为组织实施的必要内容，强化劳动安全意识，建立健全安全教育与管理并重的劳动安全保障体系。

要依据学生身心发育情况，适度安排劳动强度、时长，切实关注劳动任务及场所设施的适宜性。科学评估劳动实践活动的安全风险，认真排查、清除学生劳动实践中的各种隐患。在场所设施选择、材料选用、工具设备和防护用品使用、活动流程等方面制定安全、科学操作规范，强化劳动过程每个岗位的管理，明确各方责任，防患于未然。制定劳动实践活动风险防控预案，完善应急与事故处理机制。要特别关注劳动过程中的卫生隐患，按照疾控、卫生健康部门及行业有关规定，采取相应措施，切实保护学生的身心健康。鼓励购买劳动教育相关保险。

3. 建立协同实施机制

中小学要推动建立以学校为主导、家庭为基础、社区为依托的协同实施机制，形成共育合力。学校要通过家长会、家长学校、社区宣讲、网络媒体等途径，引导家长树立正确的劳动观；明确家长的劳动教育责任，让家长主动指导和督促孩子完成家庭、社区劳动任务；学校要与相关社会实践基地共同开发并实施劳动教育课程。

职业院校、普通高等学校要建立学校负责规划设计，行业企业社会机构主要负责业务指导，双方共同管理的劳动教育实施机制。通过建立劳模工作室、技能大师工作室，设置荣誉教师、实务导师岗位等，多渠道引入社会力量参与学校劳动教育。要联合社会力量，共建共享稳定的劳动实践基地、校外实习实训基地、各类型创新创业孵化平台，多渠道拓展劳动实践场所。

五、劳动教育条件保障与专业支持

地方教育行政部门要切实加强对劳动教育工作的组织领导，明确机构和人员承担区域推进劳动教育的职责任务，切实加强条件保障、专业支持和督导评估，整体提高大中小学劳动教育质量和水平。

（一）条件建设

1. 丰富和拓展劳动实践场所

地方教育行政部门要统筹规划和配置劳动教育实践资源，满足学校多样化劳动实践需求。充分利用现有综合实践基地、青少年校外活动场所、职业院校和普通高等学校劳动实践场所，建立健全开放共享机制，特别是充分利用职业院校实训实习场所、设施设备，为普通中小学和普通高等学校提供所需要的服务。可安排一批土地、山林、草场等作为学农实践基地，确认一批厂矿企业作为学工实践基地，认定一批城乡社区、福利院、医院、博物馆、科技馆、图书馆等事业单位、社会机构、公共场所作为服务性劳动基地。推动学校充分利用校内学习、生活有关场所，逐步建好配齐劳动技术实践教室、实训基地，丰富劳动教育资源。

2. 加强师资队伍建设

要明确劳动课教师管理要求，保障劳动课教师在绩效考核、职称评聘、评先评优、专业发展等方面与其他专任教师享受同等待遇。推动中小学、职业院校与普通高等学校建立师资交流共享机制，发挥职业院校教师的专业优势，承担普通学校劳动教育教学任务。建立劳动课教师特聘制度，为学校聘请具有实践经验的社会专业技术人员、劳动模范等担任兼职教师创造条件。

高等学校要加强劳动教育师资培养，有条件的院校开设劳动教育相关专业。把劳动教育纳入教育行政干部、校长、教师、辅导员培训内容，开展全员培训，强化劳动意识、劳动观念，提升劳动教育的自觉性。对承担劳动教育课程的教师进行专项培训，提高劳动育人意识和专业化水平。

3. 健全经费投入机制

各地要统筹中央补助资金和自有财力，多种形式筹措资金，加快建设校内劳动教育场所和校外劳动教育实践基地，加强学校劳动教育设施建设，建立学校劳动教育器材、耗材补充机制。学校可按照规定统筹安排公用经费等资金开展劳动教育，可采取政府购买服务方式，吸引社会力量提供劳动教育服务。

（二）加强专业研究和指导

1. 加强劳动教育研究与指导

在全国教育科学规划、教育部人文社会科学研究项目中支持劳动教育研究。地方教育行政部门鼓励和支持相关机构设立劳动教育研究项目。设立一批试验区或试验学校，注重开展跟踪研究、行动研究。举办论坛讲座，营造良好学术氛围。

各级中小学教研机构要配备劳动教育教研员，组织开展专题教研、区域教研、网络教研，通过协同创新、校际联动、区域推进，提高劳动教育整体实施水平。鼓励高等学校依托有关专业机构开展劳动教育教学研究。

2. 组织开展劳动教育课程资源研发

基于劳动教育教学的实际需要，省级教育行政部门明确中小学劳动实践指导手册编写要求，体现“一纲多本”，满足不同地区学校的多样化需求，负责组织审查。职业院校可组织编写劳动精神、劳模精神、工匠精神专题读本，由编写院校或委托专业机构进行审查。鼓励学校、学术团体、专业机构等收集整理反映劳动先进人物事迹和精神的影视资料，组织研发展示劳动过程、劳动安全要求的数字资源，梳理遴选来自教学一线的典型案例和鲜活经验，形成分学段、分专题的劳动教育课程资源包，促进优质资源的共享与使用。

（三）督导评估与激励

1. 加强对学校劳动教育实施情况的督查

把劳动教育纳入教育督导体系，完善督导办法。对地方各级人民政府和有关部门保障劳动教育情况进行督导。对学校劳动教育开课率、学生劳动实践组织的有序性，教学指导的针对性，保障措施的有效性等进行督查和指导。督导结果要向社会公开，作为衡量区域教育质量和水平的重要指标，作为对被督导部门和学校及其主要负责人考核奖惩的依据。

2. 建立健全劳动教育激励机制

在国家级、省级教学成果奖励中，将劳动教育教学成果纳入评奖范围，对优秀成果予以奖励。依托有关专业组织、教科研机构等开展劳动教育经验交流和成果展示活动，激发广大教师实践创新的潜能和动力。积极协调新闻媒体传播劳动光荣、创造伟大思想，大力宣传劳动教育先进学校、先进个人。

中华人民共和国教育法

（1995 年 3 月 18 日第八届全国人民代表大会第三次会议通过　根据 2009 年 8 月 27 日第十一届全国人民代表大会常务委员会第十次会议《关于修改部分法律的决定》第一次修正　根据 2015 年 12 月 27 日第十二届全国人民代表大会常务委员会第十八次会议《关于修改〈中华人民共和国教育法〉的决定》第二次修正　根据 2021 年 4 月 29 日第十三届全国人民代表大会常务委员会第二十八次会议《关于修改〈中华人民共和国教育法〉的决定》第三次修正）

目录

第一章　总则

第一条　为了发展教育事业，提高全民族的素质，促进社会主义物质文明和精神文明建设，根据宪法，制定本法。

第二条　在中华人民共和国境内的各级各类教育，适用本法。

第三条　国家坚持中国共产党的领导，坚持以马克思列宁主义、毛泽东思想、邓小平理论、“三个代表”重要思想、科学发展观、习近平新时代中国特色社会主义思想为指导，遵循宪法确定的基本原则，发展社会主义的教育事业。

第四条　教育是社会主义现代化建设的基础，对提高人民综合素质、促进人的全面发展、增强中华民族创新创造活力、实现中华民族伟大复兴具有决定性意义，国家保障教育事业优先发展。

全社会应当关心和支持教育事业的发展。

全社会应当尊重教师。

第五条　教育必须为社会主义现代化建设服务、为人民服务，必须与生产劳动和社会实践相结合，培养德智体美劳全面发展的社会主义建设者和接班人。

第六条　教育应当坚持立德树人，对受教育者加强社会主义核心价值观教育，增强受教育者的社会责任感、创新精神和实践能力。

国家在受教育者中进行爱国主义、集体主义、中国特色社会主义的教育，进行理想、道德、纪律、法治、国防和民族团结的教育。

第七条 教育应当继承和弘扬中华优秀传统文化、革命文化、社会主义先进文化，吸收人类文明发展的一切优秀成果。

第八条 教育活动必须符合国家和社会公共利益。

国家实行教育与宗教相分离。任何组织和个人不得利用宗教进行妨碍国家教育制度的活动。

第九条 中华人民共和国公民有受教育的权利和义务。

公民不分民族、种族、性别、职业、财产状况、宗教信仰等，依法享有平等的受教育机会。

第十条 国家根据各少数民族的特点和需要，帮助各少数民族地区发展教育事业。

国家扶持边远贫困地区发展教育事业。

国家扶持和发展残疾人教育事业。

第十一条 国家适应社会主义市场经济发展和社会进步的需要，推进教育改革，推动各级各类教育协调发展、衔接融通，完善现代国民教育体系，健全终身教育体系，提高教育现代化水平。

国家采取措施促进教育公平，推动教育均衡发展。

国家支持、鼓励和组织教育科学研究，推广教育科学研究成果，促进教育质量提高。

第十二条 国家通用语言文字为学校及其他教育机构的基本教育教学语言文字，学校及其他教育机构应当使用国家通用语言文字进行教育教学。

民族自治地方以少数民族学生为主的学校及其他教育机构，从实际出发，使用国家通用语言文字和本民族或者当地民族通用的语言文字实施双语教育。

国家采取措施，为少数民族学生为主的学校及其他教育机构实施双语教育提供条件和支持。

第十三条 国家对发展教育事业做出突出贡献的组织和个人，给予奖励。

第十四条 国务院和地方各级人民政府根据分级管理、分工负责的原则，领导和管理教育工作。

中等及中等以下教育在国务院领导下，由地方人民政府管理。

高等教育由国务院和省、自治区、直辖市人民政府管理。

第十五条 国务院教育行政部门主管全国教育工作，统筹规划、协调管理全国的教育事业。

县级以上地方各级人民政府教育行政部门主管本行政区域内的教育工作。

县级以上各级人民政府其他有关部门在各自的职责范围内，负责有关的教育工作。

第十六条 国务院和县级以上地方各级人民政府应当向本级人民代表大会或者其常务委员会报告教育工作和教育经费预算、决算情况，接受监督。

第二章 教育基本制度

第十七条 国家实行学前教育、初等教育、中等教育、高等教育的学校教育制度。

国家建立科学的学制系统。学制系统内的学校和其他教育机构的设置、教育形式、修业年限、招生对象、培养目标等，由国务院或者由国务院授权教育行政部门规定。

第十八条 国家制定学前教育标准，加快普及学前教育，构建覆盖城乡，特别是农村的学前教育公共服务体系。

各级人民政府应当采取措施，为适龄儿童接受学前教育提供条件和支持。

第十九条 国家实行九年制义务教育制度。

各级人民政府采取各种措施保障适龄儿童、少年就学。

适龄儿童、少年的父母或者其他监护人以及有关社会组织和个人有义务使适龄儿童、少年接受并完成规定年限的义务教育。

第二十条 国家实行职业教育制度和继续教育制度。

各级人民政府、有关行政部门和行业组织以及企业事业组织应当采取措施，发展并保障公民接受职业学校教育或者各种形式的职业培训。

国家鼓励发展多种形式的继续教育，使公民接受适当形式的政治、经济、文化、科学、技术、业务等方面的教育，促进不同类型学习成果的互认和衔接，推动全民终身学习。

第二十一条 国家实行国家教育考试制度。

国家教育考试由国务院教育行政部门确定种类，并由国家批准的实施教育考试的机构承办。

第二十二条 国家实行学业证书制度。

经国家批准设立或者认可的学校及其他教育机构按照国家有关规定，颁发学历证书或者其他学业证书。

第二十三条 国家实行学位制度。

学位授予单位依法对达到一定学术水平或者专业技术水平的人员授予相应的学位，颁发学位证书。

第二十四条 各级人民政府、基层群众性自治组织和企业事业组织应当采取各种措施，开展扫除文盲的教育工作。

按照国家规定具有接受扫除文盲教育能力的公民，应当接受扫除文盲的教育。

第二十五条 国家实行教育督导制度和学校及其他教育机构教育评估制度。

第三章　学校及其他教育机构

第二十六条　国家制定教育发展规划，并举办学校及其他教育机构。

国家鼓励企业事业组织、社会团体、其他社会组织及公民个人依法举办学校及其他教育机构。

国家举办学校及其他教育机构，应当坚持勤俭节约的原则。

以财政性经费、捐赠资产举办或者参与举办的学校及其他教育机构不得设立为营利性组织。

第二十七条　设立学校及其他教育机构，必须具备下列基本条件：

（一）有组织机构和章程；

（二）有合格的教师；

（三）有符合规定标准的教学场所及设施、设备等；

（四）有必备的办学资金和稳定的经费来源。

第二十八条　学校及其他教育机构的设立、变更和终止，应当按照国家有关规定办理审核、批准、注册或者备案手续。

第二十九条　学校及其他教育机构行使下列权利：

（一）按照章程自主管理；

（二）组织实施教育教学活动；

（三）招收学生或者其他受教育者；

（四）对受教育者进行学籍管理，实施奖励或者处分；

（五）对受教育者颁发相应的学业证书；

（六）聘任教师及其他职工，实施奖励或者处分；

（七）管理、使用本单位的设施和经费；

（八）拒绝任何组织和个人对教育教学活动的非法干涉；

（九）法律、法规规定的其他权利。

国家保护学校及其他教育机构的合法权益不受侵犯。

第三十条　学校及其他教育机构应当履行下列义务：

（一）遵守法律、法规；

（二）贯彻国家的教育方针，执行国家教育教学标准，保证教育教学质量；

（三）维护受教育者、教师及其他职工的合法权益；

（四）以适当方式为受教育者及其监护人了解受教育者的学业成绩及其他有关情况提供便利；

（五）遵照国家有关规定收取费用并公开收费项目；

（六）依法接受监督。

第三十一条　学校及其他教育机构的举办者按照国家有关规定，确定其所举办的学校或者其他教育机构的管理体制。

学校及其他教育机构的校长或者主要行政负责人必须由具有中华人民共和国国

籍、在中国境内定居、并具备国家规定任职条件的公民担任，其任免按照国家有关规定办理。学校的教学及其他行政管理，由校长负责。

学校及其他教育机构应当按照国家有关规定，通过以教师为主体的教职工代表大会等组织形式，保障教职工参与民主管理和监督。

第三十二条 学校及其他教育机构具备法人条件的，自批准设立或者登记注册之日起取得法人资格。

学校及其他教育机构在民事活动中依法享有民事权利，承担民事责任。

学校及其他教育机构中的国有资产属于国家所有。

学校及其他教育机构兴办的校办产业独立承担民事责任。

第四章 教师和其他教育工作者

第三十三条 教师享有法律规定的权利，履行法律规定的义务，忠诚于人民的教育事业。

第三十四条 国家保护教师的合法权益，改善教师的工作条件和生活条件，提高教师的社会地位。

教师的工资报酬、福利待遇，依照法律、法规的规定办理。

第三十五条 国家实行教师资格、职务、聘任制度，通过考核、奖励、培养和培训，提高教师素质，加强教师队伍建设。

第三十六条 学校及其他教育机构中的管理人员，实行教育职员制度。

学校及其他教育机构中的教学辅助人员和其他专业技术人员，实行专业技术职务聘任制度。

第五章 受教育者

第三十七条 受教育者在入学、升学、就业等方面依法享有平等权利。

学校和有关行政部门应当按照国家有关规定，保障女子在入学、升学、就业、授予学位、派出留学等方面享有同男子平等的权利。

第三十八条 国家、社会对符合入学条件、家庭经济困难的儿童、少年、青年，提供各种形式的资助。

第三十九条 国家、社会、学校及其他教育机构应当根据残疾人身心特性和需要实施教育，并为其提供帮助和便利。

第四十条 国家、社会、家庭、学校及其他教育机构应当为有违法犯罪行为的未成年人接受教育创造条件。

第四十一条 从业人员有依法接受职业培训和继续教育的权利和义务。

国家机关、企业事业组织和其他社会组织，应当为本单位职工的学习和培训提供条件和便利。

第四十二条 国家鼓励学校及其他教育机构、社会组织采取措施，为公民接受终身教育创造条件。

第四十三条 受教育者享有下列权利：

（一）参加教育教学计划安排的各种活动，使用教育教学设施、设备、图书资料；

（二）按照国家有关规定获得奖学金、贷学金、助学金；

（三）在学业成绩和品行上获得公正评价，完成规定的学业后获得相应的学业证书、学位证书；

（四）对学校给予的处分不服向有关部门提出申诉，对学校、教师侵犯其人身权、财产权等合法权益，提出申诉或者依法提起诉讼；

（五）法律、法规规定的其他权利。

第四十四条 受教育者应当履行下列义务：

（一）遵守法律、法规；

（二）遵守学生行为规范，尊敬师长，养成良好的思想品德和行为习惯；

（三）努力学习，完成规定的学习任务；

（四）遵守所在学校或者其他教育机构的管理制度。

第四十五条 教育、体育、卫生行政部门和学校及其他教育机构应当完善体育、卫生保健设施，保护学生的身心健康。

第六章 教育与社会

第四十六条 国家机关、军队、企业事业组织、社会团体及其他社会组织和个人，应当依法为儿童、少年、青年学生的身心健康成长创造良好的社会环境。

第四十七条 国家鼓励企业事业组织、社会团体及其他社会组织同高等学校、中等职业学校在教学、科研、技术开发和推广等方面进行多种形式的合作。

企业事业组织、社会团体及其他社会组织和个人，可以通过适当形式，支持学校的建设，参与学校管理。

第四十八条 国家机关、军队、企业事业组织及其他社会组织应当为学校组织的学生实习、社会实践活动提供帮助和便利。

第四十九条 学校及其他教育机构在不影响正常教育教学活动的前提下，应当积极参加当地的社会公益活动。

第五十条 未成年人的父母或者其他监护人应当为其未成年子女或者其他被监护人受教育提供必要条件。

未成年人的父母或者其他监护人应当配合学校及其他教育机构，对其未成年子女或者其他被监护人进行教育。

学校、教师可以对学生家长提供家庭教育指导。

第五十一条 图书馆、博物馆、科技馆、文化馆、美术馆、体育馆（场）等社会公共文化体育设施，以及历史文化古迹和革命纪念馆（地），应当对教师、学生实行优待，为受教育者接受教育提供便利。

广播、电视台（站）应当开设教育节目，促进受教育者思想品德、文化和科学技术素质的提高。

第五十二条 国家、社会建立和发展对未成年人进行校外教育的设施。

学校及其他教育机构应当同基层群众性自治组织、企业事业组织、社会团体相互配合，加强对未成年人的校外教育工作。

第五十三条 国家鼓励社会团体、社会文化机构及其他社会组织和个人开展有益于受教育者身心健康的社会文化教育活动。

第七章 教育投入与条件保障

第五十四条 国家建立以财政拨款为主、其他多种渠道筹措教育经费为辅的体制，逐步增加对教育的投入，保证国家举办的学校教育经费的稳定来源。

企业事业组织、社会团体及其他社会组织和个人依法举办的学校及其他教育机构，办学经费由举办者负责筹措，各级人民政府可以给予适当支持。

第五十五条 国家财政性教育经费支出占国民生产总值的比例应当随着国民经济的发展和财政收入的增长逐步提高。具体比例和实施步骤由国务院规定。

全国各级财政支出总额中教育经费所占比例应当随着国民经济的发展逐步提高。

第五十六条 各级人民政府的教育经费支出，按照事权和财权相统一的原则，在财政预算中单独列项。

各级人民政府教育财政拨款的增长应当高于财政经常性收入的增长，并使按在校学生人数平均的教育费用逐步增长，保证教师工资和学生人均公用经费逐步增长。

第五十七条 国务院及县级以上地方各级人民政府应当设立教育专项资金，重点扶持边远贫困地区、少数民族地区实施义务教育。

第五十八条 税务机关依法足额征收教育费附加，由教育行政部门统筹管理，主要用于实施义务教育。

省、自治区、直辖市人民政府根据国务院的有关规定，可以决定开征用于教育的地方附加费，专款专用。

第五十九条 国家采取优惠措施，鼓励和扶持学校在不影响正常教育教学的前提下开展勤工俭学和社会服务，兴办校办产业。

第六十条 国家鼓励境内、境外社会组织和个人捐资助学。

第六十一条 国家财政性教育经费、社会组织和个人对教育的捐赠，必须用于教育，不得挪用、克扣。

第六十二条 国家鼓励运用金融、信贷手段，支持教育事业的发展。

第六十三条 各级人民政府及其教育行政部门应当加强对学校及其他教育机构教育经费的监督管理，提高教育投资效益。

第六十四条 地方各级人民政府及其有关行政部门必须把学校的基本建设纳入城乡建设规划，统筹安排学校的基本建设用地及所需物资，按照国家有关规定实行优先、优惠政策。

第六十五条 各级人民政府对教科书及教学用图书资料的出版发行，对教学仪器、设备的生产和供应，对用于学校教育教学和科学研究的图书资料、教学仪器、设备的进口，按照国家有关规定实行优先、优惠政策。

第六十六条 国家推进教育信息化，加快教育信息基础设施建设，利用信息技术促进优质教育资源普及共享，提高教育教学水平和教育管理水平。

县级以上人民政府及其有关部门应当发展教育信息技术和其他现代化教学方式，有关行政部门应当优先安排，给予扶持。

国家鼓励学校及其他教育机构推广运用现代化教学方式。

第八章 教育对外交流与合作

第六十七条 国家鼓励开展教育对外交流与合作，支持学校及其他教育机构引进优质教育资源，依法开展中外合作办学，发展国际教育服务，培养国际化人才。

教育对外交流与合作坚持独立自主、平等互利、相互尊重的原则，不得违反中国法律，不得损害国家主权、安全和社会公共利益。

第六十八条 中国境内公民出国留学、研究、进行学术交流或者任教，依照国家有关规定办理。

第六十九条 中国境外个人符合国家规定的条件并办理有关手续后，可以进入中国境内学校及其他教育机构学习、研究、进行学术交流或者任教，其合法权益受国家保护。

第七十条 中国对境外教育机构颁发的学位证书、学历证书及其他学业证书的承认，依照中华人民共和国缔结或者加入的国际条约办理，或者按照国家有关规定办理。

第九章 法律责任

第七十一条 违反国家有关规定，不按照预算核拨教育经费的，由同级人民政府限期核拨；情节严重的，对直接负责的主管人员和其他直接责任人员，依法给予处分。

违反国家财政制度、财务制度，挪用、克扣教育经费的，由上级机关责令限期归还被挪用、克扣的经费，并对直接负责的主管人员和其他直接责任人员，依法给予处分；构成犯罪的，依法追究刑事责任。

第七十二条 结伙斗殴、寻衅滋事，扰乱学校及其他教育机构教育教学秩序或者破坏校舍、场地及其他财产的，由公安机关给予治安管理处罚；构成犯罪的，依法追究刑事责任。

侵占学校及其他教育机构的校舍、场地及其他财产的，依法承担民事责任。

第七十三条 明知校舍或者教育教学设施有危险，而不采取措施，造成人员伤亡或者重大财产损失的，对直接负责的主管人员和其他直接责任人员，依法追究刑事责任。

第七十四条 违反国家有关规定，向学校或者其他教育机构收取费用的，由政府责令退还所收费用；对直接负责的主管人员和其他直接责任人员，依法给予处分。

第七十五条 违反国家有关规定，举办学校或者其他教育机构的，由教育行政部门或者其他有关行政部门予以撤销；有违法所得的，没收违法所得；对直接负责的主管人员和其他直接责任人员，依法给予处分。

第七十六条 学校或者其他教育机构违反国家有关规定招收学生的，由教育行政部门或者其他有关行政部门责令退回招收的学生，退还所收费用；对学校、其他教育机构给予警告，可以处违法所得五倍以下罚款；情节严重的，责令停止相关招生资格一年以上三年以下，直至撤销招生资格、吊销办学许可证；对直接负责的主管人员和其他直接责任人员，依法给予处分；构成犯罪的，依法追究刑事责任。

第七十七条 在招收学生工作中滥用职权、玩忽职守、徇私舞弊的，由教育行政部门或者其他有关行政部门责令退回招收的不符合入学条件的人员；对直接负责的主管人员和其他直接责任人员，依法给予处分；构成犯罪的，依法追究刑事责任。

盗用、冒用他人身份，顶替他人取得的入学资格的，由教育行政部门或者其他有关行政部门责令撤销入学资格，并责令停止参加相关国家教育考试二年以上五年以下；已经取得学位证书、学历证书或者其他学业证书的，由颁发机构撤销相关证书；已经成为公职人员的，依法给予开除处分；构成违反治安管理行为的，由公安机关依法给予治安管理处罚；构成犯罪的，依法追究刑事责任。

与他人串通，允许他人冒用本人身份，顶替本人取得的入学资格的，由教育行政部门或者其他有关行政部门责令停止参加相关国家教育考试一年以上三年以下；有违法所得的，没收违法所得；已经成为公职人员的，依法给予处分；构成违反治安管理行为的，由公安机关依法给予治安管理处罚；构成犯罪的，依法追究刑事责任。

组织、指使盗用或者冒用他人身份，顶替他人取得的入学资格的，有违法所得的，没收违法所得；属于公职人员的，依法给予处分；构成违反治安管理行为的，由公安机关依法给予治安管理处罚；构成犯罪的，依法追究刑事责任。

入学资格被顶替权利受到侵害的，可以请求恢复其入学资格。

第七十八条 学校及其他教育机构违反国家有关规定向受教育者收取费用的，由教育行政部门或者其他有关行政部门责令退还所收费用；对直接负责的主管人员和其他直接责任人员，依法给予处分。

第七十九条 考生在国家教育考试中有下列行为之一的，由组织考试的教育考试机构工作人员在考试现场采取必要措施予以制止并终止其继续参加考试；组织考试的教育考试机构可以取消其相关考试资格或者考试成绩；情节严重的，由教育行政部门责令停止参加相关国家教育考试一年以上三年以下；构成违反治安管理行为的，由公安机关依法给予治安管理处罚；构成犯罪的，依法追究刑事责任：

（一）非法获取考试试题或者答案的；

（二）携带或者使用考试作弊器材、资料的；

（三）抄袭他人答案的；

（四）让他人代替自己参加考试的；

（五）其他以不正当手段获得考试成绩的作弊行为。

第八十条 任何组织或者个人在国家教育考试中有下列行为之一，有违法所得的，由公安机关没收违法所得，并处违法所得一倍以上五倍以下罚款；情节严重的，处五日以上十五日以下拘留；构成犯罪的，依法追究刑事责任；属于国家机关工作人员的，还应当依法给予处分：

（一）组织作弊的；

（二）通过提供考试作弊器材等方式为作弊提供帮助或者便利的；

（三）代替他人参加考试的；

（四）在考试结束前泄露、传播考试试题或者答案的；

（五）其他扰乱考试秩序的行为。

第八十一条 举办国家教育考试，教育行政部门、教育考试机构疏于管理，造成考场秩序混乱、作弊情况严重的，对直接负责的主管人员和其他直接责任人员，依法给予处分；构成犯罪的，依法追究刑事责任。

第八十二条 学校或者其他教育机构违反本法规定，颁发学位证书、学历证书或者其他学业证书的，由教育行政部门或者其他有关行政部门宣布证书无效，责令收回或者予以没收；有违法所得的，没收违法所得；情节严重的，责令停止相关招生资格一年以上三年以下，直至撤销招生资格、颁发证书资格；对直接负责的主管人员和其他直接责任人员，依法给予处分。

前款规定以外的任何组织或者个人制造、销售、颁发假冒学位证书、学历证书或者其他学业证书，构成违反治安管理行为的，由公安机关依法给予治安管理处罚；构成犯罪的，依法追究刑事责任。

以作弊、剽窃、抄袭等欺诈行为或者其他不正当手段获得学位证书、学历证书或者其他学业证书的，由颁发机构撤销相关证书。购买、使用假冒学位证书、学历证书或者其他学业证书，构成违反治安管理行为的，由公安机关依法给予治安管理处罚。

第八十三条 违反本法规定，侵犯教师、受教育者、学校或者其他教育机构的合法权益，造成损失、损害的，应当依法承担民事责任。

第十章　附则

第八十四条 军事学校教育由中央军事委员会根据本法的原则规定。

宗教学校教育由国务院另行规定。

第八十五条 境外的组织和个人在中国境内办学和合作办学的办法，由国务院规定。

第八十六条 本法自 1995 年 9 月 1 日起施行。

中华人民共和国劳动法

（1994年7月5日第八届全国人民代表大会常务委员会第八次会议通过　根据2009年8月27日第十一届全国人民代表大会常务委员会第十次会议《关于修改部分法律的决定》第一次修正　根据2018年12月29日第十三届全国人民代表大会常务委员会第七次会议《关于修改〈中华人民共和国劳动法〉等七部法律的决定》第二次修正）

目录

第一章　总则

第一条　为了保护劳动者的合法权益，调整劳动关系，建立和维护适应社会主义市场经济的劳动制度，促进经济发展和社会进步，根据宪法，制定本法。

第二条　在中华人民共和国境内的企业、个体经济组织（以下统称用人单位）和与之形成劳动关系的劳动者，适用本法。

国家机关、事业组织、社会团体和与之建立劳动合同关系的劳动者，依照本法执行。

第三条　劳动者享有平等就业和选择职业的权利、取得劳动报酬的权利、休息休假的权利、获得劳动安全卫生保护的权利、接受职业技能培训的权利、享受社会保险和福利的权利、提请劳动争议处理的权利以及法律规定的其他劳动权利。

劳动者应当完成劳动任务，提高职业技能，执行劳动安全卫生规程，遵守劳动纪律和职业道德。

第四条　用人单位应当依法建立和完善规章制度，保障劳动者享有劳动权利和履行劳动义务。

第五条 国家采取各种措施，促进劳动就业，发展职业教育，制定劳动标准，调节社会收入，完善社会保险，协调劳动关系，逐步提高劳动者的生活水平。

第六条 国家提倡劳动者参加社会义务劳动，开展劳动竞赛和合理化建议活动，鼓励和保护劳动者进行科学研究、技术革新和发明创造，表彰和奖励劳动模范和先进工作者。

第七条 劳动者有权依法参加和组织工会。

工会代表和维护劳动者的合法权益，依法独立自主地开展活动。

第八条 劳动者依照法律规定，通过职工大会、职工代表大会或者其他形式，参与民主管理或者就保护劳动者合法权益与用人单位进行平等协商。

第九条 国务院劳动行政部门主管全国劳动工作。

县级以上地方人民政府劳动行政部门主管本行政区域内的劳动工作。

第二章 促进就业

第十条 国家通过促进经济和社会发展，创造就业条件，扩大就业机会。

国家鼓励企业、事业组织、社会团体在法律、行政法规规定的范围内兴办产业或者拓展经营，增加就业。

国家支持劳动者自愿组织起来就业和从事个体经营实现就业。

第十一条 地方各级人民政府应当采取措施，发展多种类型的职业介绍机构，提供就业服务。

第十二条 劳动者就业，不因民族、种族、性别、宗教信仰不同而受歧视。

第十三条 妇女享有与男子平等的就业权利。在录用职工时，除国家规定的不适合妇女的工种或者岗位外，不得以性别为由拒绝录用妇女或者提高对妇女的录用标准。

第十四条 残疾人、少数民族人员、退出现役的军人的就业，法律、法规有特别规定的，从其规定。

第十五条 禁止用人单位招用未满十六周岁的未成年人。

文艺、体育和特种工艺单位招用未满十六周岁的未成年人，必须遵守国家有关规定，并保障其接受义务教育的权利。

第三章 劳动合同和集体合同

第十六条 劳动合同是劳动者与用人单位确立劳动关系、明确双方权利和义务的协议。

建立劳动关系应当订立劳动合同。

第十七条 订立和变更劳动合同，应当遵循平等自愿、协商一致的原则，不得违反法律、行政法规的规定。

劳动合同依法订立即具有法律约束力，当事人必须履行劳动合同规定的义务。

第十八条 下列劳动合同无效：

（一）违反法律、行政法规的劳动合同；
（二）采取欺诈、威胁等手段订立的劳动合同。

无效的劳动合同，从订立的时候起，就没有法律约束力。确认劳动合同部分无效的，如果不影响其余部分的效力，其余部分仍然有效。

劳动合同的无效，由劳动争议仲裁委员会或者人民法院确认。

第十九条 劳动合同应当以书面形式订立，并具备以下条款：
（一）劳动合同期限；
（二）工作内容；
（三）劳动保护和劳动条件；
（四）劳动报酬；
（五）劳动纪律；
（六）劳动合同终止的条件；
（七）违反劳动合同的责任。

劳动合同除前款规定的必备条款外，当事人可以协商约定其他内容。

第二十条 劳动合同的期限分为有固定期限、无固定期限和以完成一定的工作为期限。

劳动者在同一用人单位连续工作满十年以上，当事人双方同意续延劳动合同的，如果劳动者提出订立无固定期限的劳动合同，应当订立无固定期限的劳动合同。

第二十一条 劳动合同可以约定试用期。试用期最长不得超过六个月。

第二十二条 劳动合同当事人可以在劳动合同中约定保守用人单位商业秘密的有关事项。

第二十三条 劳动合同期满或者当事人约定的劳动合同终止条件出现，劳动合同即行终止。

第二十四条 经劳动合同当事人协商一致，劳动合同可以解除。

第二十五条 劳动者有下列情形之一的，用人单位可以解除劳动合同：
（一）在试用期间被证明不符合录用条件的；
（二）严重违反劳动纪律或者用人单位规章制度的；
（三）严重失职，营私舞弊，对用人单位利益造成重大损害的；
（四）被依法追究刑事责任的。

第二十六条 有下列情形之一的，用人单位可以解除劳动合同，但是应当提前三十日以书面形式通知劳动者本人：

（一）劳动者患病或者非因工负伤，医疗期满后，不能从事原工作也不能从事由用人单位另行安排的工作的；

（二）劳动者不能胜任工作，经过培训或者调整工作岗位，仍不能胜任工作的；

（三）劳动合同订立时所依据的客观情况发生重大变化，致使原劳动合同无法履行，经当事人协商不能就变更劳动合同达成协议的。

第二十七条 用人单位濒临破产进行法定整顿期间或者生产经营状况发生严重困难，确需裁减人员的，应当提前三十日向工会或者全体职工说明情况，听取工会或者职工的意见，经向劳动行政部门报告后，可以裁减人员。

用人单位依据本条规定裁减人员，在六个月内录用人员的，应当优先录用被裁减的人员。

第二十八条 用人单位依据本法第二十四条、第二十六条、第二十七条的规定解除劳动合同的，应当依照国家有关规定给予经济补偿。

第二十九条 劳动者有下列情形之一的，用人单位不得依据本法第二十六条、第二十七条的规定解除劳动合同：

（一）患职业病或者因工负伤并被确认丧失或者部分丧失劳动能力的；

（二）患病或者负伤，在规定的医疗期内的；

（三）女职工在孕期、产期、哺乳期内的；

（四）法律、行政法规规定的其他情形。

第三十条 用人单位解除劳动合同，工会认为不适当的，有权提出意见。如果用人单位违反法律、法规或者劳动合同，工会有权要求重新处理；劳动者申请仲裁或者提起诉讼的，工会应当依法给予支持和帮助。

第三十一条 劳动者解除劳动合同，应当提前三十日以书面形式通知用人单位。

第三十二条 有下列情形之一的，劳动者可以随时通知用人单位解除劳动合同：

（一）在试用期内的；

（二）用人单位以暴力、威胁或者非法限制人身自由的手段强迫劳动的；

（三）用人单位未按照劳动合同约定支付劳动报酬或者提供劳动条件的。

第三十三条 企业职工一方与企业可以就劳动报酬、工作时间、休息休假、劳动安全卫生、保险福利等事项，签订集体合同。集体合同草案应当提交职工代表大会或者全体职工讨论通过。

集体合同由工会代表职工与企业签订；没有建立工会的企业，由职工推举的代表与企业签订。

第三十四条 集体合同签订后应当报送劳动行政部门；劳动行政部门自收到集体合同文本之日起十五日内未提出异议的，集体合同即行生效。

第三十五条 依法签订的集体合同对企业和企业全体职工具有约束力。职工个人与企业订立的劳动合同中劳动条件和劳动报酬等标准不得低于集体合同的规定。

第四章 工作时间和休息休假

第三十六条 国家实行劳动者每日工作时间不超过八小时、平均每周工作时间不超过四十四小时的工时制度。

第三十七条 对实行计件工作的劳动者，用人单位应当根据本法第三十六条规定的工时制度合理确定其劳动定额和计件报酬标准。

第三十八条 用人单位应当保证劳动者每周至少休息一日。

第三十九条 企业因生产特点不能实行本法第三十六条、第三十八条规定的，经劳动行政部门批准，可以实行其他工作和休息办法。

第四十条 用人单位在下列节日期间应当依法安排劳动者休假：

（一）元旦；

（二）春节；

（三）国际劳动节；

（四）国庆节；

（五）法律、法规规定的其他休假节日。

第四十一条 用人单位由于生产经营需要，经与工会和劳动者协商后可以延长工作时间，一般每日不得超过一小时；因特殊原因需要延长工作时间的，在保障劳动者身体健康的条件下延长工作时间每日不得超过三小时，但是每月不得超过三十六小时。

第四十二条 有下列情形之一的，延长工作时间不受本法第四十一条规定的限制：

（一）发生自然灾害、事故或者因其他原因，威胁劳动者生命健康和财产安全，需要紧急处理的；

（二）生产设备、交通运输线路、公共设施发生故障，影响生产和公众利益，必须及时抢修的；

（三）法律、行政法规规定的其他情形。

第四十三条 用人单位不得违反本法规定延长劳动者的工作时间。

第四十四条 有下列情形之一的，用人单位应当按照下列标准支付高于劳动者正常工作时间工资的工资报酬：

（一）安排劳动者延长工作时间的，支付不低于工资的百分之一百五十的工资报酬；

（二）休息日安排劳动者工作又不能安排补休的，支付不低于工资的百分之二百的工资报酬；

（三）法定休假日安排劳动者工作的，支付不低于工资的百分之三百的工资报酬。

第四十五条 国家实行带薪年休假制度。

劳动者连续工作一年以上的，享受带薪年休假。具体办法由国务院规定。

第五章 工资

第四十六条 工资分配应当遵循按劳分配原则，实行同工同酬。

工资水平在经济发展的基础上逐步提高。国家对工资总量实行宏观调控。

第四十七条 用人单位根据本单位的生产经营特点和经济效益，依法自主确定本单位的工资分配方式和工资水平。

第四十八条 国家实行最低工资保障制度。最低工资的具体标准由省、自治区、直辖市人民政府规定，报国务院备案。

用人单位支付劳动者的工资不得低于当地最低工资标准。

第四十九条 确定和调整最低工资标准应当综合参考下列因素：

（一）劳动者本人及平均赡养人口的最低生活费用；

（二）社会平均工资水平；

（三）劳动生产率；

（四）就业状况；

（五）地区之间经济发展水平的差异。

第五十条 工资应当以货币形式按月支付给劳动者本人。不得克扣或者无故拖欠劳动者的工资。

第五十一条 劳动者在法定休假日和婚丧假期间以及依法参加社会活动期间，用人单位应当依法支付工资。

第六章 劳动安全卫生

第五十二条 用人单位必须建立、健全劳动安全卫生制度，严格执行国家劳动安全卫生规程和标准，对劳动者进行劳动安全卫生教育，防止劳动过程中的事故，减少职业危害。

第五十三条 劳动安全卫生设施必须符合国家规定的标准。

新建、改建、扩建工程的劳动安全卫生设施必须与主体工程同时设计、同时施工、同时投入生产和使用。

第五十四条 用人单位必须为劳动者提供符合国家规定的劳动安全卫生条件和必要的劳动防护用品，对从事有职业危害作业的劳动者应当定期进行健康检查。

第五十五条 从事特种作业的劳动者必须经过专门培训并取得特种作业资格。

第五十六条 劳动者在劳动过程中必须严格遵守安全操作规程。

劳动者对用人单位管理人员违章指挥、强令冒险作业，有权拒绝执行；对危害生命安全和身体健康的行为，有权提出批评、检举和控告。

第五十七条 国家建立伤亡事故和职业病统计报告和处理制度。县级以上各级人民政府劳动行政部门、有关部门和用人单位应当依法对劳动者在劳动过程中发生的伤亡事故和劳动者的职业病状况，进行统计、报告和处理。

第七章 女职工和未成年工特殊保护

第五十八条 国家对女职工和未成年工实行特殊劳动保护。

未成年工是指年满十六周岁未满十八周岁的劳动者。

第五十九条 禁止安排女职工从事矿山井下、国家规定的第四级体力劳动强度的劳动和其他禁忌从事的劳动。

第六十条 不得安排女职工在经期从事高处、低温、冷水作业和国家规定的第三级体力劳动强度的劳动。

第六十一条 不得安排女职工在怀孕期间从事国家规定的第三级体力劳动强度的劳动和孕期禁忌从事的劳动。对怀孕七个月以上的女职工，不得安排其延长工作时间和夜班劳动。

第六十二条 女职工生育享受不少于九十天的产假。

第六十三条 不得安排女职工在哺乳未满一周岁的婴儿期间从事国家规定的第三级体力劳动强度的劳动和哺乳期禁忌从事的其他劳动，不得安排其延长工作时间和夜班劳动。

第六十四条 不得安排未成年工从事矿山井下、有毒有害、国家规定的第四级体力劳动强度的劳动和其他禁忌从事的劳动。

第六十五条 用人单位应当对未成年工定期进行健康检查。

第八章 职业培训

第六十六条 国家通过各种途径，采取各种措施，发展职业培训事业，开发劳动者的职业技能，提高劳动者素质，增强劳动者的就业能力和工作能力。

第六十七条 各级人民政府应当把发展职业培训纳入社会经济发展的规划，鼓励和支持有条件的企业、事业组织、社会团体和个人进行各种形式的职业培训。

第六十八条 用人单位应当建立职业培训制度，按照国家规定提取和使用职业培训经费，根据本单位实际，有计划地对劳动者进行职业培训。

从事技术工种的劳动者，上岗前必须经过培训。

第六十九条 国家确定职业分类，对规定的职业制定职业技能标准，实行职业资格证书制度，由经备案的考核鉴定机构负责对劳动者实施职业技能考核鉴定。

第九章 社会保险和福利

第七十条 国家发展社会保险事业，建立社会保险制度，设立社会保险基金，使劳动者在年老、患病、工伤、失业、生育等情况下获得帮助和补偿。

第七十一条 社会保险水平应当与社会经济发展水平和社会承受能力相适应。

第七十二条 社会保险基金按照保险类型确定资金来源，逐步实行社会统筹。用人单位和劳动者必须依法参加社会保险，缴纳社会保险费。

第七十三条 劳动者在下列情形下，依法享受社会保险待遇：

（一）退休；

（二）患病、负伤；

（三）因工伤残或者患职业病；

（四）失业；

（五）生育。

劳动者死亡后，其遗属依法享受遗属津贴。

劳动者享受社会保险待遇的条件和标准由法律、法规规定。

劳动者享受的社会保险金必须按时足额支付。

第七十四条　社会保险基金经办机构依照法律规定收支、管理和运营社会保险基金，并负有使社会保险基金保值增值的责任。

社会保险基金监督机构依照法律规定，对社会保险基金的收支、管理和运营实施监督。

社会保险基金经办机构和社会保险基金监督机构的设立和职能由法律规定。

任何组织和个人不得挪用社会保险基金。

第七十五条　国家鼓励用人单位根据本单位实际情况为劳动者建立补充保险。

国家提倡劳动者个人进行储蓄性保险。

第七十六条　国家发展社会福利事业，兴建公共福利设施，为劳动者休息、休养和疗养提供条件。

用人单位应当创造条件，改善集体福利，提高劳动者的福利待遇。

第十章　劳动争议

第七十七条　用人单位与劳动者发生劳动争议，当事人可以依法申请调解、仲裁、提起诉讼，也可以协商解决。

调解原则适用于仲裁和诉讼程序。

第七十八条　解决劳动争议，应当根据合法、公正、及时处理的原则，依法维护劳动争议当事人的合法权益。

第七十九条　劳动争议发生后，当事人可以向本单位劳动争议调解委员会申请调解；调解不成，当事人一方要求仲裁的，可以向劳动争议仲裁委员会申请仲裁。当事人一方也可以直接向劳动争议仲裁委员会申请仲裁。对仲裁裁决不服的，可以向人民法院提起诉讼。

第八十条　在用人单位内，可以设立劳动争议调解委员会。劳动争议调解委员会由职工代表、用人单位代表和工会代表组成。劳动争议调解委员会主任由工会代表担任。

劳动争议经调解达成协议的，当事人应当履行。

第八十一条　劳动争议仲裁委员会由劳动行政部门代表、同级工会代表、用人单位方面的代表组成。劳动争议仲裁委员会主任由劳动行政部门代表担任。

第八十二条　提出仲裁要求的一方应当自劳动争议发生之日起六十日内向劳动争议仲裁委员会提出书面申请。仲裁裁决一般应在收到仲裁申请的六十日内作出。对仲裁裁决无异议的，当事人必须履行。

第八十三条　劳动争议当事人对仲裁裁决不服的，可以自收到仲裁裁决书之日起十五日内向人民法院提起诉讼。一方当事人在法定期限内不起诉又不履行仲裁裁决的，另一方当事人可以申请人民法院强制执行。

第八十四条　因签订集体合同发生争议，当事人协商解决不成的，当地人民政府劳动行政部门可以组织有关各方协调处理。

因履行集体合同发生争议，当事人协商解决不成的，可以向劳动争议仲裁委员会申请仲裁；对仲裁裁决不服的，可以自收到仲裁裁决书之日起十五日内向人民法院提起诉讼。

第十一章 监督检查

第八十五条 县级以上各级人民政府劳动行政部门依法对用人单位遵守劳动法律、法规的情况进行监督检查，对违反劳动法律、法规的行为有权制止，并责令改正。

第八十六条 县级以上各级人民政府劳动行政部门监督检查人员执行公务，有权进入用人单位了解执行劳动法律、法规的情况，查阅必要的资料，并对劳动场所进行检查。

县级以上各级人民政府劳动行政部门监督检查人员执行公务，必须出示证件，秉公执法并遵守有关规定。

第八十七条 县级以上各级人民政府有关部门在各自职责范围内，对用人单位遵守劳动法律、法规的情况进行监督。

第八十八条 各级工会依法维护劳动者的合法权益，对用人单位遵守劳动法律、法规的情况进行监督。

任何组织和个人对于违反劳动法律、法规的行为有权检举和控告。

第十二章 法律责任

第八十九条 用人单位制定的劳动规章制度违反法律、法规规定的，由劳动行政部门给予警告，责令改正；对劳动者造成损害的，应当承担赔偿责任。

第九十条 用人单位违反本法规定，延长劳动者工作时间的，由劳动行政部门给予警告，责令改正，并可以处以罚款。

第九十一条 用人单位有下列侵害劳动者合法权益情形之一的，由劳动行政部门责令支付劳动者的工资报酬、经济补偿，并可以责令支付赔偿金：

（一）克扣或者无故拖欠劳动者工资的；

（二）拒不支付劳动者延长工作时间工资报酬的；

（三）低于当地最低工资标准支付劳动者工资的；

（四）解除劳动合同后，未依照本法规定给予劳动者经济补偿的。

第九十二条 用人单位的劳动安全设施和劳动卫生条件不符合国家规定或者未向劳动者提供必要的劳动防护用品和劳动保护设施的，由劳动行政部门或者有关部门责令改正，可以处以罚款；情节严重的，提请县级以上人民政府决定责令停产整顿；对事故隐患不采取措施，致使发生重大事故，造成劳动者生命和财产损失的，对责任人员依照刑法有关规定追究刑事责任。

第九十三条 用人单位强令劳动者违章冒险作业，发生重大伤亡事故，造成严重后果的，对责任人员依法追究刑事责任。

第九十四条 用人单位非法招用未满十六周岁的未成年人的，由劳动行政部门责令改正，处以罚款；情节严重的，由市场监督管理部门吊销营业执照。

第九十五条 用人单位违反本法对女职工和未成年工的保护规定，侵害其合法权益的，由劳动行政部门责令改正，处以罚款；对女职工或者未成年工造成损害的，应当承担赔偿责任。

第九十六条 用人单位有下列行为之一，由公安机关对责任人员处以十五日以下拘留、罚款或者警告；构成犯罪的，对责任人员依法追究刑事责任：

（一）以暴力、威胁或者非法限制人身自由的手段强迫劳动的；

（二）侮辱、体罚、殴打、非法搜查和拘禁劳动者的。

第九十七条 由于用人单位的原因订立的无效合同，对劳动者造成损害的，应当承担赔偿责任。

第九十八条 用人单位违反本法规定的条件解除劳动合同或者故意拖延不订立劳动合同的，由劳动行政部门责令改正；对劳动者造成损害的，应当承担赔偿责任。

第九十九条 用人单位招用尚未解除劳动合同的劳动者，对原用人单位造成经济损失的，该用人单位应当依法承担连带赔偿责任。

第一百条 用人单位无故不缴纳社会保险费的，由劳动行政部门责令其限期缴纳；逾期不缴的，可以加收滞纳金。

第一百零一条 用人单位无理阻挠劳动行政部门、有关部门及其工作人员行使监督检查权，打击报复举报人员的，由劳动行政部门或者有关部门处以罚款；构成犯罪的，对责任人员依法追究刑事责任。

第一百零二条 劳动者违反本法规定的条件解除劳动合同或者违反劳动合同中约定的保密事项，对用人单位造成经济损失的，应当依法承担赔偿责任。

第一百零三条 劳动行政部门或者有关部门的工作人员滥用职权、玩忽职守、徇私舞弊，构成犯罪的，依法追究刑事责任；不构成犯罪的，给予行政处分。

第一百零四条 国家工作人员和社会保险基金经办机构的工作人员挪用社会保险基金，构成犯罪的，依法追究刑事责任。

第一百零五条 违反本法规定侵害劳动者合法权益，其他法律、行政法规已规定处罚的，依照该法律、行政法规的规定处罚。

第十三章 附则

第一百零六条 省、自治区、直辖市人民政府根据本法和本地区的实际情况，规定劳动合同制度的实施步骤，报国务院备案。

第一百零七条 本法自 1995 年 1 月 1 日起施行。

参考文献

[1] 丁晓昌，顾建军. 新时代大学生劳动教育［M］. 上海：上海交通大学出版社，2021.

[2] 刘向兵等. 新时代高校劳动教育论纲［M］. 北京：社会科学文献出版社，2019.

[3] 金正连. 劳动教育与素质养成［M］. 北京：中国人民大学出版社，2020.

[4] 张庆远. 苏霍姆林斯基的德育理论与实践［M］. 成都：四川人民出版社，1992.

[5] 鲍里奇. 有效教学方法［M］. 易东平，译. 南京：江苏教育出版社，2002.

[6] 徐国庆. 劳动教育［M］. 北京：高等教育出版社，2020.

[7] 孙家学，耿艳丽，邵珠平. 新时代高校劳动教育通论［M］. 北京：高等教育出版社，2021.

[8] 陈国维. 大学生劳动教育［M］. 北京：高等教育出版社，2020.

[9]《大学生劳动教育理论与实践教程》编写组. 大学生劳动教育理论与实践教程［M］. 上海：同济大学出版社，2020.

[10] 中共中央宣传部理论局. 新中国发展面对面：理论热点面对面·2019［M］. 北京：学习出版社，2019.

[11] 檀传宝. 劳动教育的概念理解：如何认识劳动教育概念的基本内涵与基本特征［J］. 中国教育学刊，2019（2）：82-84.

[12] 吴晶，胡浩. 习近平在全国教育大会上强调　坚持中国特色社会主义教育发展道路　培养德智体美劳全面发展的社会主义建设者和接班人［J］. 人民教育，2018（18）：6-9.

[13] 黄婕，刘金库，岳海洋，等. 新时代大学生“德勤技专创”一体化劳动教育体系的建构与实施［J］. 化工高等教育，2021，38（1）：10-13.

[14] 李燕萍. 高校在生活垃圾分类中的生态责任及实现路径［J］. 西南林业大学学报（社会科学），2021，5（1）：65-68.

[15] 张晶晶. 国际生活技能教育：实践与经验［J］. 工业技术与职业教育，2020，18（3）：22-26.

[16] 张橙. 高校勤工助学和思政教育有机结合的路径分析［J］. 辽宁经济职业技术学院. 辽宁经济管理干部学院学报，2020（4）：68-70.

［17］余文冲. 以宿舍为阵地的大学生劳动教育实现路径研究［J］. 济南职业学院学报，2020（4）：65-67.

［18］孙昕萌. 垃圾分类融入高校劳动教育的路径研究［J］. 现代经济信息，2020（9）：176-177.

［19］梁光焰. 大学生艺术实践工作坊的现状、本质与趋势：以全国第五届大学生艺术展演艺术实践工作坊为例［J］. 创新与创业教育，2019，10（1）：140-144.

［20］王艳红，赵宏岩，陆亚男. 关于新时代社会劳动实践对中小学生心理健康作用的思考［J］. 齐齐哈尔师范高等专科学校学报，2020（1）：15-17.

［21］许磊，陈继文，王欢. 大学生学业获得感的测量：基于多维心理结构的分析［J］. 江汉大学学报（社会科学版），2021，38（3）：99-107.

［22］姚本先. 劳动教育的心理健康促进价值［J］. 江苏教育，2021（8）：1.

［23］王蕊. 劳动教育推动学生心理健康发展［J］. 江苏教育，2020（72）：49-51.

［24］仲理峰. 心理资本研究评述与展望［J］. 心理科学进展，2007，15（3）：482-487.

［25］赵癸萍. 大学生学风教育研究［D］. 武汉：武汉大学，2017.

［26］姚博，思想政治教育视域下大学生劳动教育研究［D］. 重庆：重庆工商大学，2013.

［27］习近平. 坚持中国特色社会主义教育发展道路　培养德智体美劳全面发展的社会主义建设者和接班人［N］. 中国教育报，2018-09-18（9）.

［28］靳娟娟，俞国良. 心理健康教育为全面发展教育提供保障［N］. 中国社会科学报，2020-07-02（5）.

［29］胡启明，洪润文. 以志愿服务活动推进劳动教育［N］. 广西日报，2020-07-02（6）.

［30］陈宝生. 全面贯彻党的教育方针　大力加强新时代劳动教育［N］. 人民日报，2020-03-30（12）.

［31］刘向兵. 人民日报新知新觉：教育引导青少年培养劳动精神［EB/OL］.（2020-06-16）.［2021-2-15］. http：// opinion. people. com. cn/n1/2020/0616/c1003-31747766.html.

［32］中共中央　国务院关于全面加强新时代大中小学劳动教育的意见［EB/OL］.（2020-03-20）［2021-2-15］. http：// www. moe. gov. cn/jyb_xxgk/moe_1777/moe_1778/202003/t20200326_435127.html.

［33］教育部关于印发《大中小学劳动教育指导纲要（试行）》的通知［EB/OL］.（2020-07-15）［2021-2-16］. http：// www. moe. gov. cn/srcsite/A26/jcj_kcjcgh/202007/t20200715_472808.html.

［34］《“大国工匠 2018 年度人物”颁奖典礼》［EB/OL］.（2019-03-01）［2021-2-17］. https：//tv.cctv.com/2019/03/01/VIDErAgt7woXoLCQ6Jf4gUWW190301.shtml.

[35] 李前进，袁圣洁. 新时代高校劳动教育的价值审视、基本遵循和路径指向 [J]. 中国高等教育，2023 (Z3)：51-54.

[36] 施盛威，王晓莉. 新时代应用型高校劳动教育体系探析 [J]. 江苏高教，2023 (12)：81-85.

[37] 程斌. 高职院校志愿者服务大型体育赛事现状与发展研究：以成都市为例 [J]. 现代职业教育，2020 (35)：194-195.

[38] 赵凡禹，燕君. 任正非正传 [M]. 武汉：华中科技大学出版社，2010.

[39] 陈琦，刘儒德. 当代教育心理学 [M]. 2 版. 北京：北京师范大学出版社，2007.

[40] 彭泽平，邹南芳. 新时代高校加强劳动教育的价值意蕴、逻辑机理与实践方略 [J]. 黑龙江高教研究，2020 (12)：1-5.